ANTES DE QUE
SE ME OLVIDE

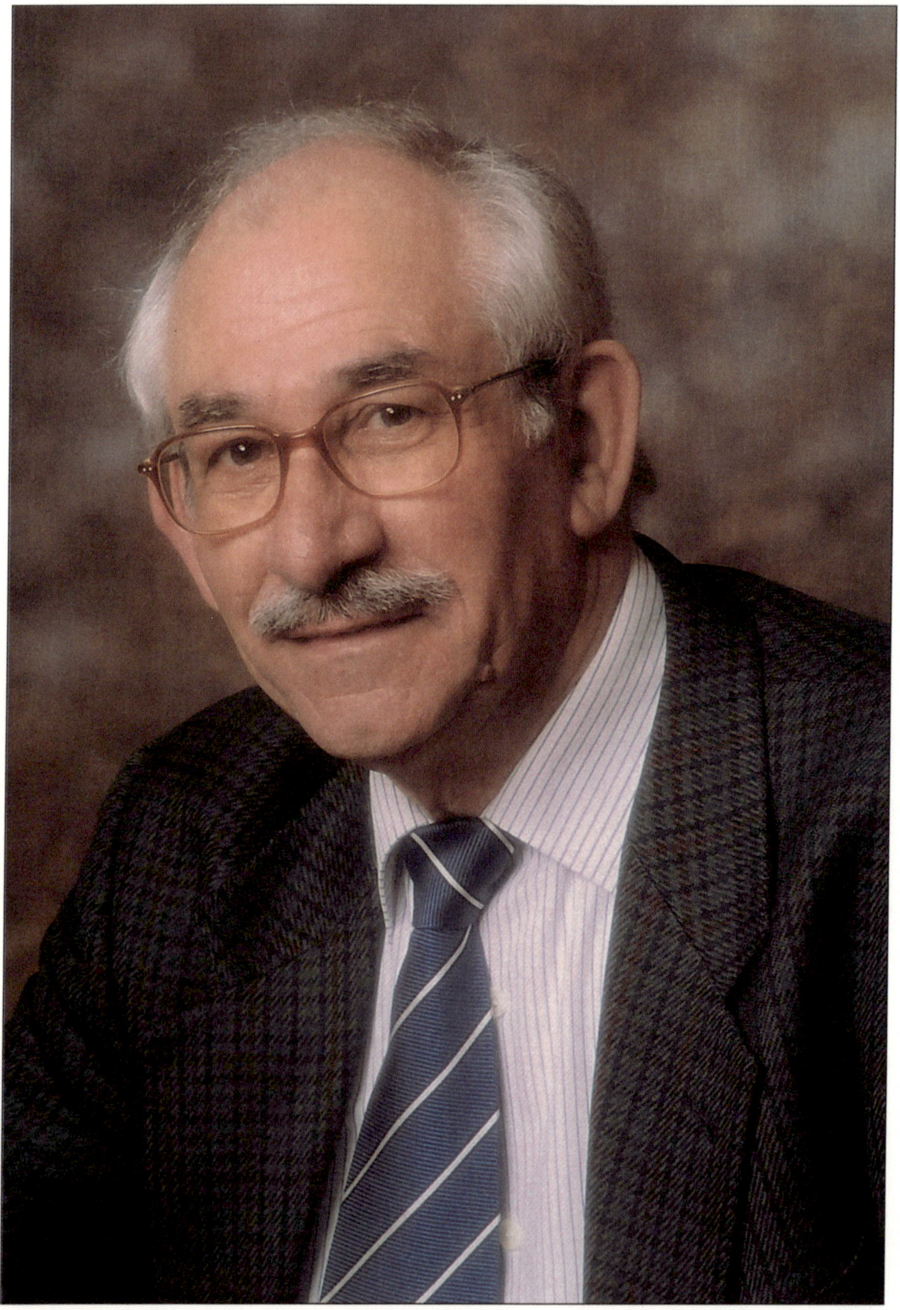

José Martínez de Sousa

ANTES DE QUE SE ME OLVIDE

UNA AVENTURA TIPOGRÁFICA Y BIBLIOLÓGICA PERSONAL E INTRANSFERIBLE

Ediciones Trea, S. L.

BIBLIOTECONOMÍA Y ADMINISTRACIÓN CULTURAL - 121

Primera edición: abril del 2005

Ediciones Trea, S. L., 2005
María González la Pondala, 98, nave D
33393 Somonte-Cenero. Gijón (Asturias)
Tel.: 985.303.801. Fax: 985.303.712
Correo electrónico: trea@trea.es

Dirección editorial: Álvaro Díaz Huici
Producción: José Antonio Martín
Cubiertas: Impreso Estudio (Oviedo)
Impresión: Gráficas Ápel, S. L. (Gijón)
Encuadernación: Encuadernaciones Cimadevilla, S. L. (Gijón)

Depósito legal: As.-651-2005
ISBN: 84-9704-161-5

Impreso en España — Printed in Spain

Gracias por tu compañía a lo largo de estos años y por haberme facilitado el camino. Sin ti, sin tu presencia, tu comprensión y tu ayuda, nada de esto hubiera sido. Sirvan estas letras, y las que siguen, de pago por lo impagable

Índice

Presentación

La mayoría nos limitamos a usar el mundo que hemos heredado sin pensar que podría ser diferente, mejor o peor. Pocas veces percibimos que no es más que uno de los muchos mundos posibles, y seguramente no el mejor. Aunque la vida en cualquier momento dado es producto de la interacción de muchas personas, hay procesos que nacen del genio, el talento o la voluntad de una sola, con nombre y apellido, antes de ser adoptados, disfrutados o sufridos por todos. La acumulación de conocimientos reunidos por esos personajes a lo largo de la historia llevó a Newton a explicar una vez a un colega que veía lejos porque estaba subido a hombros de gigantes.

José Martínez de Sousa no ha hecho ningún invento espectacular que haya cambiado la faz de la Tierra. Su influencia sobre nosotros es más sutil: a fuerza de observar, reflexionar y divulgar va logrando mejorar nuestra relación con el uso de las palabras. Para cuantos trabajamos en el mundo de la edición, se ha convertido en una suerte de amigo siempre dispuesto a guiarnos y a razonar con nosotros. A lo largo de su carrera jamás ha sido un espectador pasivo: siempre ha dialogado y discutido con los materiales que ha tenido a su alcance. Con frecuencia, ante la falta de guías para las dificultades que iba encontrando, tuvo que resolver sobre la marcha numerosos problemas y crear a veces sus propias soluciones. En su esfera de conocimiento se ha visto obligado a crecer y a fortalecerse en muchos sentidos, y ha terminado subiéndose a sus propios hombros.

Una buena medida de su calidad como divulgador la da el hecho de que al buscar en sus libros alguna solución para un problema que se nos presenta, muchas veces nos quedemos leyendo, por el simple placer de la lectura, su prosa clara y amena, y terminemos descubriendo soluciones a problemas con los que aún no hemos tropezado. Su ejemplo ha empezado a crear escuela, y no le faltan seguidores devotos. La universidad, en la que no se ha formado y a la que nada debe, se ha beneficiado a menudo de sus conocimientos.

De la ciencia del libro nada le es ajeno. En más de cincuenta años de trabajo ha sido testigo de la sorprendente aceleración de las técnicas de composición de los textos, que bien poco habían cambiado desde Gutenberg, hasta culminar, con la llegada de la informática, en la libertad de la autoedición. Su paso por talleres, redacciones y editoriales le ha permitido dominar todos los secretos y no secretos de un oficio esencial en nuestra sociedad. Con el mismo rigor ha corregido textos periodísticos de todo tipo, reelaborado apresuradas novelas de Marcial Lafuente Estefanía y otros autores y confeccionado prestigiosas enciclopedias. Sus manos han compuesto, letra por letra, innumerables páginas. Desde el teclado y la pantalla del ordenador ha dado forma, en todos los sentidos, a libros de considerable complejidad. En un mundo cada vez más especializado es una de las últimas personas que no sólo saben escribir bien un libro, sino componerlo y diseñarlo usando las reglas ortotipográficas más adecuadas.

Ahora, después de diecinueve elocuentes obras, ha decidido ofrecernos su biografía profesional. *Antes de que se me olvide* es, entre otras cosas, la crónica de una pasión que no cesa, la historia de un niño solo y pobre que mira fascinado unos libros que no puede comprar, y que a fuerza de talento y tesón llega a ser presidente de la Asociación Internacional de Bibliología. Por el camino trabaja en numerosos sitios donde aprende, enseña, desface entuertos gramaticales y tipográficos de todo tipo y color y reflexiona y anota. Después, generosamente, organiza y registra todo lo que ha pasado por sus manos para compartirlo con nosotros en libros a los que hoy nos subimos no para ver lejos, sino para ver con claridad lo que tenemos más cerca, porque forma parte de nosotros: el mecanismo vivo del lenguaje.

Marcial Souto

Prólogo

Escribir ha sido para mí, además de una necesidad personal, una especie de obligación moral aceptada con gusto. Entendía que si algo sabía, mi obligación era compartir mis conocimientos con aquellos a quienes estos pudieran ser útiles. A lo largo de mi vida así lo he hecho, y el texto que sigue, hasta la última página, es la prueba fehaciente de ello. Creo que esto no tiene ningún mérito. Mientras yo escribía libros, que era de las pocas cosas que sabía hacer (aunque fuera a medias), otros trazaban el plano de un edificio, o dirigían la construcción de la obra, o hacían el encofrado, o colocaban los ladrillos. Al propio tiempo, en los hospitales un cirujano intervenía a un enfermo, un médico escuchaba los alifafes de los pacientes y les recetaba medicamentos, las enfermeras cuidaban de los enfermos y del orden interno del hospital, los poetas se inspiraban para la escritura de sus poesías, los profesores enseñaban, los religiosos rezaban a sus dioses, los payasos preparaban sus actuaciones, los políticos discutían, los humoristas se devanaban los sesos para hallar la frase feliz o la idea chocante que provocasen la risa de su público, los alcaldes se ocupaban en la administración del municipio mientras los guardias urbanos y otros agentes vigilaban para el mantenimiento del orden ciudadano...

Todos somos necesarios, todos cumplimos funciones muy importantes para el buen funcionamiento del país y de cada uno de sus intereses. Todos formamos parte del engranaje general, y si uno desaparece o deja su puesto, inmediatamente otro lo ocupa. No somos imprescindibles, aunque algunos sí sean necesarios para que algo funcione de determinada manera en cierto momento.

Yo no he sido ni me he considerado nunca indispensable en mi terreno. Muy al contrario, he tenido siempre presente que lo que yo hacía podía hacerlo también otra persona. La cuestión estaba en atreverse, en dar el primer paso, en decidir hacer determinada cosa que los demás, aun teniendo mejores cualidades, no hacían. Es probable que mi propia necesidad, como siempre he reconocido, sea la madre de mis libros, conferencias, clases, cursos, cursillos, etcétera. Si me decidí a escribir acerca de aquello de lo que tenía algunos conocimientos, no fue más que por pura necesidad personal. Se trata, pues, de un acto de egoísmo. Si, una vez escrito y publicado, aquello le era útil a alguien, si ayudaba a algunas personas a escribir mejor, a traducir mejor, a corregir mejor, a hablar mejor, a expresarse mejor..., miel sobre hojuelas. Este era el motor que me empujaba a seguir escribiendo: la seguridad de que, además de a mí, lo que escribía les era útil a otros.

¿A quién le pueden ser útiles mis memorias profesionales? Pues, la verdad, no lo sé. Sin embargo, mi trayectoria personal puede ser útil a algunas personas que tal vez creen que no tienen futuro, que les faltan títulos para ponerse a hacer algo, que no se atreven a dar el primer paso porque nadie los conoce. A mí tampoco me conocía nadie cuando empecé. Y si di el primer paso, fue, como he confesado, por necesidad personal. Yo necesitaba mis libros. Si los demás, los que sabían más, no se ponían a escribir para que yo pudiera aprovechar sus enseñanzas, ¿por qué no hacerlo yo para ayudar a quienes sabían menos?

Casi todos los libros que he escrito son de confección costosa y difícil. Los he trabajado con honradez, siempre pensando en el lector. Pero son imperfectos. Tienen errores, sean de omisión o de comisión. He vivido lo suficiente para saber que no hay libro perfecto, que nunca lo habrá, y que la humanidad deberá seguir investigando, ordenando, trabajando, corrigiendo y aclarando para bien de las generaciones sucesivas. Esta es una de las lamentaciones que un escritor puede hacer y que a menudo hace. Sin embargo, hay que sobreponerse, puesta la atención en hacerlo mejor la próxima vez, en caminar lentamente hacia la perfección.

Escribir un libro lleva su tiempo. Escribir muchos libros lleva mucho tiempo. Cuando uno escribe un libro les roba tiempo a los suyos, empezando por la esposa y siguiendo por los hijos. Cuando uno escribe muchos libros, les roba mucho tiempo. Yo he escrito muchos libros, he publicado artículos en la prensa diaria o especializada, he pronunciado conferencias, he participado en mesas redondas y seminarios, he dado clases en cursos y cursillos y por todo ello estoy en deuda impagable con los míos. De todas maneras, en esto soy poco distinto de cualquier escritor o investigador, a no ser que esté soltero (acaso el estado ideal de quien se va a dedicar a escribir o a investigar; pero eso se descubre después, cuando ya uno está metido en harina hasta el cuello, cuando no hay posibilidad de dar marcha atrás). De ahí que uno considere que los libros que ha escrito no le pertenecen a él en su integridad, sino más bien, en gran medida, a los suyos.

En esta obra he dado un repaso a toda una vida profesional relacionada con la tipografía y la bibliología. Si me preguntan cuál fue el método, cómo lo hice para llegar a escribir tantos libros, artículos y trabajos diversos y además hacer otras cosas útiles a mucha gente, la verdad es que no sé qué responder. No hubo un programa previo, ni un método establecido, ni siquiera una intención manifiesta. Recuerdo que un día, hace ya muchos años (alrededor de treinta), le dije a un amigo que, publicados ya dos o tres libros, no tenía nada más que decir y dejaría la escritura.

—Tú no dejarás nunca más de escribir y publicar —me respondió.

¿Fue una premonición? ¿En qué se le nota a uno que nunca ya dejará de escribir? Probablemente, como de las abundancias del corazón habla la boca, se me escapaba del alma, sin querer, sin planteármelo previamente, mi afán por ayudar a los demás en aquella época huérfana de textos básicos, de obras de consulta, aun de las más modestas.

Comienza el libro por el intento de reflejar en unas líneas mis primeros años en la aldea de donde tengo mis primeros recuerdos vitales. Era necesario este texto para dar entrada y justificación a mi presencia en el colegio de Sevilla, donde comienzo mi preparación tipográfica en el taller escuela de artes gráficas del Hogar de San Fernando de la Macarena, regido por los salesianos. Hecho este enlace, sigue una descripción de mis primeros trabajos en el taller, las técnicas para componer textos y formar moldes para la impresión y la metodología para llevarlo a la práctica. Posteriormente, una vez fuera del colegio, permanezco una temporada (seis meses) en Galicia y decido marchar al Ejército voluntariamente con objeto de escoger cuerpo (privilegio reservado a los voluntarios) y, elegida la Brigada Obrera y Topográfica de Estado Mayor, tratar de seguir mi formación tipográfica, puesto que disponía de talleres de artes gráficas. Poco esperaba yo, naturalmente, que el primer año de los tres comprometidos me iban a desviar hacia la rama de la topografía en lugar de dejarme en Madrid para practicar la tipografía... Resuelto al fin el problema, sigo mi aprendizaje y práctica en el taller de cajas hasta el momento del licenciamiento.

Lo que sigue es una pincelada del lugar que me vio nacer, la vida en el colegio sevillano, mis primeros contactos con la tipografía, el paso por las editoriales y periódicos en que he trabajado, una breve descripción de las obras que he escrito, textos varios y finalmente una cronología lo más completa posible de mis intervenciones dando conferencias, cursos, cursillos, mesas redondas, talleres, escritos varios, etcétera.

José Martínez de Sousa

0

Antes de empezar

NACER en San Miguel de Tabagón, un hermoso barrio de El Rosal (Pontevedra), y crecer en una aldea como Valdemiñotos, de cuarenta habitantes mal contados, de donde recuerdo mis primeras vivencias, no es una desgracia ni un privilegio. Pero ahora que sé lo que es una conurbación de cinco, diez, veinte o más millones de habitantes, creo que venir al mundo en una aldea

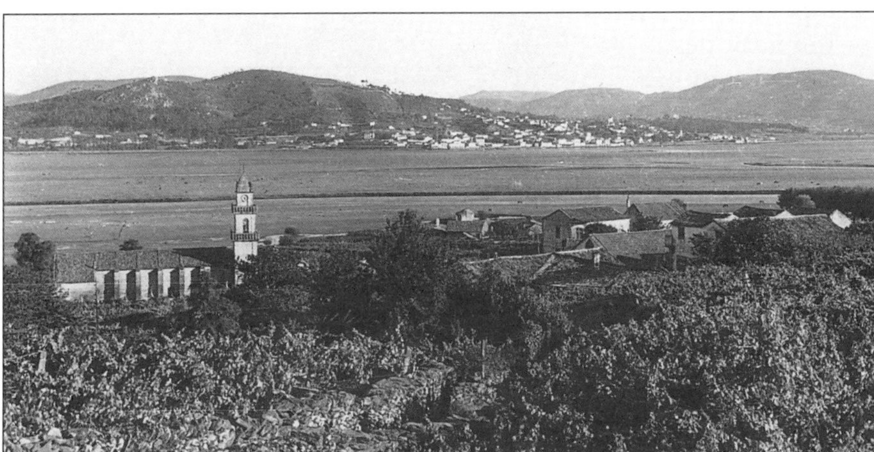

San Miguel de Tabagón (El Rosal, Pontevedra), donde nací el 25 de octubre de 1933. Al fondo, Portugal. Entre ambos, el río Miño a un paso de su desembocadura en el Atlántico (por La Guardia). En la iglesia del primer término me bautizaron

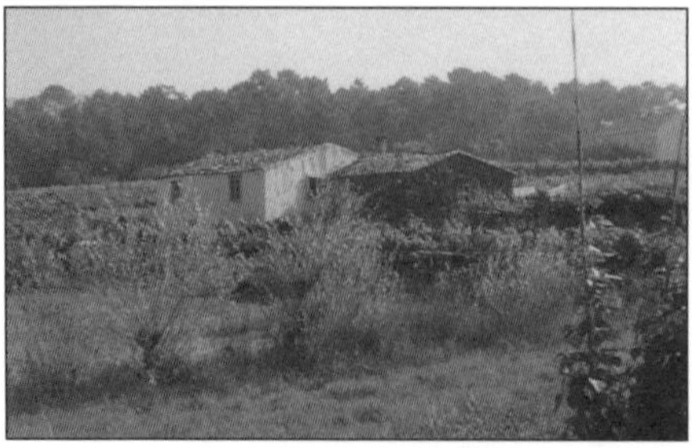
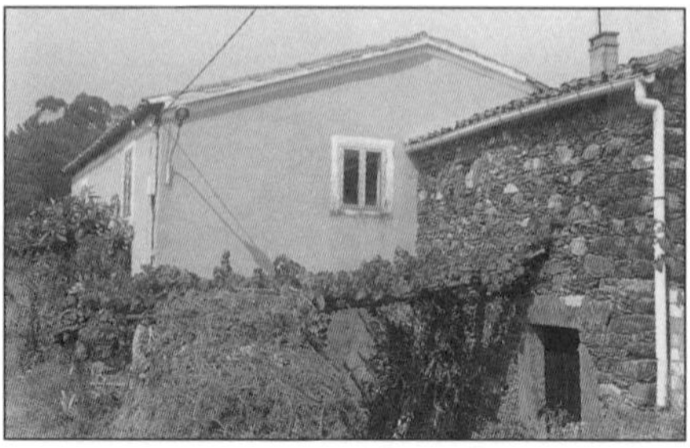

En la casita blanca (a la izquierda), sita en Valdemiñotos, me crié hasta los diez años. En ella se inician mis primeros juegos. A la derecha, otra vista

es una suerte. Todo en ella está hecho según la dimensión humana, a la medida del hombre. Nada te asombra por sus dimensiones, nada parece imponérsete por su monstruosidad, nada desequilibra el conjunto. Solo la normalidad te rodea y acomoda tu espíritu a esa realidad que te conforma. Los pájaros trinan y te despiertan todas las mañanas, los gallos cantan, las gallinas cacarean, los burros rebuznan, los caballos relinchan, los cerdos gruñen, los bueyes y las vacas mugen, los pollitos pían... Es como una orquesta en la que cada instrumento entra cuando lo indica el director y ninguno desafina. Pero todo eso está acorde con la naturaleza.

La aldea estaba asentada entre la montaña y la llanura, y allí dormía su sueño ininterrumpido desde sabe Dios cuándo. Por el sur, el río Tamuxe (también designado con el nombre de Carballas), que venía de las montañas, más allá de Loureza, la rodeaba, establecía su límite por aquel lado y se dirigía al Miño. Su descenso entre peñascales y verde vegetación, las más de las veces estrecho, flanqueado por viejos, destartalados

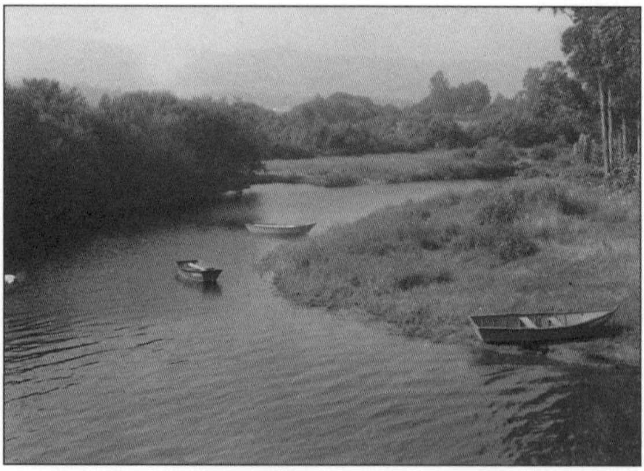

El Tamuxe cerca de su desembocadura en el Miño antes de que este llegue al Atlántico. Aguas arriba está Valdemiñotos, y más lejos, allá en la montaña, Loureza

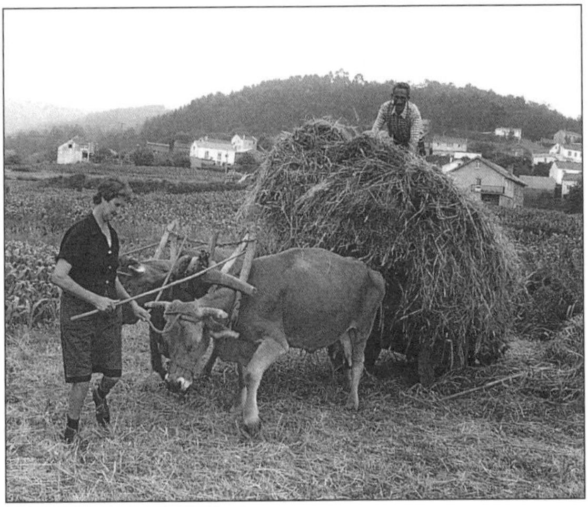

El carro tirado por bueyes (o por vacas, como en la ilustración) fue de enorme utilidad en las labores de los labriegos gallegos. Los tractores han acabado con esta estampa propia del paisaje gallego de tiempo atrás

molinos harineros, era un espectáculo de la naturaleza de los que se ven pocos. El esqueleto de una vieja fábrica que hacía mucho había ardido permanecía a su orilla como de centinela, impertérrito, viendo pasar las aguas y los años. Un hilillo de agua con vocación de riachuelo, el Seoane, procedente del monte próximo a la aldea, atravesaba el camino principal por debajo de un puentecillo antes de ir a diluirse en el Tamuxe y dirigirse a la desembocadura, allá abajo.

El viejo camino que dividía la aldea en dos partes casi iguales fue sustituido después, en los primeros años cuarenta, por una carretera de morrillo machacado y posteriormente por otra de asfalto. Yo mismo pude contemplar cómo un obrero machacaba los cantos rodados con un martillo de largo mango. Aún hoy me parece verlo. El vehículo más rápido que por allí transitaba a la sazón era la bicicleta. Muy de tarde en tarde, un automóvil, que dejaba tras de sí un peculiar olor a gasolina quemada que permanecía en el ambiente por un tiempo. El más lento, el carro tirado por bueyes.[1] Había que ver un carro tirado por bueyes... Desde allá lejos, en la vega, se acercaba lentamente por el camino, cargado de hierba, o de maíz, o de patatas. Si procedía del monte, la carga era *gateño*...[2] La falta de grasa en los ejes hacía que las ruedas de madera con llantas de hierro y dos grandes ojos lanzasen su quejido monótono y triste, acompasado al lento caminar de los bueyes, quejido que se intensificaba a medida que el carro se acercaba despacio-

[1] A veces, como en la ilustración, por vacas.
[2] Palabra gallega con que se designa el conjunto de vegetales enanos destinados a cama de las bestias en las cuadras, origen del estiércol.

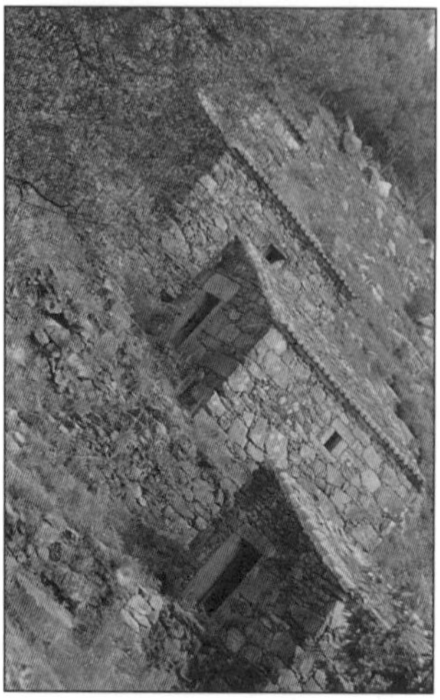

Vista de los *muiños* (molinos) del Folón, un afluente del Tamuxe. En ellos molían el *millo* (maíz) los labriegos rosalinos en los tiempos del pan de broa

samente a la aldea desde el campo o desde el monte. A veces, cuando venía cargado de gateño, la marcha de los bueyes al frente de su carro no era tan regular ni tan filosófica. Los caminos que bajaban del monte al llano, donde se ubicaba la aldea, eran infernales, empinados y curvosos, formados por piedras enormes que no respetaban la regularidad de su superficie ni encajaban unas con otras. En esos casos la conducción de los bueyes se convertía en una actividad épica, dura y difícil. El conductor, con la vara o garrocha en una mano, trataba de guiar a los bueyes para que las ruedas del carro pisasen en el lugar oportuno del camino y no lanzasen su carga por los aires...

Las cuatro casas de la aldea, desiguales de presentación y cuidados, estaban plantadas cada una en su heredad («el lugar», se decía), separadas unas de otras en función de las dimensiones del terreno que les pertenecía, y de ellas salía la vida que tempranamente se movía en los campos y a ellas volvía al mediodía para recuperar fuerzas antes de retornar a la brega diaria. Como hormiguitas en su hormiguero... A la hora del mediodía se veía salir de las chimeneas un humo blanco y lento, como en hilachas temblorosas, indecisas, mientras en las cocinas se preparaba el yantar. En la inocente mentalidad infantil, aquel humo era el que formaba después las nubes... (juntando muchos humos de muchas chimeneas). Lo que nunca supimos era por qué de pronto las nubes empezaban a soltar lluvia. ¿De dónde salía el agua? También «sabíamos» que Dios estaba arriba, más allá de las nubes, y que a veces san Pedro situaba su silla encima de una de ellas, que nos impedía verlo... Pero «sabíamos» que uno y otro estaban allí, y eso, no sé por qué, era un enorme consuelo. En aquel momento aún no sabíamos que había un cielo para los buenos, los que se portaban bien, y un infierno para los malos, los que se portaban mal... Tampoco sabíamos en qué consistía portarse bien y portarse mal.

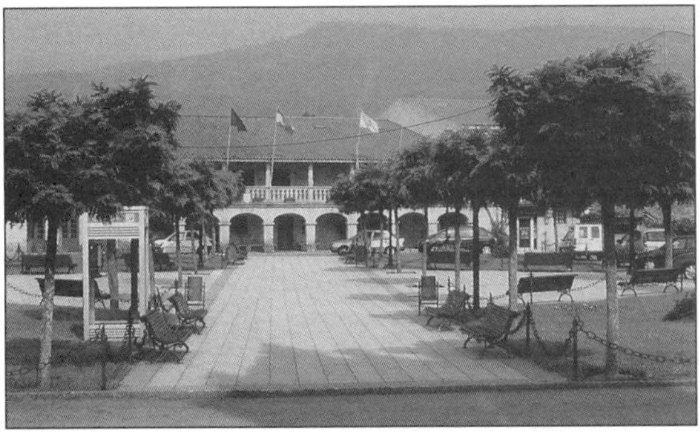

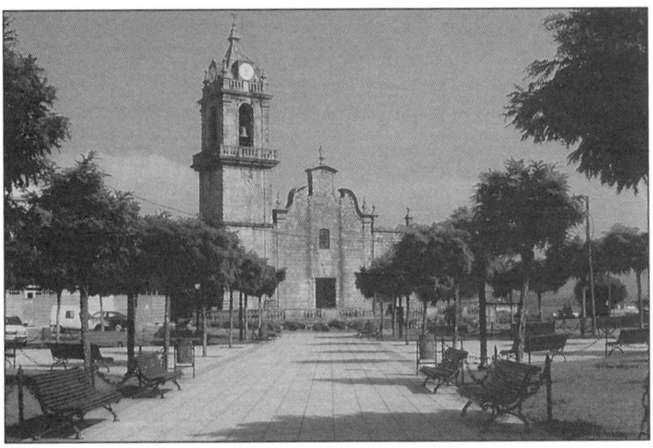

La plaza del Calvario, centro urbano de El Rosal, una de las más bellas de Galicia. Arriba, al fondo, el Ayuntamiento. Abajo, la iglesia parroquial de Santa Marina. Las fotografías se han tomado desde los extremos respectivos (el Ayuntamiento, desde la iglesia; la iglesia, desde el Ayuntamiento), ya que ambos edificios están enfrentados en la plaza

[3] Palabra gallega con que se designa una a modo de columna de piedra que hace de estaca donde sostener el alambre que se fija a tierra para mantener la viña emparrada.

En la aldea nunca pasaba nada extraordinario. Los días se parecían unos a otros en todo menos en la duración y la claridad (los días invernales eran más cortos, más hoscos, más húmedos, más lluviosos). Todas las cosas extraordinarias de este mundo pasaban lejos, tanto más lejos cuanto más graves, extrañas o espectaculares. También variaban, de acuerdo con esta variabilidad de los días, los cultivos. Las viñas, las huertas y los campos tenían su momento y su cuidado. En el otoño los árboles perdían la hoja que había crecido en primavera; la volverían a adquirir en la primavera siguiente y a perder en el otoño, y así un año tras otro. Las viñas enseñaban sus esqueletos atormentados, firmemente sujetos con mimbre a la armazón que el labriego había construido con alambres, maderos y *esteos*[3] para evitar que las vides se arrastrasen por el húmedo suelo... Pero, contra lo que pudiera creerse, para los aldeanos la vida no era monótona. La monotonía no formaba parte de la vida aldeana. Siempre había algo que hacer, algo en lo que ocuparse (sacar las vacas a pastar, echar hierba al ganado, podar un árbol, lavar un bocoy, atar una

[4] En gallego, *debullar.*

viña, cavar, sembrar, sachar, escardar, desgranar,[4] segar, cosechar, podar; un trabajo que empezar o acabar; una fiesta que celebrar; un nacimiento, un bautizo, un casamiento...).

En aquella época nuestra, poco después de que finalizase la guerra civil, los chiquillos íbamos al colegio, pero no siempre terminábamos el curso que habíamos empezado. En casa había muchas cosas que hacer y pocas personas para hacerlas, así que en torno a los diez años teníamos que interrumpir la recepción de enseñanza y quedarnos en casa a echar una mano: ayudar en el campo, llevar la vaca al monte, cuidar de los hermanos más pequeños, traer agua de la fuente... Permanecía, sí, la semilla, el deseo de saber, de seguir aprendiendo para aumentar los conocimientos, convencidos como estábamos de que más allá de los estrechos límites de la aldea había otro mundo, y otra vida, y otra realidad. Y lo más importante: sabíamos que si poníamos la debida atención y el necesario interés, podíamos aprender tanto como los niños de la ciudad, pese a que ellos nos llevaban mucha ventaja. Y podíamos ser ingenieros, y arquitectos, y médicos, y abogados, y periodistas, y bibliotecarios, y profesores, y escritores, y hasta políticos..., exactamente igual que los niños de la ciudad. Muchos, por diversas causas, no llegaríamos a nada, pero la posibilidad estaba ahí, teóricamente ahí.

EN la aldea de mis tiempos casi todas las personas mayores eran «tíos»: tío Ricardo, tío Juan, tío Indalecio; tía Dolores, tía Mercedes, tía Albertina... Tía Albertina era mi madre. Tía Albertina había nacido en Portugal, en un pueblecito llamado Vila Cova, cerca de Barcelos (Braga), allá por 1908, poco más o menos... Su vida en la aldea natal era penosa y muy dura. Un día se dijo que en la cercana España había más posibilidades y se vino. Para ello tuvo que atravesar el Miño y vino a instalarse en San Miguel de Tabagón, un hermoso barrio de El Rosal, en la provincia de Pontevedra. Ella no lo sabía, pero se había convertido en una emigrante, y de la emigración se sabía (y se sigue sabiendo) mucho en España. Para nosotros, los gallegos, la emigración es el remedio de nuestros males. Lo que la tierra propia no nos puede dar lo buscamos en tierra ajena. A veces nos va bien y a veces nos va mal. En cualquier caso, lo sobrellevamos en silencio.

Con mucho dolor por el bien perdido, un día abandoné la aldea y me marché lejos, muy lejos. Me llevaron a una ciudad, Sevilla, y en ella a un colegio donde permanecí interno ocho años, donde pude estudiar y después aprender un oficio, la tipografía. Y cuando cumplí los dieciocho años volví a la aldea... Pude comprobar que todo lo que mi mente había magnificado por la distancia y el recuerdo era mucho más pequeño y mucho menos importante que lo que había creído... Y volví a marcharme, esta vez a otra ciudad, Madrid, y nunca más volví a vivir en mi aldea. Pero tampoco la olvidé. Todos los años, cuando vuelvo al pueblo, voy a la aldea por ver los rincones, sendas, trochas, veredas, vericuetos, roquedales, pinares, vallecillos y riachuelos donde de niño jugaba con mis compañeros, donde tan feliz fui antes de saber que los buenos se salvaban y gozaban de Dios y los malos se condenaban al fuego eterno del infierno...

El libro, ese objeto de deseo inalcanzable...

CUANDO llegamos a Sevilla descubrí la pasión por lo impreso, en especial por el libro. Recuerdo que cerca de la casa donde moraba había un quiosco de periódicos y tebeos que vendía también algunas novelitas. Cuando disponía de diez céntimos (una fortuna para la época y para mí), iba directo al quiosquero y le pedía un libro. Él me preguntaba de cuánto dinero disponía (mi apariencia no debía de ser la de un adinerado tejano), y al decirle yo que de diez céntimos, me ofrecía un tebeo que ocupaba un cuadernillo esmirriado, cuando yo en realidad lo que quería era una novela (en aquel momento no me importaba el contenido, sino la forma de libro que tenían las novelas, bien distinta de la que presentaban los delgados tebeos; además, los libros tenían texto y los tebeos estaban formados mayoritariamente por dibujos). Yo hacía un gesto de contrariedad y me guardaba mis diez céntimos para mejor ocasión, puesto que las novelas, que era lo que a mí me gustaba por su apariencia, eran más caras. Como me costaba tanto juntar los céntimos, nunca tuve uno de aquellos libros que yo me paraba a contemplar embelesado...

Estando ya en el primero de los dos colegios que llevaban el

[5] Uno (1944-1948) regido por las hijas de la caridad y otro (1948-1952) por los salesianos.

nombre de Hogar de San Fernando,[5] un día, no sé cómo, me vi dueño de una estupenda pelota. En el colegio, las pelotas eran también objeto de deseo (se jugaba al fútbol en todos los recreos), pero para mí el libro, cualquier libro, seguía siendo el objeto de deseo prioritario. Por cierto, había un libro precioso que se llamaba *Lecciones de cosas*. Era fantástico: explicaba un montón de cosas de forma amena y con dibujos muy bien hechos. Poseerlo se convirtió para mí en una obsesión. Y he aquí que un día descubrí que uno de mis compañeros de colegio disponía de un ejemplar... Aquella era, pues, la ocasión para tener, por fin, un libro. Además, un libro del cual no solo me gustaba el continente, sino también el contenido. Contemplé, pues, mi pelota con pena, porque me iba a deshacer de ella solo por poseer aquel libro. Estaba absolutamente seguro de que para cualquier compañero la pelota era mucho más interesante que el libro, razón por la cual el trueque estaba asegurado. Me vi con el ejemplar en la mano, paseando por el patio mientras lo leía... Un día me dirigí resuelto a mi compañero pelota en mano y le dije, emocionado por lo que preveía que iba a pasar:

—Te cambio la pelota por el libro.

El muchacho me miró como perdonándome la vida, como si yo hubiera dicho el disparate más grande del mundo, y me respondió:

—¡Venga ya!

Y se marchó con el libro bajo el brazo.

Yo me quedé desencantado, tremendamente frustrado, con una pelota con la que no sabía qué hacer y sin ese objeto de deseo que es el libro, hasta aquel momento inalcanzable.

Mi respeto por el libro alcanzaba ya entonces cotas que se podían considerar bastante elevadas para chicos de mi edad. Por ello, salvo muy raras excepciones, jamás he escrito en sus páginas ni he subrayado conceptos, palabras o párrafos. A lo más que me he atrevido ha sido a hacer una oreja de perro en la esquina superior derecha o izquierda de la hoja cuando tenía que cerrar el libro y no disponía de algo que sirviera de punto de lectura. Hay una excepción notable: los libros cuyo contenido es disparatado o contienen excesivos errores o erratas. En esos casos he escrito en esos libros, pero me ha parecido más adecuado retirarlos de la circulación y dejarlos depositados en algún rincón de la biblioteca para que no estorben. No son muchos, pero haberlos haylos.

Poco podía imaginar yo que aquella pasión, seguida de no menor frustración, me llevaría a componer libros en la imprenta, a corregirlos en las editoriales y a escribirlos. Menos aún podía imaginar que un día llegaría a ser presidente de la Asociación Internacional de Bibliología (AIB) (1998-2000), fundada en 1989 por Robert Estivals (profesor emérito de la Universidad de Burdeos III), como antes lo fui del Comité Español de la Asociación Internacional de Bibliología (1991-1998) y después lo fui de la Asociación Española de Bibliología (AEB) (1996-2000) y hoy lo soy, a título honorífico, de esta última asociación.

La vida en el colegio

Al fallecer mi madre a los tres meses de haber llegado a Sevilla, fui ingresado en un antiguo colegio de monjas de la caridad denominado Hogar de San Fernando,[6] una institución asistencial, dependiente del Ayuntamiento de Sevilla, fundada en 1846. Decir que la muerte de mi madre me afectó profundamente es solo una manera suave de decirlo. Es como si de pronto retirásemos la única columna que sostiene un edificio. Durante mucho tiempo nos entendimos en sueños que se repetían noche tras noche. Tardé mucho en aceptar que estaba solo, que mi madre había muerto y que yo debía valerme por mí mismo. Tal vez en esta época se forjó en mí el sentido de la responsabilidad hacia mi persona. Yo sabía que había un futuro que sin duda sería distinto. Pero también sabía que lo que ese futuro me trajese dependía solo de mí. Era yo quien tenía la responsabilidad de formarme correctamente, de aprender cuanto fuera posible de cara al día de mañana. Yo sabía que si aprendía mucho, tendría más posibilidades para resolver mis problemas vitales cuando estos se presentasen.

Lo que aprendí en esta primera etapa

[6] A la sazón, en la calle Cardenal Cervantes, 3, junto a la plaza de San Leandro, popularmente conocida hoy como la plaza de la Fuente del Pato (por una fuente que allí se halla, coronada por la figura de un pato).

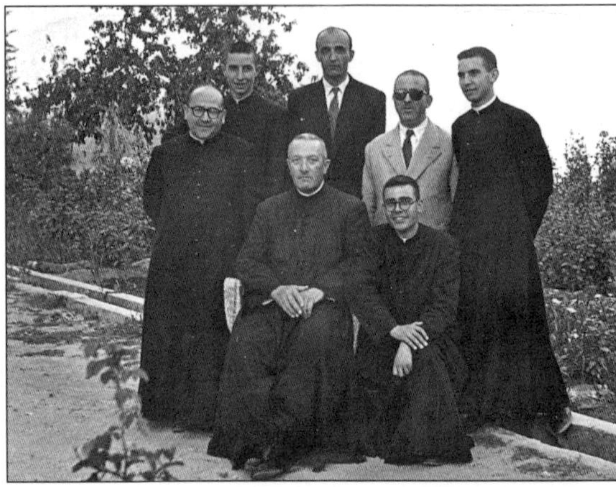

Sacerdotes, aspirantes y cooperadores salesianos en Sanlúcar de Barrameda (Cádiz), lugar de veraneo de los niños del Hogar de San Fernando de Sevilla. El primero de la izquierda, de pie, es don José Sánchez Ajiz; sentado, don José María Doblado del Pino, y el último por la derecha, de rodillas, don Manuel Jiménez Carrasco

(los cuatro años del primer colegio) me sirvió solo de preparación. Ciertamente, cuando yo entré en el colegio mis conocimientos eran equivalentes a cero o poco más, por razones que ya he explicado (había que ayudar a la familia en los trabajos de la casa y del campo). Recuerdo que en la clase que dirigía mi recordado don José J. Vera García, maestro nacional, ocupé, de entrada, el último puesto (la clase estaba organizada por precedencia, de más listo a más torpe). Me pusieron al lado de la puerta para abrirla y cerrarla. Un día miré al número uno, el que ocupaba la posición más próxima al maestro, y me prometí que no tardando mucho yo ocuparía aquel puesto. Por sus pasos contados, tardé unos tres años, pero llegué. Al principio me coloqué detrás de mi buen amigo Manuel Anguiano Villegas, hoy sacerdote carmelita, y cuando este se marchó a comenzar sus estudios religiosos, ocupé su puesto, el primero de la clase, como me había propuesto. Incluso me hice acreedor al premio nacional que se concedía a los alumnos más aventajados, que en aquel tiempo era de 250 pesetas (tal vez diez mil de ayer, unos sesenta euros de hoy). Y lo curioso es que el maestro me lo concedió cuando yo ya no estaba en aquel colegio (aunque el premio correspondía al último curso que pasé allí).

En 1946 el viejo Hogar de San Fernando cumplía un siglo de existencia. El Ayuntamiento aprovechó la circunstancia para levantar otro edificio en el barrio de la Macarena, y a este segundo colegio le puso el mismo nombre, Hogar de San Fernando, con objeto de perpetuar esta denominación, tan respetada en Sevilla, cuando el anterior desapareciera. El nuevo colegio fue puesto bajo la dirección de los padres salesianos. Aunque la intención era que los alumnos del antiguo colegio pasasen al nuevo, algunos continuaron en el antiguo durante un tiempo y otros no pasaron nunca.

A mí me tocó el traslado el 8 de noviembre de 1948, cuando el nuevo Hogar llevaba ya casi dos años en funcionamiento. Debo confesar que al principio se me hizo duro adaptarme, hasta el punto de que, creyendo yo que no aguantaría la milimétrica disciplina impuesta por los salesianos, pedí volver al antiguo colegio. El director, don José María Doblado del Pino, solicitó al sacerdote don José Sánchez Ajiz que me aconsejara. Debo confesar que si a algún sacerdote salesiano recuerdo (y son muy pocos), este gana con diferencia. Fue un excelente profesor y un consejero respetable y respetado por todos los alumnos. También merece un recuerdo agradecido don Manuel Jiménez Carrasco (que en aquella época aún no era sacerdote; se cumplió el cincuentenario de su ordenación sacerdotal en el mes de enero del 2005).

APRENDÍ mucho con los salesianos. Solo un reproche, cuya gravedad aminoro en consideración a la época: la enseñanza, que era buena, no era reglada. Los alumnos que teníamos interés y deseos aprendíamos mucho, pero oficialmente era como si no existiéramos, porque no recibíamos un título oficial de la enseñanza recibida durante cada uno de los años que permanecimos allí. Si hubiese sido así, fuera del colegio podríamos haber seguido nuestros estudios y tratar incluso de alcanzar una carrera universitaria, pero en las condiciones dichas, al salir del colegio lo que buscábamos era un empleo para poder sobrevivir.

En relación con la responsabilidad personal que yo me atribuí ya en el colegio antiguo, tengo una anécdota que, aunque deja mal sabor de boca, creo que es apropiada. Recuerdo que en los dos años de estudio (antes de marchar a la imprenta para aprender el oficio de tipógrafo) un compañero de clase que se sentaba próximo a mí, en la hilera de asientos de mi izquierda, en vez de estudiar, que era para lo que estábamos allí, dedicaba sus afanes al fútbol y a recoger y coleccionar en álbumes fotografías de futbolistas en acción. Recuerdo que del *Marca* recortaba fotografías de Eizaguirre haciendo una parada sensacional, Zarra disparando a puerta, etcétera, y con ellas confeccionaba un álbum. Yo lo miraba de reojo y sentía pena. Un día pensé: «¿Qué hará este muchacho el día de mañana?». Por desgracia, el día de mañana llegó. Alguien llamó a la puerta de mi casa en cierta ocasión. Fui a abrir... y me encontré con la enorme sorpresa de que era el muchacho que coleccionaba fotografías de futbolistas, pero ya mayor... Era la viva y triste imagen del fracaso, de la desolación, del desamparo... Lo atendí lo mejor que pude, pero poco podía yo hacer por él, ya que lo que necesitaba era un buen trabajo en el que se le respetara algo más que hasta aquel momento (de lo cual él se quejaba). Cuando se marchó sentí ganas de llorar. ¡Cuánto deseé haberme equivocado!

1

Contactos con la tipografía

Un oficio apasionante

EN mi vida había hablado yo de *cursiva, negrita, chupada, estrecha, esqueleto*... Nunca había leído ni oído nada acerca del *chibalete*, la *caja*, el *componedor*, el *comodín*, la *galera*, el *galerín*... Tampoco tenía idea de las nociones de *cuerpo, cran, alzada, ojo*. No sabía lo que era la *caja alta* ni la *caja baja*, ni el *filete*, la *interlínea*, el *molde*, la *galerada*... Si entonces me hubieran preguntado por la *versal* o la *versalita*, me habrían puesto en un compromiso: no habría sabido a qué se referían. Gutenberg era un perfecto desconocido para mí, y nada digamos de Schöffer, Fust, Senefelder, Manuzio, Griffo, Garamond, Baskerville, Caslon y tantos otros prohombres de la tipografía.

En el Hogar de San Fernando de la Macarena, en Sevilla, que era el colegio salesiano donde yo me educaba desde los catorce años, al alcanzar los dieciséis o diecisiete había que elegir un oficio, ya que, al no existir una enseñanza reglada, a esa edad había que abandonar la discencia. Allí, desde hacía un tiempo, se enseñaban varios oficios: carpintería, mecánica, sastrería, imprenta. Tal vez habría que reconocer sin tapujos que la decisión de llevar oficios al colegio para iniciar a los jóvenes en una profesión que les facilitase la vida una vez fuera de él fue la más acertada de los salesianos en los cuatro años en que yo permanecí allí.

Llegado el momento, yo tenía que inclinarme por una profesión. A la pregunta de qué oficio quería elegir, respondí sin vacilar:

—La imprenta.

—¿Y dentro de la imprenta? Puedes elegir entre cajas, encuadernación o máquinas...

—Cajas.

—¿Por qué?

—No lo sé.

El 1 de octubre de 1950 ingresé en el taller de cajas. Había allí ocho alumnos trabajando como si se tratara de viejos oficiales. En realidad eran aprendices que llevaban ya ocho meses de prácticas. Había también algunos verdaderos viejos oficiales, viejos tipógrafos, personas curtidas en el oficio que montaban un molde complejo (eso que después supe que se llamaba *remendería*[1]) con la seguridad y la maestría que correspondían a sus muchos años de experiencia. Si se los llamaba, obedecían a los nombres de Alves (el jefe del taller), Siles, Soler, Donado... Estaba también Cristino Braojos, el regente, quien en aquella época probablemente ocupaba el cargo más por razones políticas que profesionales.

El taller estaba dotado de una serie de muebles que llamaban la atención del princi-

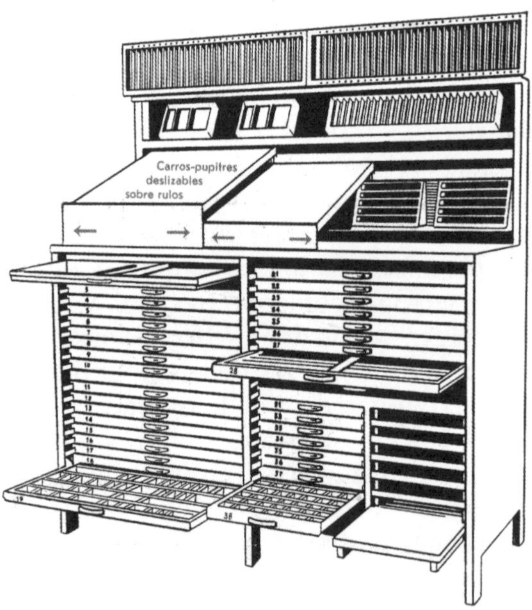

Chibalete con dos pupitres *(supercomodín)* para facilitar la composición en dos cajas al mismo tiempo. Dispone también de mesa plana, dos regleteros y cuatro cajas para filetes. Tiene capacidad para un total de cuarenta cajas tipográficas

[1] Palabra que, por extraño que parezca, aún no figura en el Diccionario de la Academia. Naturalmente, tampoco figura *remendista,* que es el cajista que se ocupa en esos trabajos complejos, ni *remiendo,* que es cada uno de esos trabajos.

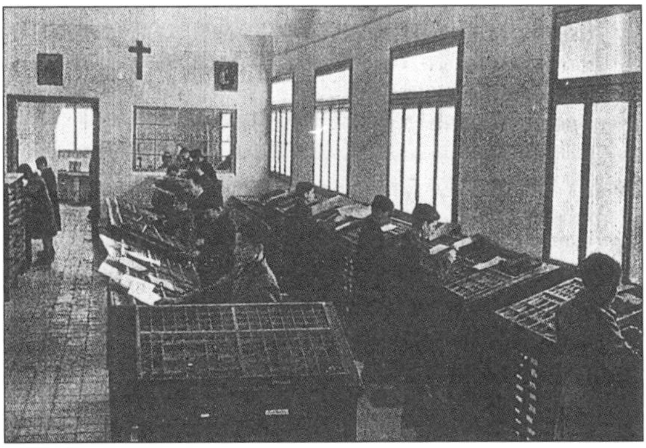

El taller de cajas donde comencé el oficio de cajista el 1 de octubre de 1950. Se había inaugurado oficialmente siete meses antes, el 21 de febrero de 1950. A mí se me asignó el puesto de trabajo que está después del chibalete que aparece en el centro, en primer término

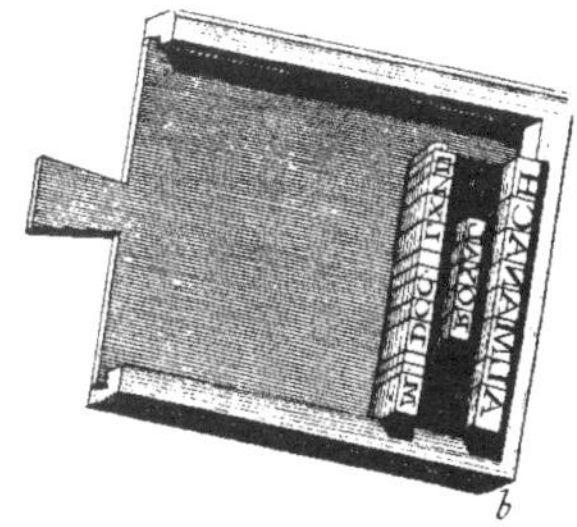

La galera era una plancha generalmente de hierro o cinc guarnecida por tres lados por listones. Algunas galeras tenían un rebajo donde se introducía una plancha corrediza llamada *pala* o *volandera,* que servía para descargar los moldes con más facilidad

piante que aún no se había familiarizado ni siquiera con el componedor y la caja donde se depositaban las letras de plomo. Allí estaban los *chibaletes,* muebles de madera (también los había de metal) donde se depositaban las cajas con sus cajetines y sus suertes o letras de un determinado ojo (las oes en uno; las eses en otro; las uves en el suyo). En su parte superior, inclinada a modo de atril, se colocaba la caja de la que se componía, y encima de la caja, en la parte de ella llamada *contracaja* (arriba y a la derecha), se colocaban la galera o el galerín, artilugios donde se iban depositando las líneas compuestas y los demás materiales tipográficos necesarios para ir formando el molde. Si se juntaban dos chibaletes por sus partes posteriores, el conjunto se llamaba *capuchina* y servía para componer por los dos lados, ambos cajistas frente a frente. También había allí otros muebles semejantes, como el *comodín,* que no era más que un chibalete sin pupitre, es decir, con la parte superior plana para colocar en ella moldes ya compuestos. Había regleteros, donde se depositaban, ordenadas por grosores y medidas, las regletas con que se interlineaban las composiciones, y muebles para filetes, ordenados estos por clases, puntos y longitudes. Algo apartada estaba la *mesa de imposición,* también llamada *platina* o *mármol,*[2]

[2] El nombre de *mármol* procede de los tiempos en que su superficie era de este material. Las más modernas eran de hierro.

donde el platinero imponía las formas que después, fuertemente sujetas dentro de su *rama,* se llevaban al taller de máquinas para su impresión. Y estaba también la *prensa de pruebas,* con su *rodillo* para entintar la forma y sacar la prueba del molde realizado, prueba que servía para corregir el trabajo tipográficamente. Antes de sacar la prueba había que igualar la superficie del molde mediante el empleo del *tamborilete* y el *mazo,* envuelto aquel en papel resistente para evitar que, con la dureza de la madera desprotegida, estropease los tipos que formaban la composición. Y la pila para el bruzado del molde recién impreso, antes de que la tinta se secase.

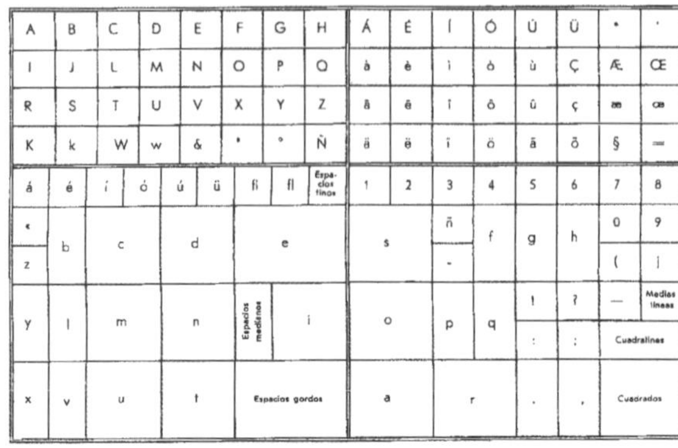
Modelo habitual de caja española

Los operarios trabajaban de pie ante su chibalete, tomando las letras de los cajetines para formar palabras, líneas y párrafos, o bien se movían de aquí para allá llevando moldes a la prensa de pruebas o a la mesa de imposición, o buscando materiales en los respectivos estantes de los muebles donde se guardaban. También se los podía ver con el componedor en una mano y el original en la otra, buscando una caja especial donde se encontraban los tipos raros que aparecían en el orginal; trasportando una rama con el molde ya impuesto hacia la sección de máquinas, para que se le sacase la prueba de prensa antes de proceder a su impresión, o bien lavando un molde con la bruza y sosa cáustica para eliminar la tinta con que se había impreso, antes de distribuir los materiales que formaban el molde, es decir, devolver cada tipo a su caja y en ella a su cajetín y cada pieza de los restantes materiales al lugar donde se depositaban antes de que volvieran a usarse (operación que se llamaba precisamente así, *distribuir,* y su acción, *distribución*). Solamente de esta manera, actuando de consuno y muy ordenadamente, era posible mantener una regularidad máxima en la realización de

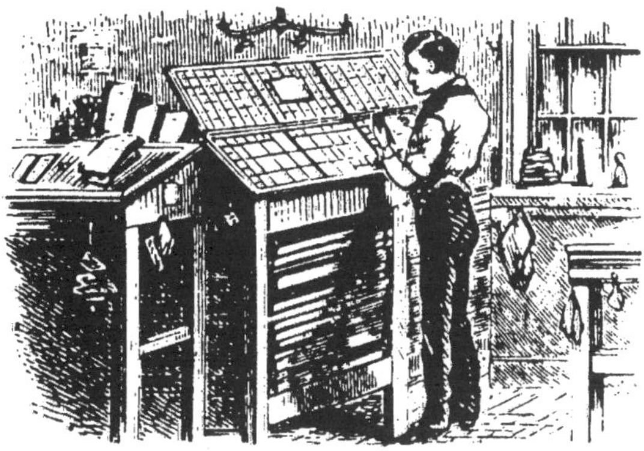

Un cajista compone un texto tomando las letras de los cajetines de la caja, situada sobre un chibalete

los trabajos, sin pérdidas de tiempo en la búsqueda de materiales que no estuvieran donde se esperaba que estuviesen.

Podía darse el caso de que el cajista encargado de distribuir los materiales en sus respectivos sitios se equivocase y, por ejemplo, depositase letras en una caja que no era la suya o, si lo era, en un cajetín que no era el suyo. Podía darse lo mismo con los cuadrados, los espacios, las regletas, los lingotes, los filetes y las imposiciones, pues había que colocarlos en un determinado lugar para que fueran fácilmente hallados. Este tipo de errores, que recibían el nombre de *empastelamiento,* se pagaban caros, pues había que repasar todos los elementos de la caja para comprobar si estaban bien. Para ello se comenzaba por colocar en el componedor todas las suertes del cajetín de cada letra, empezando por la *a,* y se comprobaba, por la posición y forma de los cranes, cuáles de aquellas letras o signos no eran de la caja en que trabajábamos, los cuales se apartaban para depositarlos en la caja que les correspondía. A esta operación se la denominaba *pasar por el componedor,* refiriéndose a las letras que habían de colocarse en el componedor para comprobar, mediante la figura y colocación de los cranes, si estaban empasteladas.

CUANDO la letra, palabra o párrafo que se tenía que componer era de tipo distinto del que correspondía a la caja en que estaban trabajando, debían abandonar la composición en esta y buscar la que contuviera el tipo con el que había que componer aquella especialidad. Normalmente era la cursiva, o bien letras o palabras en tipos o cuerpos distintos. Si la caja estaba en el mismo chibalete en que se trabajaba, se sacaba la caja posterior a aquella en que se iba a componer y a continuación se extraía la que tenía el tipo buscado, la cual se apoyaba sobre la de abajo. Esta operación, que parece tan lógica y sencilla, encerraba una trampa: si uno calculaba mal y sacaba demasiado la caja de abajo, lo más probable es que esta se cayera y todo el contenido de sus cajetines (normalmente 123 en la caja española para texto) se entremezclase. Como hemos dicho, se producía algo tan temido entre los cajistas como el accidente entre los automovilistas: un *empastelamiento,* es decir, la mezcla desordenada de materiales tipográficos, en este caso de letras. A causa de este incidente, los ojos de algunas letras se «mataban» al chocar contra el suelo, es decir, había que desecharlas por deformes, y las demás había que distribuirlas de nuevo en sus cajetines, con la enorme pérdida de tiempo que ello conllevaba.

Cuando al componer se encontraba una letra rota, matada o de otra fundición, en principio se depositaba en un cajetín de un rincón de la caja, cajetín que recibía nombres distintos según los países. Por ejemplo, en español se llamaba *cajetín de las ánimas* o *cajetín del pastel;* en Italia, *cajetín de la concordia,* y en Francia, *cajetín del diablo.* Cuando se trataba de materiales abundantes se depositaban en cajones, los cuales recibían los nombres de *cajón de los muertos* si en ellos se depositaban los materiales rotos o desgastados y *cajón del pastel* si en ellos se depositaba el pastel, es decir, el conjunto desordenado de materiales tipográficos.

Los operarios que allí trabajaban, fueran oficiales o aprendices, amaban apasionadamente lo que hacían. Trabajaban con unción. El original que se reproducía (la imprenta siempre reproduce un original, sea textual o icónico) se respetaba al detalle. En principio, el autor tenía siempre razón, y la imprenta debía reproducir su original con total respeto a sus decisiones. Sin embargo, en algunos casos las cosas no estaban tan claras. Ante las dudas, los aprendices consultaban con el jefe del taller, hombre ducho y experimentado que siempre tenía una solución para el problema planteado. Para el caso valía también la consulta con cualquiera de los oficiales, y uno se sorprendía grandemente de lo que aquellas personas sabían, de la experiencia que demostraban, del conocimiento que tenían de todos los recovecos de la cultura... y de su inmensa paciencia para responder una y otra vez a las zozobras, a veces ingenuas, de los aprendices. Las dudas venían marcadas por la ortografía, la gramática, la ortotipografía, la tipografía, además, claro está, de la materia de que trataba el original y, en muchas ocasiones, de la grafía de la escritura manual que intervenía en el original, enrevesada e incomprensible. Para todas ellas había casi siempre una respuesta acertada y convincente.

ENTONCES, cuando comprobé este afanoso tráfago, comprendí por qué había elegido un oficio, por qué este oficio era el de la imprenta y por qué, dentro de ella, preferí el taller de cajas; en definitiva, por qué quería ser *cajista tipógrafo* (o simplemente *cajista* o simplemente *tipógrafo*),[3] términos desconocidos para mí hasta aquel momento. Intuitivamente comprendí que todo lo implicado en aquella profesión me concernía, me gustaba, llenaba mis expectativas. A falta de una carrera universitaria, impensable en la época y en aquellas condiciones (el colegio acogía a niños huérfanos y pobres), lo que más se le parecía era el noble oficio de componer libros, para lo que se necesitaba un cúmulo inmenso de conocimientos de todo tipo (ortografía, tipografía, ortotipografía, gramática, incluso lingüística si uno quería arrebañar todos los conocimientos que a la profesión le resultaban útiles). A partir de entonces empecé a comprender por qué existían clases o variedades de letra que se llamaban *cursiva, negrita, chupada, estrecha, esqueleto, versal, versalita*... Para qué servían el *chibalete*, la *caja*, el *componedor*, el *comodín*, la *galera*, el *galerín*... Qué valor tenían las palabras *cuerpo, cran, alzada, ojo*. Y empecé a utilizar con toda la naturalidad del mundo términos como *caja alta, caja baja, filete, interlínea, molde, galerada*... Más adelante supe quiénes eran Gutenberg, Schöffer, Fust, Senefelder, Manuzio, Griffo, Garamond, Baskerville, Caslon y tantos otros prohombres de la tipografía.

De allí en adelante, estas palabras se-

[3] Los cajistas fueron siempre considerados personas muy cultas. Por ejemplo, los sindicalistas más destacados (piénsese en Pablo Iglesias) y algunos políticos de los siglos XIX y XX procedían de los talleres de cajas de las imprentas. Según Juan Caramuel (1606-1682), para quien «lo mismo vale escribir o trascribir por mano propia como con tipos de plomo fundidos por otro», los cajistas, como notarios trascriptores de sermones, podían trabajar en festivo, lo que no estaba reservado a los impresores. Es célebre también Juan, el protagonista de *La verbena de la Paloma* (zarzuela del maestro Tomás Bretón), el cual, según canta en la obra, es un cajista de imprenta que gana cuatro pesetas. (La obra, escrita en diecinueve días, fue estrenada en el Teatro Apolo, de Madrid, el 17 de febrero de 1894.)

rían mías; tan mías, tan propias y naturales como hasta allí lo habían sido, por ejemplo, *pan, árbol, casa, madre, hambre, niño, juego*. Más que palabras, eran compañeros de trabajo, muletas sin las cuales no era posible dar un paso en un mundo terminológicamente tan rico como aquel en el que me había sumergido. Con el tiempo mi terminología se enriquecería con conceptos como *prosa, acoplamiento, interlineado, relación ojo/cuerpo, caja de composición, estética tipográfica*, etcétera, y me plantearía problemas relacionados con los *estilos*, las *familias*, las *variantes* o *series, remate* o *terminal, apófige, contorno, plinto*, y al propio tiempo me preocuparía la relación *página/caja de composición* y otros muchos datos que nada dicen a quien no es tipógrafo... Antes no sabía que se trataba de un mundo tan vivo, tan interesante, tan culto, pero a partir de entonces supe que llamarse *tipógrafo* tenía un valor y encerraba un significado muy amplio y al propio tiempo muy íntimo. Ser tipógrafo era ser sacerdote de una religión que solo nosotros valorábamos en toda su intensidad y extensión. La tipografía era nuestra religión y llenaba todas nuestras ansias. Pero esto no lo supe entonces: lo descubrí mucho después, practicando la tipografía.

Así empezó todo

Cuando entré por primera vez en el taller escuela de artes gráficas del Hogar de San Fernando de Sevilla me di cuenta de que entraba en un templo. Cada operario tenía su popia capilla particular en la que, a su manera, en religioso silencio, rendía culto al dios de la cultura, del bien hacer, de la obra bien empezada y bien acabada, coherente y unificada... Los altares tenían forma de chibalete, comodín, mesa de imponer o prensa de pruebas, y los operarios se afanaban en colocar unas piezas de plomo, antimonio y estaño que antes de llegar a la galera o al galerín (dependía de las dimensiones del trabajo) pasaban por el componedor formando palabras, líneas, párrafos o textos y terminaban constituyendo una obra de la cual se sacaba una prueba. La atención a la tarea

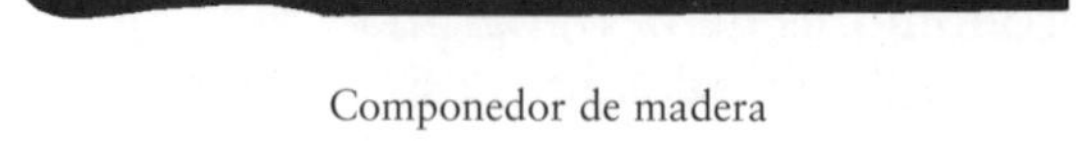

Componedor de madera

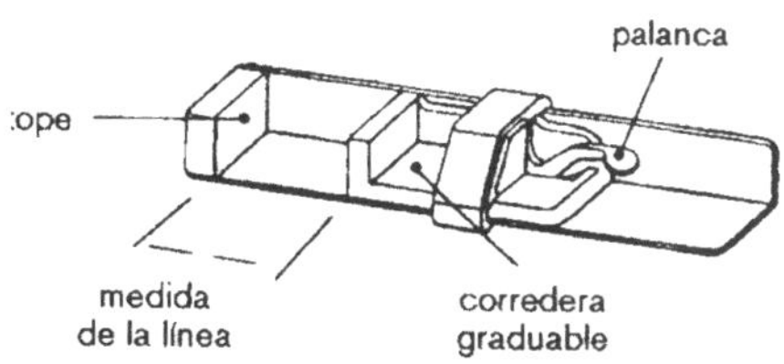

Componedor ancho

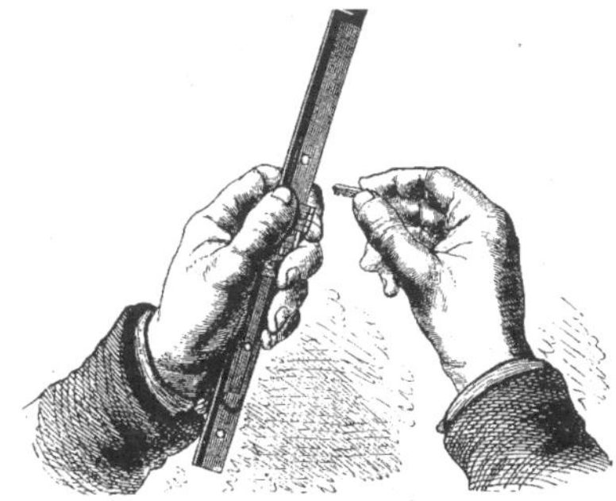

Manera de sostener el componedor durante la composición

era máxima. Un descuido se transformaba en errata y cada errata era una herida del texto.

Mi primer día en el templo de la tipografía consistió en aprender a sostener un componedor en la mano izquierda, componedor de madera (los mejores eran de metal, pero los aprendices no disponían de él tan pronto) en el que había que colocar las letras (esas piezas de plomo, antimonio y estaño) de forma ordenada. Al propio tiempo me facilitaron una reproducción con la distribución de los cajetines y cuál de ellos ocupaba cada letra, cada signo, cada cifra y cada espacio. De allí habría de tomarlos yo al día siguiente para formar mi primer molde.

Ese día me coloqué ante el chibalete no sin zozobra, sostuve el componedor con la izquierda, situé el original en la contracaja[4] y no sin encomendarme a todos los santos me decidí a colocar las letras en el componedor. Me di cuenta de que en la caja las letras más utilizadas, las que más veces aparecían en los textos, estaban más próximas al compositor, con objeto de que el viaje de la mano derecha para ir recogiendo cada uno de los signos que formaban una composición fuera lo más corto posible. Así, la *a* era la más inmediata; le seguía, hacia arriba, la *o* y después la *s;* a su izquierda, la *c,* y debajo de esta, la *i.* Las más alejadas en la caja baja eran las letras con diacríticos (acentos), politipos y cifras. Los espacios gruesos, que eran los blancos más usados, estaban a la izquierda de la *a;* sobre ellos, los medianos; los espacios de pelo o finos, que medían un punto en todos los cuerpos, estaban hacia el centro de la caja, debajo de la caja

[4] Nombre que se da en tipografía a una o dos acanaladuras (raramente tres) que las letras de plomo llevaban en una de sus caras, a la cabeza o al pie según la posición del ojo de la letra.

alta, y los cuadratines, medios cuadratines o medias líneas y cuadrados, a la derecha de la caja. Arriba y a la izquierda estaba la caja alta, donde se depositaban las letras mayúsculas, y a la misma altura, pero a la derecha, la contracaja con sus signos raros, diacríticos poco usados, algunas ligaduras también de escaso uso, etcétera.

> Los cranes de las le-
> tras tenían siempre
> las mismas caracte-
> rísticas de número,

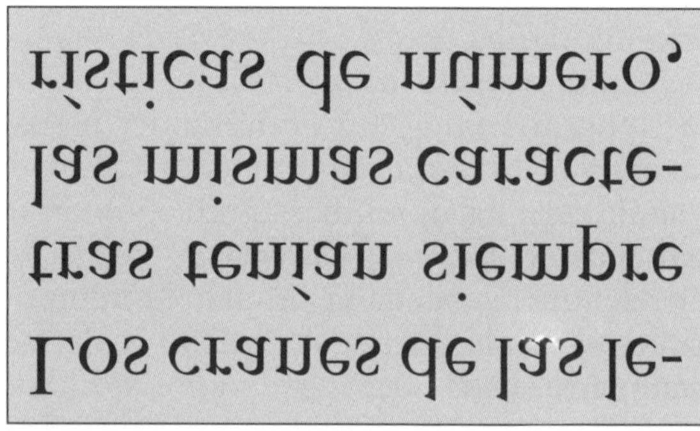

Abajo, la letra y las líneas tal como las veía el cajista en su componedor. Arriba, el mismo texto tal como aparecía al ser impreso

Esta distribución de la caja era distinta en cada país, en cada provincia y en cada ciudad. En Sevilla, por ejemplo, o en Barcelona, La Coruña o Bilbao, cada taller repartía las suertes en los cajetines según criterios propios, a veces siguiendo tradiciones locales bien asentadas. Por supuesto, la distribución general solía coincidir, pero no así necesariamente ciertos signos o letras. Hay que advertir que el orden de los elementos de la caja no era una cuestión importante. El único perjudicado era el cajista que cambiaba de taller o de ciudad, pues tenía que aprender las peculiaridades del nuevo taller, pero esta dificultad se vencía a los pocos días, por no decir a las pocas horas.

ARMADO, pues, con el componedor y el original, comencé a buscar las letras por el orden en que aparecían en aquel documento y las fui colocando en el componedor, después de ajustar este a una medida (la medida de composición, es decir, el ancho de la página de texto) marcada por un *sacalíneas* (filete con dos pestañas

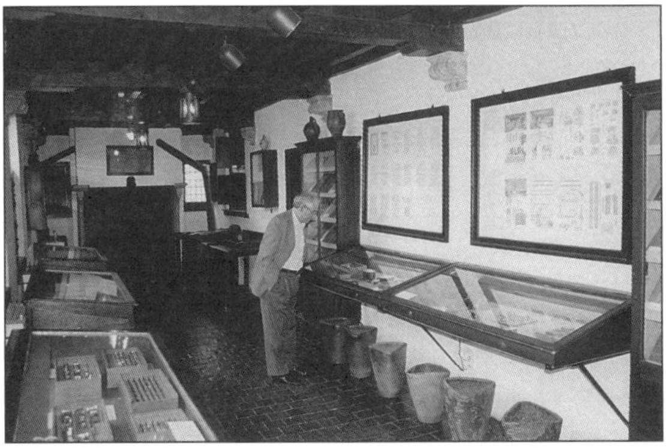

Sección de fundición del Museo Plantin-Moretus, donde se guardan todos los elementos que en tiempos de Christophe Plantin se utilizaron para producir su propia letra. Visita del autor realizada el 16 de junio del 2001 (fotografía de Pollux Hernúñez)

para facilitar la composición) o un *filete de composición* (que, por ser de latón, garantizaba con seguridad la exactitud de la medida, seguridad de la que se carecía si se utilizaba una interlínea o regleta de aleación tipográfica). Cuando completaba una palabra iba al cajetín de los espacios gruesos, tomaba uno y lo colocaba a continuación de la última letra compuesta y antes de empezar a componer la palabra siguiente. Las letras no se colocaban a la buena de Dios, sino de determinada forma que era peculiar del tipo con el que se componía. Por ejemplo, había que colocarlas siempre de manera que se pudieran leer tal como las leía el cajista, es decir, al revés de como aparecen en el impreso. Para ello había que guiarse por el *cran*. Por ejemplo, la mayor parte de las familias tipográficas tenían el cran en la parte superior, pero algunas lo tenían en la inferior. Para saber si se colocaban bien había que fijarse en el cran, para colocarlo siempre en la misma postura, bien en la parte de arriba de la letra de plomo, bien en la de abajo. Los cajistas experimentados realizaban esta operación al tacto: al tomar la letra daban con ella un pequeño golpe con un leve deslizamiento en una de las aristas del componedor; si notaban la presencia del cran y este debía ir abajo, colocaban la letra en su sitio; si no, le daban automáticamente la vuelta a la letra antes de colocarla en el componedor. Los cranes de las letras tenían siempre las mismas características de número, posición y dibujo en cada variante de letra, lo cual era una garantía de que en cada caso se trabajaba con la misma variedad dentro de una familia. Si en una letra el cran no estaba a la misma altura, o no tenía el mismo dibujo o no coincidían en número, la letra estaba empastelada, es decir, no pertenecía a aquella caja en que se componía. En estos casos se separaba esa letra y posteriormente se buscaba la caja a la que pertenecía. Así, pasito a paso, procurando no cometer errores (por ejemplo, no tomar las letras unas por otras), se llegaba al final de la línea de texto.

Si la composición tenía que ser justificada, todas las líneas habían de tener la misma extensión, de tal manera que rebasaran en medio punto, aproximadamente, la medida de la línea (medida cuya garantía era el filete de composición), con objeto de que, al imponer el molde en la rama, la línea resultase algo más fuerte que la regleta que pudiera llevar en el caso de que la composición fuese interlineada. Si el texto de la línea era más corto que la longitud de la regleta, al imponer el molde y apretar las cuñas, el texto se contraía más de lo deseable y las regletas resultaban forzadas a doblarse, lo que suponía un desarreglo importante en la confección de un molde, aparte del hecho de que en esas condiciones era imposible imponer el molde en la rama. Como es natural, si la línea, al componer, ocupaba el espacio necesario exacto, era una pura casualidad. Lo normal era que quedase algo más corta o algo más larga. En cualquiera de los dos casos había que plantearse por dónde se dividía la palabra, si no cabía entera. Decidido esto, si había que dividirla, se colocaba el guión correspondiente y entonces se trataba de hacer que la línea solo midiera lo necesario. En el caso de que fuera ligeramente más corta, se sustituían los espacios gruesos por medias líneas; si no era suficiente, se sustituían las medias líneas por un grueso y un mediano, o bien un grueso o mediano más una media línea, según las necesidades. Espacio grueso más media línea era el mayor espacio admisible regularmente entre palabras en una línea. Si esta aún quedaba corta, había que mirar de aplicar otra solución, como puede ser la de sustituir todos los espacios por uno mediano en cada caso, con lo que casi siempre se conseguía resolver el problema. Esta era, asimismo, la solución aplicable cuando la línea resultaba ligeramente más larga que la medida correspondiente.

Cuando se completaba una línea se colocaba una regleta y se comenzaba otra, hasta que se agotase la capacidad del componedor para acoger líneas del cuerpo en que se componía. La capacidad del *componedor* iba de una línea del cuerpo 12 (*componedor estrecho, liniero, francés* o *de línea*) a ocho líneas de ese cuerpo *(componedor cazuela),* pasando por el de seis líneas (*componedor grande* o *flamenco*) y por el de cuatro líneas *(componedor ancho).* Los componedores podían ser *graduados* si uno de sus lados estaba dividido en puntos tipográficos; *de palanca* si disponían de un tope movible sujeto con una palanca, y *de tornillo* si el tope movible estaba sujeto con un tornillo, componedor, este último, que se usó muy poco debido a la precariedad de la sujeción del tope movible. Llegados a este punto, se trasladaba la regleta detrás de la última línea compuesta y se tomaban las líneas con el lateral de los dedos corazón de ambas manos y se apretaba una contra otra mientras con los dedos índice de cada mano se apretaba hacia sí, de tal manera que las líneas quedaban aprisionadas. Una vez bien sujeto, el conjunto de líneas se giraba de abajo arriba, se colocaba de manera que descansara sobre la regleta añadida al final y se trasladaba con cuidado a la galera o galerín, donde quedaba depositado. Repitiendo estos pasos se llegaba al final del original o al final de la galera o el galerín.

A veces, al componer, faltaba una letra en su correspondiente cajetín. Podía tratarse, por ejemplo, de que determinado signo hubiese sido utilizado profusamente en un molde anterior, y hasta que este no se imprimiese y distribuyesen sus materiales no era posible hacer uso de ese signo. Para poder continuar la composición, el cajista recurría a utilizar una letra semejante en dimensiones a la que faltaba y la colocaba con el ojo para abajo (llamada *letra vuelta*); en esta situación, esa letra se denominaba *cabeza de muerto* en la jerga tipográfica. También se podía colocar con el cran invertido, de tal forma que se leía al revés. Cualquiera de los dos métodos era indeseable: el primero, porque, en los sucesivos arrastres que el molde habría de sufrir hasta que fuera depositado en la platina de la máquina de imprimir, la letra así colocada con el ojo hacia abajo se estropeaba; el segundo, porque no era difícil que la letra no se advirtiese y apareciera impresa de esa guisa. Peor era la solución, practicada a veces, de ir a otro molde ya compuesto, retirar de él el signo necesario y sustituirlo allí por una cabeza de muerto (a esto se le llamaba *picar* ese molde). Si esto no se advertía de forma muy clara y visible, era muy alto el riesgo de que el molde fuera al taller de máquinas para ser impreso sin haber sido antes corregido. Por esta razón era tan útil la *prueba de prensa* que se sacaba de cada molde que iba a imprimirse, para que el responsable correspondiente le echase el último vistazo antes de dar la orden de «tírese».

A veces se producía, al componer, algo que recibía el nombre de *mochuelo,* pero que más comúnmente se denominaba *salto, dejado, comido.* Sucedía esto cuando el cajista se saltaba una parte del texto, la dejaba sin componer porque abandonaba una línea en determinado punto y, al levantar la vista de nuevo para dirigirla al original, la situaba en un punto semejante de una o más líneas más adelante. Esto se daba frecuentemente cuando una misma palabra se utilizaba en dos puntos del texto separados por muy pocas líneas. Pasar de una a otra era tan fácil como frecuente en esos casos. Como se trataba de inadvertencias, los mochuelos solo tenían remedio si el corrector de pruebas lo descubría y apuntaba en las pruebas el texto saltado. Sin embargo, en algunos casos las dos palabras unidas saltándose el texto omitido presentaban cierta ligazón, al menos en una lectura poco atenta, por lo que los textos se han editado con esas faltas. El incidente contrario consistía en el *repetido,* es decir, la composición, al menos dos veces (podían ser hasta tres), del mismo texto. Si no se advertía a tiempo, el error podía formar parte de la edición.

EL texto que conformaba los libros no solía ser monótono. Por diversas causas, que normalmente estaban bien establecidas por los tipógrafos, las letras podían ser VERSALITAS (desde 1470 o 1471, aunque tardarían mucho en generalizarse), *cursivas* (desde 1501, aunque al principio no tenían valor diacrítico) o **negritas** (desde el primer cuarto del siglo XIX). A estas formas diacríticas vinieron a sumarse las «comillas» (desde 1546). Sin embargo, teniendo en cuenta las dificultades para introducir en un texto una letra de una caja distinta, las formas más complejas se sustituían por las más cómodas. Sucedió esto, por ejemplo, con la cursiva, clase de letra que había que ir a buscar a una caja distinta de aquella en que se componía, sacarla de su ubicación si el texto era largo o, en cualquier caso, componerla en su propia caja, que a veces estaba situada en la parte más baja de los chibaletes. Componer en esa postura era ciertamente penoso, por lo que los cajistas (como después los linotipistas y monotipistas) sustituyeron la cursiva por comillas que abrían y cerraban (salvo que se tratase de una fórmula). De esta manera, durante muchos años, los oficios de las formas diacríticas se trastrocaron, razón por la cual aún hay textos modernos de normativa ortotipográfica que dicen que se escriben con comillas ciertas partes del texto que propiamente deben escribirse con cursiva.

En cualquier caso, el paso siguiente consistía en tomar un bramante, rodear con él el conjunto de piezas tipográficas convenientemente ordenadas que formaban el molde recién terminado de manera que quedara bien asegurado y, una vez razonablemente seguros de que el molde no iba a deshacerse y empastelarse, cabía hacer una de estas cosas: si no era urgente sacarle una prueba, puesto que esta se sacaría al final del proceso de composición para su lectura por un corrector, se protegía el molde con un portapáginas o portapaquetes y se colocaba en un mueble ad hoc, donde se apilaba. Por el contrario, si la prueba había que sacarla de inmediato, se trasladaba con la galera o el galerín a la platina de la prensa de pruebas, donde la galera o el galerín se colocaban a la misma altura que la platina de la mesa, ligeramente imbricada con ella, y el molde se depositaba empujándolo ligeramente para que se deslizara, o bien se tomaba de la galera o el galerín con ambas manos tal como se ha explicado antes y, bien sujeto, se llevaba a la prensa de pruebas, donde se depositaba con mucho cuidado. De más está decir que en este último caso se necesitaba cierta habilidad para que el molde no saltase por los aires desperdigando cada una de las piezas que lo componían, una de las peores desgracias que podían pasarle a un cajista.

SITUADO el molde en la platina, se igualaban las letras al mismo nivel superficial mediante un tamborilete y un mazo (el primero, un trozo de madera cuadrilongo y plano recubierto con hojas de papel que servía para bajar las letras y dejarlas todas a la misma altura, y el segundo, un martillo de madera para golpear el tamborilete). Cuando las letras más elevadas ocupaban la misma altura que las demás, se tomaba el rodillo, se homogeneizaba la tinta en su mármol (si no había bastante, se tomaba del bote con una espátula) moviendo el rodillo en todas las direcciones para batirla y después se aplicaba a la superficie de la composición formada por el ojo de

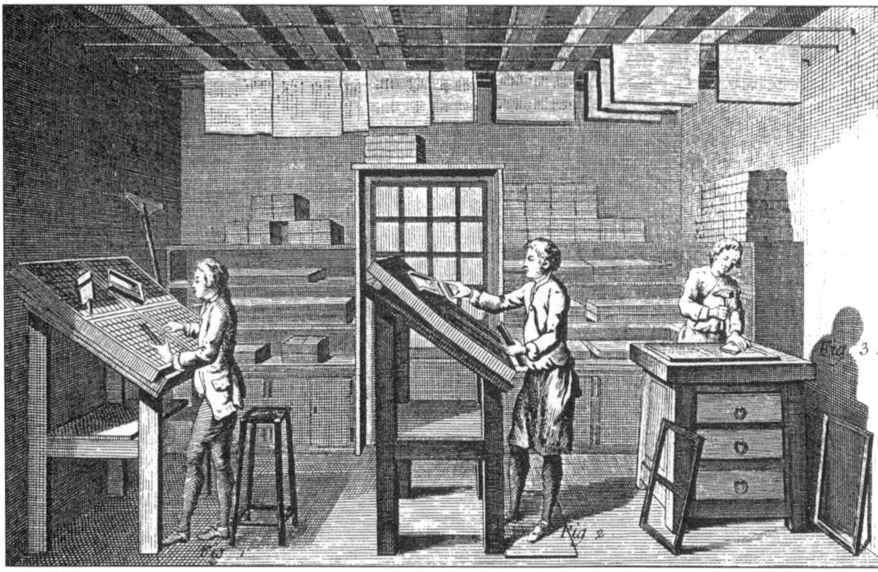

Taller de cajas de una imprenta a finales del siglo XVIII. Puede observarse, a la izquierda, un cajista componiendo; a la derecha de la caja (contracaja) está la galera, donde va depositando las líneas compuestas, como se ve en la figura central; a la izquierda de la caja, en la caja alta, el divisorio, donde se sostiene el original; al findo, a la izquierda, el espito o colgador, con el que se elevaban los pliegos húmedos recién impresos para que se secasen. A la derecha, el cajista, con el tamborilete y el mazo, iguala la altura de las letras que no han quedado bien asentadas al componer el molde, con objeto de que la impresión sea regular. Apoyada en el mueble de imposición, dos ramas para imponer los moldes que se han de imprimir. Arriba, en el techo, los pliegos húmedos recién impresos, secándose

la letra, que era la parte de esta que tomaba la tinta y la trasladaba al papel. Este se colocaba seguidamente, cuando el molde quedaba perfectamente entintado. Llegado ese momento, el aprendiz de tipógrafo tomaba la hoja de papel con devoción, como si todo lo que estaba haciendo perteneciera a un rito sagrado, la colocaba con sumo cuidado sobre la composición entintada, tomaba después el rodillo de la prensa de pruebas y lo hacía rodar sobre el molde y el papel.

En este momento el ritual se detenía. Allí, debajo del papel, en su cara oculta, estaba el resultado de un primer trabajo de tipografía, la prueba de que un aprendiz había formado su primer molde. Solemnemente, como quien va a tomar una decisión trascendente, el aprendiz de cajista tomaba el papel por uno de sus lados y con mucho cuidado, pero también con decisión, tiraba de él... Al otro lado estaba la prueba de que debajo de aquel papel había estado un molde entintado. Le daba la vuelta completa y se quedaba arrobado contemplándola. No solo era *una prueba,* sino que también era *la prueba.* Aquello que se representaba negro sobre blanco había sido construido por un aprendiz. Era su primer trabajo. ¡Qué maravillas podían conseguirse con aquellas piececillas que quinientos años antes había inventado Gutenberg! La siguiente operación consistía en corregir la prueba obtenida.

La corrección de las pruebas tipográficas ha sido siempre, ya desde los primeros tiempos de la imprenta, una labor imprescindible e irrenunciable en la presentación de los textos. Dado que el original, en su camino desde la creación hasta la impresión, será objeto de manipulaciones varias, es necesario prestar atención exquisita a todas y cada una de las etapas por las que atraviesa desde que sale de las manos de su autor. Es normal, lo era incluso en tiempos antiguos, que alguien dentro del taller (generalmente el patrón, el regente o el maestro del taller) le eche una ojeada al original del autor para valorar las dificultades que puede presentar su conversión en libro. Esta mirada del experto sirve también para realizar indicaciones varias acerca de la manera de componer ese original, como, por ejemplo, ojo, cuerpo y tipo de letra, medida, etcétera, y al propio tiempo señalización de los lugares en que la primera letra ha de ser inicial destacada, o las palabras que habrían de componerse con versalita, negrita, cursiva o con comillas.

Para corregir una prueba se colocaba junto a ella su original y se procedía a leer la prueba con espíritu crítico, procurando que el texto compuesto dijera lo mismo que el manuscrito, mecanográfico o impreso, según como estuviera escrito el texto del original. La atención puesta en esta función era máxima. Corregir una prueba era una operación muy delicada. Constantemente había que cotejar con el original, ya que no era difícil que se presentase un *mochuelo,* es decir, un salto en el texto con omisión de una parte de este. Pero, bien mirado, esta no era una función que debiera desarrollar el cajista que había compuesto el molde. Por experiencia se sabía que el mejor corrector es aquel que se dedica a corregir y enmendar trabajos que él no ha hecho. Es decir, que el corrector es y debe ser una especialidad profesional independiente dentro del taller de cajas de una imprenta. Ello se entenderá mucho mejor si tenemos en cuenta que para corregir se necesitan unos conocimientos ortográficos, tipográficos, ortotipográficos, gramaticales y de todo tipo que, en principio, rebasaban lo que al respecto se le podía exigir a un cajista. En Inglaterra era corriente que el mismo cajista o equipo de cajistas que había realizado la composición se encargara también de la corrección tipográfica. Sin embargo, está demostrado que los mejores correctores tipográficos (como después los mejores linotipistas y monotipistas) son los que proceden del taller de cajas de la misma o distinta imprenta. Por eso solía encargarse a persona versada en el oficio de componer y en la gramática. En los primeros tiempos, especialmente en la imprenta italiana y francesa, los correctores tipográficos eran verdaderos sabios. Ello no impedía, sin embargo, que los textos, aun los corregidos con mucho cuidado, contuvieran alguna errata (en algunos casos, muchas). Posteriormente, el oficio pasó a los regentes y jefes de taller, quienes con frecuencia delegaban la función en el más preparado de los cajistas, de tal modo que con el tiempo solo podían aspirar a desempeñar la corrección los cajistas versados en el oficio de componer y con conocimientos de ortografía y gramática.

La costumbre más arraigada era la de que el corrector contara con un atendedor,[5] al cual se encomendaba la lectura del original en voz alta, al tiempo que el corrector seguía en silencio la lectura del texto para hallar errores tipográficos o de cambios del texto. En principio, original y texto compuesto debían coincidir plenamente. Pero no siempre era así. Con cierta frecuencia la composición no era un fiel reflejo de su original, o bien este contenía cambios que no se debían al autor, sino a alteraciones introducidas por el revisor de ese original (el regente o el jefe del taller, normalmente). Pero también el cajista cometía errores de todo tipo. Desde tiempos antiguos en las tipografías extranjeras (especialmente en las anglosajonas) se distinguía entre *cambios sustanciales* (cambios de sentido o de vocabulario en relación con el original) y *cambios accidentales* (cambios en la ortografía, el uso de mayúsculas y la puntuación). Normalmente, los autores vivos solían leer y corregir sus obras, y sus notas servían al corrector para adecuar su corrección a las exigencias del autor. Sin

[5] También se le llama *lector* en el caso de que sea él quien lea, pero quien debe leer es el corrector, mientras que el atendedor, como su nombre indica, le atiende.

embargo, el papel de atendedor fue minimizándose con el paso del tiempo hasta desaparecer por completo, ya entrado el siglo XX. Así pues, el corrector se convirtió en responsable único de la corrección de un texto (además del autor si este corrige su escrito), tanto si se trataba de un corrector tipográfico de un taller de imprenta como de un corrector editorial (el que desempeña su oficio en una editorial).

LAS erratas halladas se indicaban mediante una serie de llamadas, signos y señales que el corrector efectuaba en las pruebas y que los cajistas interpretaban correctamente. Las llamadas consistían en una serie de trazos de que disponía el corrector para señalar, en el texto, aquellas letras, sílabas, palabras, etcétera, que contuvieran un error. El trazo utilizado en el texto se repetía a la izquierda o derecha de la composición, y a continuación de él se colocaba la corrección, que podía consistir en un signo o señal o bien en la letra, sílaba o palabra con que había que sustituir las señaladas en el texto. Tales signos y señales eran ya antiguamente de carácter internacional, y de ellos se derivan los que se emplean actualmente para la misma función (con ligeras variantes debidas a los cambios de técnicas o al país o lengua en que se trabajase).

Una vez terminada la corrección de la prueba, esta pasaba al cajista que había compuesto el molde para que introdujera en este las correcciones indicadas. Para ello, el cajista colocaba el molde en la galera o galerín y desataba el bramante con que lo había atado. Con el auxilio de las pinzas y el punzón (este, menos utilizado que aquellas), iba introduciendo las correcciones indicadas en la prueba. Como resultado de ello la longitud de la línea podía variar, lo que obligaba a resolver el problema mediante el intercambio de espacios, exactamente igual que cuando se justificaba la línea al componer, o bien iniciar un recorrido hacia delante o hacia atrás.[6]

Si el texto de la prueba correspondía al de una galerada, sin compaginación, la corrección de los errores se hacía al mismo tiempo que se compaginaba. Cuando se terminaban estas funciones, se sacaba una nueva prueba, la cual podía destinarse a una mera comprobación de que las correcciones se habían realizado, o bien, si las erratas en las galeradas ha-

[6] En este segundo caso, la operación se llama *ganar.*

bían sido abundantes, se efectuaba una segunda lectura o corrección, tras lo cual se repetía el proceso, esta vez con especial atención a aquellos aspectos que no habían sido vistos con anterioridad: texto de portadilla, portada, pie de imprenta (o colofón, en su caso), folios, signaturas (o reclamos, en su caso). Al final, una última prueba servía para comprobar que el trabajo de corrección se había realizado bien.

CUANDO una obra quedaba totalmente compuesta, corregida y compaginada, se llevaba a la mesa de imposición si su impresión había de ser inmediata, o bien se apilaba molde sobre molde (separados estos por los portapáginas, para preservar el ojo de las letras) y se tenía preparado para el momento oportuno. En esta situación, las obras se identificaban, además de por el nombre del autor y el título que figuraban al pie de las primeras páginas de cada pliego (signatura), por una etiqueta de papel que se adhería a la pila de moldes para evitar errores al imponerlos en la rama y destinarlos a su impresión.

Al frente de la mesa de imposición se hallaba un operario al que se conocía con el nombre de *platinero, imponedor, impositor* o *enramador.* El platinero tenía por función distribuir los moldes en la rama de determinada manera para que, una vez impreso el pliego y plegado este, cada página ocupara su lugar. Las combinaciones eran variadas, dependiendo de las dimensiones de las páginas (y, en consecuencia, del papel en que habían de imprimirse) y también del número de páginas que debería contener cada pliego.

Los pliegos se imprimían en dos ramas, la del blanco y la de la retiración. La del blanco correspondía al anverso del pliego, y la retiración, al reverso. Ambas caras podían imponerse en una sola rama dividida por un crucero e imprimirse de una vez, dando la vuelta al pliego para imprimir la segunda cara de este de forma contrapeada, es decir, dando un giro de 180° a los pliegos. Como es lógico, después había que cortar por medio tales pliegos, lo que nos daba pliegos de menor tamaño, pero con todas las páginas que les correspondían.

La *rama* era un marco de hierro dentro del cual se situaban los moldes para la impresión de una cara del pliego. Generalmente estaba dividida en dos partes mediante un listón de hierro llamado

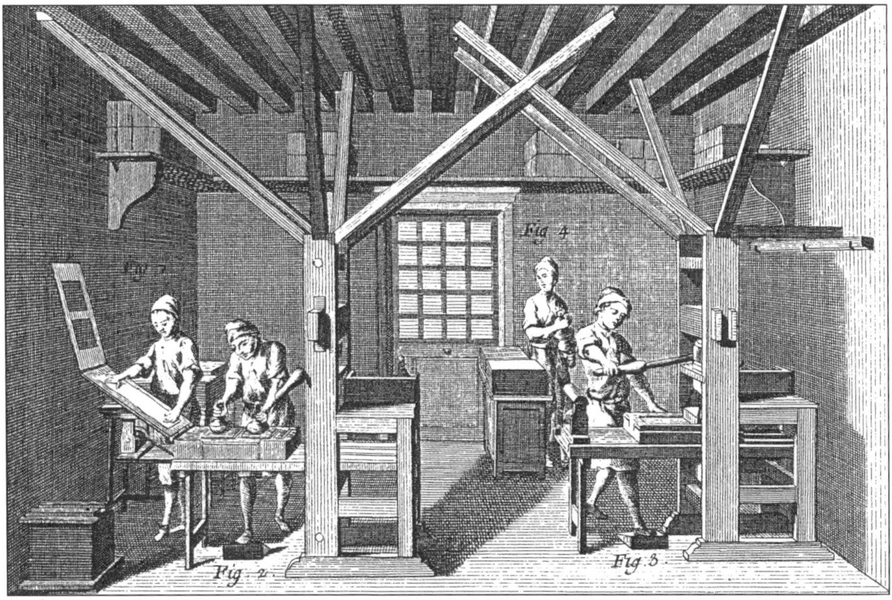

Taller de impresión de una imprenta del siglo XVIII. A la izquierda, un operario prepara el papel que va a imprimir, mientras otro aplica la tinta mediante las dos balas con que ha homogeneizado la tinta aplicando una bala sobre otra (obrero del fondo, a la derecha). A la derecha, un operario aplica la presión al conjunto molde-papel para efectuar la impresión

crucero. Los moldes se separaban entre sí por medio de unas piezas metálicas (de plomo o hierro generalmente, pero también las había de madera) llamadas *imposiciones*. El blanco que correspondía al lomo del libro se establecía mediante una imposición a la que se daba el nombre de *medianil;* por esta causa también se llama *medianil* al blanco del lomo. Entre las imposiciones y el marco de la rama se situaban unas cuñas que, una vez bien apretadas, sujetaban los moldes al marco y facilitaban el traslado de las *formas* (el conjunto de moldes en su rama) hasta la sección de máquinas para su impresión.

La distribución de los moldes en la rama, o *casado,* podía ser *regular* si los dobleces del pliego impreso se hacían de derecha a izquierda, cada doblez perpendicular al anterior, sin necesidad de cortar o separar hileras de páginas, o bien *irregular,* si antes de proceder a doblar el pliego es necesario cortar una hilera de páginas, que forman signatura aparte, o bien cuando los dobleces no se efectúan perpendicularmente al anterior, sino unas veces paralelos y otras volviendo el papel en diferentes direcciones. Cuantos más dobleces se le den al pliego, más difícil es encuadernarlo, debido al grosor del papel en el lomo, por donde se dobla. En estos casos es necesario distinguir entre *unidad de tirada* y *unidad de encuadernación*. La primera depende de la máquina en que se imprime y del tamaño de los moldes, de manera que si estos son pequeños y grande la máquina, es posible imprimir una obra en sesentaicuatroavo y después cortar el pliego por en medio una o más veces, de tal manera que la unidad de encuadernación es mucho más pequeña que la unidad de tirada. De esta manera resulta más económica la impresión y más adecuada la encuadernación, al eliminar el grosor del lomo de los pliegos encuadernados por ser estos más pequeños.

CONTRA lo que pudiera pensarse, el oficio de cajista de imprenta no desapareció de la noche a la mañana. Muy al contrario, fue desapareciendo poco a poco, primero en los países desarrollados y posteriormente en los que están en vías de desarrollo. En el 2003, en La Habana aún se decía que el cajista de imprenta era un «oficio casi extinguido». Hablamos del 2003, cuando ya la linotipia y la monotipia habían desaparecido y cuando la jovencísima fotocomposición, con sus fotolitos, también habían hecho mutis por el foro. A qué se debe tan larga vida (más de quinientos años) es algo que no tiene una respuesta contundente. Es muy probable que la carestía del cambio de tecnología tenga algo que ver. Es lo cierto que Gutenberg y sus colegas perduraron hasta entrado el siglo XXI, cuestión que no sabemos si pudieron prever...

2 Brigada Obrera y Topográfica de Estado Mayor

El 24 de agosto de 1952 salí del colegio, dejando interrumpida momentáneamente mi formación como tipógrafo. Entre febrero de 1953 y febrero de 1956 cumplí voluntariamente con mis obligaciones castrenses en un cuerpo del Ejército poco conocido llamado Brigada Obrera y Topográfica de Estado Mayor[1] (BOTEM), con sede central en el antiguo Ministerio del Ejército, hoy Cuartel General del Ejército, sito en la calle de Prim, de Madrid, muy cerca de la céntrica plaza de la Cibeles. Allí permanecí tres años (era el trato con el Ejército), el primero de los cuales, aun contra mi voluntad, no fue como tipógrafo, sino como topógrafo.

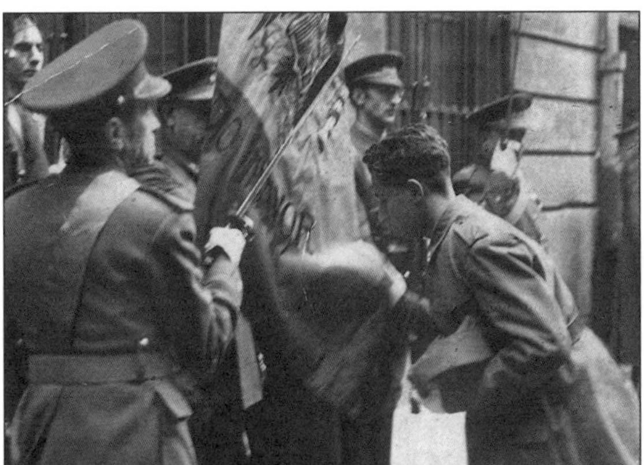

Acto de jura de la bandera en la BOTEM, de Madrid, el día 18 de mayo de 1953. A la izquierda, el comandante mayor, don Antonio Morales Fontán

[1] Un cuerpo distinguido, donde habían hecho el servicio militar personas destacadas como, por ejemplo, el escritor y académico Francisco Ayala en 1929 y, más recientemente, el periodista sevillano Antonio Burgos.

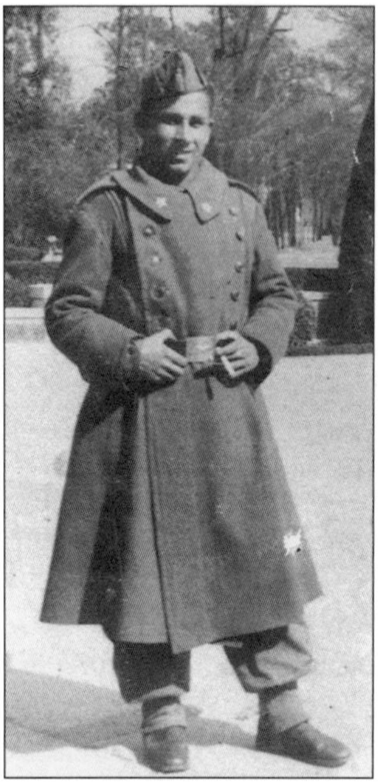

El recluta Martínez de Sousa, el 7 de marzo de 1953, en el Retiro de Madrid

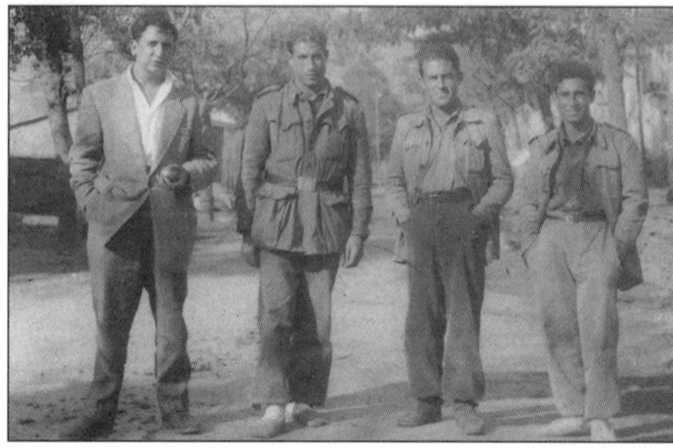

En noviembre de 1953, nueve meses después de mi ingreso en el Ejército, formaba parte de una partida topográfica constituida por el cabo primero Antonio Pérez Jiménez (segundo por la derecha) y los soldados Víctor Méndez Cabeza (primero por la izquierda), Alejandro Vereda Espada (segundo por la izquierda) y yo mismo (a la derecha). El lugar es Cañamero, cerca de Guadalupe, en la provincia de Cáceres

He aquí que, por la diferencia de una sola letra (una *o* por una *i*), a uno lo pueden enviar a practicar la topografía en la provincia de Cáceres en lugar de la tipografía en Madrid. Con todo, fue una época agradable y rica en experiencias, con el único inconveniente de que yo, que miraba al futuro, prefería la tipografía, ya que la topografía me era indiferente. El desvío hacia la topografía cuando yo lo que quería era practicar la tipografía me permitió, a cambio, conocer una parte importante de la provincia de Cáceres, con toda la riqueza etnográfica que ello comporta. De otra forma tal vez nunca hubiera podido apreciar sus usos y costumbres, tan distintos de los que yo conocía hasta aquel momento. Me permitió, también, conocer sus valles y montañas, sus ríos, sus productos... En aquella época tuve compañeros a los que no he vuelto a ver, pero cuyo recuerdo sigue vivo en la mayor parte de los casos. Por ejemplo, de la primera partida topográfica en que participé recuerdo al cabo primero Mora y al soldado Juan Antonio Muru Lafita, un navarro, excelente persona y compañero inolvidable por su bonhomía. La segunda partida estaba formada por Antonio Pérez Jiménez, cabo primero, el jefe, y los soldados Víctor Méndez Cabeza Frontelo, de Talavera

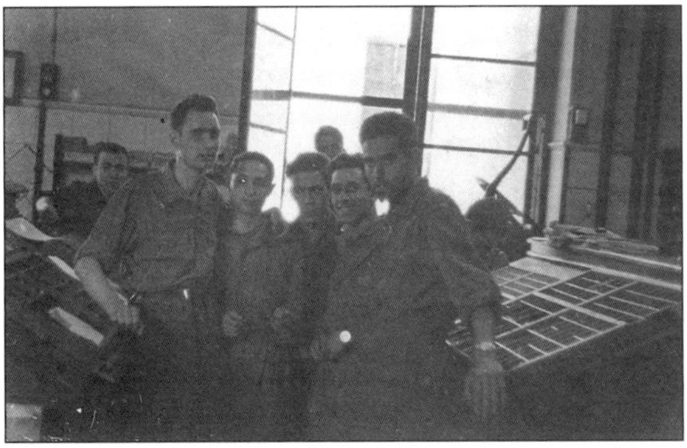

La sección del taller de cajas de la BOTEM que estaba bajo mi responsabilidad, donde componíamos los rótulos de los topónimos que formaban parte del mapa topográfico nacional (MTN). Al fondo a la derecha, el brazo de la prensa boston con que los imprimíamos (yo, el segundo por la derecha) (año 1955)

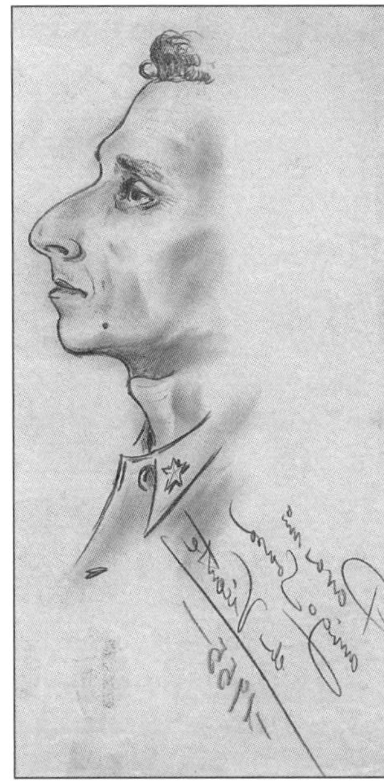

Apunte al lápiz realizado en 1955 por mi amigo Vicente Torregrosa Manrique, zurdo hasta para escribir. La dedicatoria dice: «Para mi amigo Sousa[,] de Vicente»

de la Reina, y Alejandro Vereda Espada. Juntos, en diversas partidas topográficas y en épocas distintas, recorrimos pueblos como Garciaz, Logrosán, Cañamero, Guadalupe, Alía, Talayuela, Jarandilla de la Vera y otros de menor fuste. También recuerdo, de la tercera y última partida en que intervine, al entonces capitán Isidro Gómez Laguna (buen amigo mío una vez licenciado yo), jefe de la partida, ya fallecido; y los capitanes Julio Morencos Tévar y Hernán Cortés Peláez, dos jóvenes que soñaban con llegar a generales; el primero, que llegó a director general del Instituto Geográfico Nacional, ya ha fallecido. Lamentablemente, he olvidado los nombres de un sargento que soñaba despierto con el retiro junto a una dama con la que se escribía y de varios soldados.

Durante un año aproximadamente cumplí con mi deber como soldado topógrafo, a la espera de dar con la posibilidad de ser trasladado a la sección de cajas del taller de imprenta, sito en Madrid, ya que el cuerpo disponía de talleres de cajas, encuadernación, máquinas, litografía y dibujo (razón por la que yo había ingresado en él voluntariamente; es decir, con la esperanza de ser destinado al taller de cajas). Un día, un compañero de servicio me llevó a casa de un tío suyo, general retirado de no sé qué arma, el cual se ofreció muy amablemente por si necesitábamos algo, pues conocía a algunos mandos del cuartel. Yo le expuse mi deseo de ser trasladado al taller de cajas para seguir practicando mi oficio de tipógrafo. Suponía yo que aquello no pasaría de una simple conversación y un ofrecimiento cortés por parte del general, pero he aquí que al cabo de unos días me llama el comandante mayor, don Antonio Morales Fontán, y, delante del brigada Víctor Saavedra de Diego, jefe de la sección de cajas, me comunica que sería trasladado a su taller para continuar el ejercicio de la profesión de cajista y que se me nombraría cabo interino en cuanto hubiera oportunidad para ello. Aquella decisión, la de trasladarme al taller de cajas, fue muy importante para mí, ya que me permitía seguir aprendiendo al mismo tiempo que cumplía mi servicio militar.

Teniendo en cuenta los deseos del comandante mayor, el brigada jefe del taller me propuso para el empleo de cabo interino y después, tras aprobar el curso reglamentario, «ascendí» a cabo efectivo. Por desgracia, el brigada resultó ser una persona arbitraria. Con objeto de alejarme de él, oportunamente me presenté al curso de cabos primeros, en la seguridad de que no alcanzaría el aprobado; solo él podía suspenderme, ya que el examen era técnico, y fue lo que hizo. Mi desquite, no buscado, se produjo años después, cuando supe de buena tinta que había adquirido mi *Diccionario de tipografía y del libro,* diccionario que guardaba celosamente en un cajón como oro en paño...

Contrastaba con este carácter el del sargento Alberto Rocillo Díez, más próximo a los soldados que formaban parte del taller y más comprensivo con ellos. Mi trato con él fue excelente, pero, por razones que aún estoy por descubrir, años después de mi licenciamiento, cuando fui a visitar a los viejos amigos del taller, él, que había sido trasladado a ayudantía (había ascendido a teniente), me ignoró abiertamente; cuando fui a saludarlo dijo no saber quién era yo. Lo chocante es que poco después, cuando ya habían aparecido mis dos primeras obras, el *Diccionario de tipografía y del libro* y *Dudas y errores de lenguaje,* se jactó ante mi amigo José Rodríguez Tamargo (entonces teniente topógrafo) de ser amigo mío y de conocerme muy bien.

Durante mi estancia en el taller trabé amistad con el corrector

Jesús Moreno Ramírez, a quien a veces ayudaba como atendedor cuando corregía pruebas de composición compleja. Era un hombre de extensa cultura, experimentadísimo en la corrección de pruebas y muy dado a enseñar a los demás aquello que él sabía. Realmente de él aprendí muchas cosas de la corrección tipográfica, conocimientos que después amplié con la poca bibliografía sobre el tema que entonces existía, pero que ni siquiera estaba ya en venta (apenas un par de obras, *El libro del corrector,* de P. Melús y F. Millá [1940], y *Teoría y práctica de la tipografía,* de V. Martínez Sicluna [1945], más algunos de los libros publicados por los salesianos de Sarriá, en Barcelona).

3 Editorial Bruguera

ARMADO con mis conocimientos tipográficos y los que como corrector había adquirido por influencia de Jesús Moreno, que de allí en adelante sería mi amigo y maestro (a él le dediqué mi primer libro, el *Diccionario de tipografía y del libro*), me fui mundo adelante a practicar la tipografía. El día 27 de mayo de 1957 entré en Editorial Bruguera, de Barcelona, una empresa que entonces tenía sus talleres en la calle Móra d'Ebre (en el barrio de Vallcarca), aunque la que se mencionaba en los membretes de la empresa y en la página de derechos de las obras era la calle Proyecto.[1] Había sido fundada en 1910 por Juan Bruguera Teixidó (1885-1939), primer editor de la revista infantil *Pulgarcito* (aparecida por primera vez en junio de 1921), con el nombre de Editorial El Gato Negro. La denominación de Editorial Bruguera la crearon los hijos de Juan, Pantaleón y Francisco, en 1940.

Durante los primeros años, Bruguera se especializó en la edición de revistas infantiles. Además de *Pulgarcito,* son conocidas también *Tío Vivo, DDT* y otras del mismo corte. En estos trabajos colaboraron con la editorial conocidos humoristas como Francisco Ibáñez, José Peñarroya, Manuel Vázquez, Josep Escobar, Carlos Conti, Armando Matías Guiu, Tomás Marco Nadal y otros, así como

[1] En realidad, no se llamaba así; la placa decía: «Calle en proyecto», porque realmente no se trataba de una calle, sino de una separación entre dos edificios de escasos cincuenta metros de largo y que no tenía salida. Actualmente la tal calle se llama Móra la Nova.

creadadores de tebeos de acción *(El Capitán Trueno, Mortadelo y Filemón)*, como Víctor Mora, Ambrós (de verdadero nombre Miguel Ambrosio Zaragoza) y Eugenio Giner, entre otros.

Mi llegada a la editorial era fruto de ciertas conexiones entre personas amigas cuyo eslabón final era el señor Fernando Aleu, del taller de encuadernación de la editorial, a la sazón delegado sindical de la empresa. Sin embargo, quien me proporcionó el empleo fue Guillermo Molinas, jefe de producción y cuñado de los hermanos Bruguera, persona que merece un recuerdo amable y agradecido. Se me puso a las órdenes del encargado de corrección tipográfica de la editorial, Enrique Lazausa, personaje arbitrario si los hay, culpable, al final, de que ocho años después yo abandonase la editorial, pese a encontrame muy a gusto en ella. El personaje (que ya tenía más de sesenta y cinco años cuando yo entré en la editorial) había sido padrino de boda de Francisco Bruguera y permanecido fiel a la empresa en los duros años de la guerra civil. Se puede suponer que hubiera sido inútil cualquier queja por parte de un novato acerca de su trato, por lo que no me quedó otro remedio que soportarlo.

Mi ingreso en la editorial supuso un cambio notable en la forma de encarar la corrección tipográfica en ella. Sin que yo fuera consciente, la aplicación de mis conocimientos ortotipográficos en la corrección había causado más de un revuelo a mis espaldas, ya que, a la vista de las galeradas corregidas por mí, el jefe de producción llamaba a los responsables de los desaguisados y los amonestaba. Esto creó un ambiente de rechazo hacia mi persona no solo entre los linotipistas y los cajistas, sino también entre los demás correctores de la editorial, todos ellos empleados que así ganaban un sobresueldo. Yo seguía corrigiendo como me habían enseñado, ignorante de lo que sucedía. En cierta ocasión en que el señor Molinas pasaba a mi lado se fijó en las correcciones que aplicaba yo a unas galeradas y me preguntó el porqué de ellas. Se lo expliqué: no parecía coherente decir que algo se dividía en tres partes y numerarlas así: «primera», «II», «3.ª». Él entendió muy bien que aquello había que unificarlo, y de ahí mis correcciones. Cuando el señor Molinas explicó a los interesados lo que estaba sucediendo con la preparación y corrección del original cesaron los conciliábulos y se aceptó mi manera de trabajar, aun a regañadientes de algunos que, al final, también aceptaron. Tal vez el jefe de producción intuía que si en el futuro la editorial debía dedicarse a edición de mayor aliento, había que ir acostumbrando al personal a trabajar con más calidad.

En contra de lo que generalmente se cree, en la época en que yo estuve en ella, Editorial Bruguera era una editorial muy bien organizada y con un funcionamiento casi perfecto. Es lo cierto que en la editorial no se publicaba ni una sola novela, fuese de vaqueros o de amor, que alguien no hubiera aprobado para su publicación. Generalmente todas las obras se leían y de cada una de ellas se daba una opinión, favorable o desfavorable. En este último caso la obra se devolvía a su autor. Las aprobadas pasaban a la dirección de la editorial, que en aquella época estaba en la avenida de la República Argentina y después pasó a la calle de Camps i Fabrés (esquina a Príncipe de Asturias y cerca de la plaza de Lesseps). Allí, el jefe del servicio las daba a un asesor religioso (sobre todo las de amor), el cual casi siempre se quejaba, en una nota manuscrita en el dorso de la última página del original, de la escena del sofá que indefectiblemente aparecía en la mayor parte de ellas. Posteriormente se daban a corregir de estilo, tras lo cual se enviaban a la sección de producción, en la calle ya dicha del barrio de Vallcarca.

El procedimiento, pues, era impecable. Cuestión distinta era el contenido de tales obras, que en los primeros tiempos de mi ingreso eran casi exclusivamente novelas de amor y de vaqueros. Quien tuviera un poco de sentido de futuro se daría cuenta de que la editorial debía ir cambiando hacia áreas de más rico contenido, con obras que pudieran llenar otros vacíos algo más elevados y que incluso se convirtieran en obras de fondo, aspecto al que la editorial prestó atención posteriormente (recuerdo haber hablado de esta cuestión con el señor Molinas, el cual estuvo de acuerdo y me confirmó que los directivos ya pensaban en ello). De hecho, la editorial no tardó en crear la colección Joyas Literarias, en la que se publicaron, entre otras, *No serás un extraño,* de Morton Thompson; *Éxodo* y *Mila 18,* ambas de Leon Uris; *Matar un ruiseñor,* de Harper Lee; *Guerra y paz,* de León Tolstói; *Los hermanos Karamazov,* de Fiódor Dostoievski; *El hombre del traje gris,* de Sloan Wilson; *Desde el piso cuarenta,* de Theodore H. White. Todas estas obras eran traducciones. Muchos traductores trabajaron para Bruguera a lo largo de los años, pero entre todos ellos recuerdo especialmente a Baldomero Porta, un excelente traductor. La literatura infantil estaba representada, entre otras, por la colección Historias y por Joyas Literarias Infantiles, en las que aparecían clásicos literarios con adaptación especial para niños y mucha ilustración.

Las obras compuestas se sometían a dos correcciones: la de galeradas y la de compaginadas. Aquí es donde podía fallar, y de hecho fallaba, la cadena de revisión. Los correctores no formaban parte de la editorial como tales (salvo Lazausa y yo) y ello se convertía en una rémora, ya que no era fácil, dada la dinamicidad con que se desenvolvía el trabajo, un control estricto de la bondad de las correcciones realizadas por personas que seguramente no eran ni correctores ni tipógrafos. Una muestra de este descuido con que a veces se corregían las compaginadas (y también las galeradas respectivas, e incluso en ocasiones los originales) lo tenemos en la siguiente anécdota. Cuando un linotipista comenzaba a trabajar en su turno, solía colocar al frente del texto por él compuesto una línea en versales que decía: «FULANO EMPIEZA», y cuando terminaba colocaba esta otra: «FULANO TERMINA». El corrector tipográfico se encargaba de indicar al cajista compaginador la supresión de aquellas líneas. Pues bien: en cierta obra que trataba de la técnica para construir aparatos de radio aparecía, como si se tratase de un subtítulo (es decir, en línea aparte y rodeada de blancos): «FULANO EMPIEZA». El hecho de que tal línea apareciera en la obra impresa y encuadernada indica que a veces o los correctores eran poco finos o los cajistas que debían hacer las correcciones en el plomo estaban poco atentos. Dada la velocidad a que se trabajaba, situaciones así eran comprensibles. Es lo cierto que la editorial tenía lo que internamente se llamaba «el correo», que no era otra cosa que el servicio de novedades, es decir, el conjunto de novelas (de amor y de vaqueros), tebeos, reimpresiones, etcétera, que correspondían a aquella semana. Costase lo que costase, el correo tenía que estar listo para su salida con destino a los puntos de distribución y venta, y de hecho lo estaba siempre, incluso en época de vacaciones, puesto que los trabajos se adelantaban en los meses próximos a esas fechas.

Fue en Editorial Bruguera donde yo tuve la primera idea de escribir un libro. Debido a la penuria en obras de consulta, los correctores, tanto de estilo como tipográficos, estábamos como abandonados de la mano de Dios. La corrección de estilo, especialmente en obras especializadas, dejaba mucho que desear y las dudas se multiplicaban. ¿A quién acudir, si todos sufríamos del mismo mal? Alentado por la existencia de los libros de Melús y Millá y de Martínez Sicluna (además del *Diccionario de dudas y dificultades de la lengua española,* de Manuel Seco, aparecido en 1961, un verdadero regalo para todos nosotros), concebí la peregrina idea de escribir un libro que en principio iba a llamarse *Diccionario del corrector tipógrafo.* Cada entrada de este diccionario sería un tema de duda para los correctores, especialmente los tipógrafos, y esa duda estaría resuelta desde el punto de vista de un corrector tipógrafo. Sin embargo, la falta de decisión por un lado y de tiempo libre por otro iban retrasando la puesta en práctica de la idea. No me cabía duda de las dificultades que el proyecto presentaba, y no podía descartarse el hecho de que al final saliese un fracaso. Lo fui dejando y solo rescaté la idea mucho tiempo después, cuando, en 1965, dejé la editorial por La Vanguardia.

DEBIDO a las peculiaridades de los personajes que colaboraban con la editorial, las anécdotas, reales o inventadas (en este segundo caso, pues, puros cuentos), corrían entre los empleados y colaboradores de la editorial. Una de las más repetidas se refería a cierto dibujante de tebeos muy conocido por sus extravagancias, del que se decía, más en broma que de veras (tal vez para ponderar sus grandes despistes), que a la vuelta de su viaje de novios se había dejado a su mujer olvidada en el hotel... Pues bien, de él se decía también que cierto día fue a ver a Francisco Bruguera en su despacho de la calle Camps i Fabrés y le pidió un préstamo para cubrir una necesidad. Como el editor ya lo conocía bien y estaba escarmentado de préstamos anteriores, le pidió que le confeccionara una serie de historietas para una de sus revistas (*Pulgarcito, DDT,* etcétera) y que entonces la secretaria le abonaría la cantidad que solicitaba. Él así lo prometió y se marchó. A la semana siguiente se presentó de nuevo en la editorial con un sobre grande lleno de cuartillas. Preguntó por la secretaria y le mostró los dibujos. La secretaria comprobó, revisando las primeras cuartillas, que, en efecto, estaban dibujadas. Así pues, le entregó la cantidad convenida y el dibujante se marchó. La secretaria descubrió posteriormente que de las cuartillas solo estaban dibujadas las diez primeras. Las restantes aparecían en blanco...

Se contaba que cierto autor de novelas de vaqueros, muy solicitadas por el público, solo trabajaba cuando tenía en el cuerpo una cantidad de alcohol suficiente para inspirarlo. Como era tan difícil poderlo controlar para que escribiera, en cierta ocasión se le colocó una mesa al lado de una linotipia. Encima de la mesa había una máquina de escribir, un mazo de cuartillas vírgenes y una botella de coñac. Nuestro autor, inspirado por el ambiente, empezó a escribir y cada cuartilla que llenaba pasaba directamente al linotipista, que la componía de inmediato.

El caso de Marcial Lafuente Estefanía es especial. Se vanagloriaba, al parecer, de que era capaz de escribir una obra en veinticuatro horas (no un día, sino veinticuatro horas en total). A la vista de los hechos, tal «hazaña» es posible. (No obstante, no parece creíble la aseveración de algunos en el sentido de que su producción se acerca a los tres mil quinientos títulos.[2]) Este autor, al que se podría denominar «rey del punto y aparte», no construía nunca un párrafo de diez líneas. Cuando más, de dos o tres. Todas sus obras comenzaban de forma parecida (la llegada del forastero al pueblo [generalmente se trataba de Wichita o Cheyenne], la discusión entre dos aldeanos acerca de si medía seis pies y seis pulgadas o si eran seis pies y siete pulgadas), se desarrollaban de la misma manera (tiro va y tiro viene, sin tener en cuenta cuántos tiros disparaba un colt o una carabina sin recargar) y terminaban después de que algunos de los personajes muertos a lo largo de la obra aparecieran vivos al terminarla. En cierta ocasión, a una correctora novel se le dio una obra de Estefanía para que la corrigiera. A la semana siguiente se le dio otra, y a los pocos días llamó a la editorial para decir que le habían dado para corregir una novela repetida, pues esta que tenía ahora ya la había corregido la semana anterior. Hubo que explicarle quién era Marcial Lafuente Estefanía y qué sucedía con sus novelas.

La firma clásica del autor era «M. L.

[2] Suponiendo que escribiera una novela por semana, o 48 al año, necesitaría nada menos que setenta y tres años para escribir los tres mil quinientos títulos.

Estefanía», hasta que en cierto momento, al parecer, apareció en el mercado un autor distinto, también de novelas de vaqueros, que firmaba «María Luisa Estefanía», momento en el cual autor y editor se pusieron de acuerdo para que sus obras aparecieran desde entonces bajo la firma «Marcial Lafuente Estefanía», que era su verdadero nombre. Las novelas de este escritor eran muy distintas de las de otros autores, como, por ejemplo, Fidel Prado (exquisito en la descripción de paisajes hasta en sus más menudos detalles), Peter Debry, Keith Luger, Donald Curtis, Clark Carrados, Silver Kane... Por supuesto, todos los nombres eran seudónimos de autores españoles, por extranjeros que parecieran. A unos pocos los conocí personalmente. Cada autor tenía sus lectores, los cuales esperaban a que sus autores preferidos escribieran una nueva obra, que ellos devoraban y después intercambiaban con otros lectores por otras obras no leídas.[3]

Entre las novelas rosa publicadas por Bruguera se distinguían claramente las de Corín Tellado, a la que la Unesco declaró en 1962 la autora española más leída después de la Biblia y de Cervantes. Yo llegué a corregir tipográficamente bastantes de las obras de Corín Tellado, de las que el censor siempre lamentaba la inevitable escena del sofá o alguna semejante. Según parece, Corín Tellado llegó a publicar, a lo largo de su vida, más de dos mil novelas (por supuesto, no todas en Bruguera). Eran también notables, y mejor construidas, las de Carlos de Santander, María Teresa Sesé y Marisa Villardefrancos, entre otros. Pero tenían menos éxito comercial que las de Corín Tellado.

En general, las relaciones de los Bruguera (especialmente Francisco) con los autores eran más o menos buenas, pero no siempre excelentes. Es lo cierto que en aquel tiempo los autores tenían que aceptar las normas que los abogados de Bruguera creaban para anular toda iniciativa autoral una vez que firmaban tales contratos. La mayor parte de ellos estaban pillados por los contratos en exclusiva (Corín Tellado, por ejemplo, desde 1962 hasta la desaparición de

[3] Algunos de estos autores, como M. L. Estefanía y Silver Kane, viajaron a los Estados Unidos para conocer los lugares acerca de los cuales escribían y en los que se desarrollaban sus novelas. Ambos comprobaron sobre el terreno que no poco de lo que habían escrito coincidía bastante con la realidad que allí vieron.

Editorial Bruguera en 1986). Aunque, por lo que se sabe, Marcial Lafuente Estefanía no solía quejarse, otros autores (por ejemplo, la misma Corín Tellado) han manifestado posteriormente su descontento por estas relaciones leoninas por parte del editor y su traslado a otras editoriales (como Rollán, de Madrid) en cuanto la ley se lo permitía.

Francisco Bruguera, hombre muy trabajdor y de trato amable, que dirigía la editorial con prudencia y acierto («Hagamos números», decía cuando se le proponía un nuevo proyecto), se encargaba personalmente de las relaciones empresariales con los países hispanoamericanos, especialmente Argentina, Chile, Uruguay, Colombia y Venezuela, países que visitaba una vez al año. De todas formas, naciones como Argentina tenían un delegado de la empresa que se encargaba de resolver los problemas que acarreaba la distribución y venta de libros de Bruguera. La exportación a Hispanoamérica les iba muy bien a editoriales como Bruguera, por cuanto permitía deshacerse de los invendidos en España y aumentar los tirajes pensando en ello. Claro que, en contrapartida, el comportamiento de algunos delegados o corresponsales en algunos de esos países también contribuyó a hundir económicamente a más de una editorial. Parcialmente al menos, también a Bruguera.

Se atribuía a Pantaleón Bruguera, hermano de Francisco, la creación del sistema de ventas de la editorial, considerado un éxito a la sazón. Al parecer, la política de ventas se aplicaba de tal manera que si un quiosquero vendía en una semana determinada cantidad de obras, a la semana siguiente se le aumentaban en un porcentaje razonable. Si las vendía, a la semana siguiente se le volvían a aumentar. Si no, se le admitían como devolución las no vendidas y se mantenía la mejor cifra de ventas para la semana siguiente. De esta forma, el quiosquero no perdía, puesto que la mercancía se le depositaba, y la editorial vendía el máximo posible.

Bruguera fue tal vez una de las últimas editoriales en disponer de talleres propios. Si antiguamente esto parecía deseable con objeto de tener a su disposición sus propios talleres y no depender de las fechas que pudieran proporcionar los talleres independientes, es lo cierto que a partir de determinada época, que tal vez pueda situarse en torno a los años cincuenta del siglo pasado o algo más tarde, la posesión de talleres propios se convirtió en una rémora para la editorial que los tuviera. No solo porque había que atender a cotizaciones a la seguridad social, siempre onerosas, sino porque en ocasiones las máquinas quedaban paradas por falta de trabajo de la propia editorial. Esto obligaba a buscar trabajos ajenos para cubrir esos vacíos, lo que traía aparejado que nunca quedase tiempo libre para la impresión de las propias obras. Una vez descubierta esta realidad, las empresas comenzaron a desprenderse de sus talleres, pero algunas que los conservaron, como Bruguera, Sopena y Labor, entre otras, al final pagaron cara esta decisión.

EL desarrollo de Editorial Bruguera fue espectacular. Su éxito era tanto y su crecimiento de tal calibre que la impresión en Móra la Nova (antes, calle en proyecto) se convertía en algo casi imposible. Las crecientes cantidades de papel empleado para la edición requerían de trasportes cada vez más complejos. Un camión largo a duras penas podía llegar a la editorial por la calle de Móra d'Ebre, empinada, estrecha y con cruces muy cerrados. Y debido a la situación de la editorial, entre calles estrechas y empinadas, no había alternativa. Esto aconsejó a Francisco Bruguera (su hermano había fallecido hacía años) trasladar los talleres y la propia editorial a un pueblo cercano, Parets del Vallès. Se construyeron amplias naves para acoger las grandes máquinas de imprimir y se organizó la vida empresarial de forma harto compleja: puesto que los trabajadores, en contra de las previsiones, no trasladaron masivamente sus viviendas al referido pueblo, la editorial ponía a su disposición cada mañana varios autocares. El tiempo invertido en el traslado se consideraba tiempo trabajado, con lo que, al extenderse un procedimiento como el descrito, se puede pensar lo que eso supondría económicamente: pagar por no trabajar y encima cargar con los gastos de los autocares. Según supe, el número de empleados de los talleres, las oficinas, etcétera, alcanzaba casi el millar, lo que hacía aún más compleja la existencia de la editorial (cuando yo entré, en 1957, me correspondió el número 143 del departamento de talleres y administración, sito en el barrio de Vallcarca). A todo ello se sumó el hecho de que la actividad sindical aumentó correlativamente al número de empleados. La organización se hizo muy compleja, falló la logística y la consecuencia de tanto desajuste (sería una simplificación inaceptable atribuir la situación a un solo problema) fue el cierre definitivo de la editorial en 1986 (para entonces Francisco Bruguera ya no estaba al frente de la editorial: se había jubilado en los primeros años ochenta). La desaparición de Editorial Bruguera podría considerarse una muerte debida a un éxito mal administrado. Sin embargo, en la metodología, la Editorial Bruguera que yo conocí es cuando menos digna de estudio.

Para entonces hacía largos años que yo no estaba en la editorial. En octubre de 1965, harto de sufrir las arbitrariedades del señor Lazausa, decidí marcharme a La Vanguardia, cuya redacción estaba entonces (hasta el 2004) en la calle de Pelai. Allí tenía yo un amigo que, llegado el momento oportuno, me llamó y me preguntó si me interesaba una plaza de corrector que quedaba libre. Le dije que sí. Acababa de tener una bronca monumental con aquel señor y me venía muy bien la oferta. Fui, pues, a visitar a mis futuros jefes y llegamos al acuerdo de que, una vez que yo diera a la editorial el tiempo que establecía la ley, me incorporaría a las tareas de corrección del periódico. Después supe, para mi insana satisfacción, que en Bruguera me habían sustituido con cinco correctores, entre todos los cuales, al parecer, no realizaban el trabajo que yo había desarrollado diariamente a lo largo de mis ocho años en la editorial. Para mal y disgusto del señor Lazausa, los cinco, por lo que supe, eran sumamente problemáticos, por lo que el jefe de correctores no debió de pasarlo muy bien.

Durante una semana, todos los trabajadores de las secciones de cajas y linotipias sabían que yo me marchaba de la empresa, y todos, como un solo hombre, guardaron el secreto. Al lunes siguiente por la mañana le pedí al señor Lazausa que comunicara al jefe de producción que a la semana siguiente abandonaba la empresa. Reaccionó con una rapidez inusitada y farfulló:

—¿Que se marcha usted de vacaciones?

—No. De vacaciones acabo de volver hace poco más de un mes. Dígale que me marcho de la empresa.

—¡Ah! Que se marcha de la empresa... Bueno, bueno...

Inmediatamente, nervioso y balbuceante, incrédulo de que aquello pudiera pasar, se puso en contacto con el secretario del jefe de producción, Antonio Esbrí. Al poco tiempo me llamó el regente, Antonio Sánchez.

—¿Adivino por qué se va? —me preguntó con complicidad.

—Sí. Porque no soporto más al señor Lazausa.

—Lo comprendo, lo comprendo...

—Pero puede usted decirle al jefe que me voy porque me pagan más, simplemente. Es lo habitual, ¿no?

El jefe no se creyó lo de la paga. Me llamó y me pidió explicaciones. Yo se las di. Le dibujé en pocas palabras el comportamiento que el señor Lazausa había tenido para conmigo a lo largo de los ocho años que yo había permanecido en la editorial.

—¿Y por qué no se quejó?

—¿Se me hubiera creído a mí frente a una persona que es una institución en la casa, que lleva aquí más de cuarenta años y que apadrinó al señor Bruguera en su boda? En cualquier caso, ¿qué se hubiera hecho contra él? Sin duda, si me quejaba, yo sería el perdedor.

Le pregunté si él conocía la existencia de este maltrato y Guillermo Molinas (para mí, familiarmente, el «señor Guillermo» durante ocho años) me dijo que sí, pero que como yo no me quejaba... Me aseguró que podía quedarme en la empresa y que me cambiaba de lugar de trabajo. Sin embargo, enojado por el hecho de que conocieran el trato que estaba recibiendo y no reaccionaran, y ello solamente porque no me quejaba, decidí rechazar la oferta que se me hacía.

EDITORIAL BRUGUERA, desaparecida en 1986, fue para mí una gran editorial, una editorial modelo, al margen del tipo de producto que confeccionaba, mucho del cual, sobre todo en los años finales, era francamente bueno y nada tenía que ver con las novelas de vaqueros y de amor, el fuerte de la edición durante los ocho años que permanecí en ella. Lástima que un crecimiento acelerado y probablemente mal digerido y un conjunto variado de problemas derivados de ese crecimiento dieran con ella al traste. De todas formas, es muy probable que con su estructura de entonces hoy Bruguera no fuera posible. Pero tampoco sería la primera editorial que resuelve ordenadamente sus problemas y continúa el negocio cultural. Ejemplos haylos, aunque no sean demasiados (Salvat, Sopena, Aguilar, si bien probablemente se trata de segundas ediciones de lo que antaño fueron estas editoriales). A veces se ha dicho que una editorial familiar no subsiste más allá de la tercera generación. Es probable que sea cierto, pero Bruguera iba solo por la segunda y no había alcanzado aún su pleno desarrollo... Las obras de sus últimos años (de los quince o veinte últimos años, tal vez) no diferían grandemente de las de otras editoriales con más prestigio y no tanta producción. Tras su desaparición, el fondo de la editorial pasó a formar parte del Grupo Zeta, fundado por Antonio Asensio, con el nombre de Ediciones B, actualmente con ramificaciones en América latina.

La desaparición de Editorial Bruguera supuso un desastre de grandes dimensiones para muchas personas que de ella vivían directa o indirectamente. Por ejemplo, dibujantes, guionistas, humoristas, escritores, correctores, traductores, novelistas, impresores, encuadernadores, etcétera, que a lo largo de los años habían colaborado con ella y de ella habían vivido o vivían en el momento de su desaparición. Tampoco se puede olvidar la labor desarrollada por la editorial en los años cuarenta y cincuenta, cuando los chiquillos esperaban con ansia la aparición semanal de las revistas con que mataban el tiempo a falta de otras formas de lectura y entretenimiento, y los mayores, sin límite de edad, satisfacían sus necesidades en este terreno mediante las publicaciones de Bruguera, primero muy elementales y posteriormente, de forma paulatina, con mejor calidad y contenido.

4 La Vanguardia y Tele|eXpres

El trabajo de corrección tipográfica en un periódico diario es muy distinto del que se desarrolla en una empresa editorial. Los textos son de todos los pelajes, desde un cuadro referente a la bolsa hasta un conjunto de anuncios económicos, pasando por noticias, reportajes, crónicas, editoriales, entrevistas, etcétera. Tampoco era un trabajo seguido, pues la mayor parte de los materiales eran nuevos y había que componerlos (sabido es que en los diarios se aprovechaban de un día para otro muchos materiales que estaban compuestos y en los cuales solo variaban ciertos detalles, pero no la totalidad).

A la sazón, en la prensa aún se trabajaba mucho con las cajas (composición manual), especialmente en la parte de los anuncios, pese a que a contraluz del taller se destacaba a lo lejos un ejército de linotipias a modo de dromedarios atravesando un desierto... Además, la impresión era todavía tipográfica, por lo que había que preparar un molde en relieve de cada página para de él sacar el flan y de este la teja estereotípica que iría posteriormente al cilindro de la rotativa. Así pues, la sección de cajas era imprescindible, y solo desaparecería con la introducción de la fotocomposición primero y de la autoedición después y la impresión por ófset en ambos casos.

En cuanto a la corrección, la costumbre en la prensa era la de corregir las galeradas que a uno le encomendasen, firmarlas y dejarlas sobre el pupitre; de vez en cuando pasaba un cajista encargado de traer y llevar las galeradas, recogía las corregidas y las entregaba a su respectivo compositor en la sección de composición para que las corrigiese en función de lo indicado por el corrector. En cierta ocasión, llevando yo muy poco tiempo en la empresa, corregí una galerada, la firmé, la dejé sobre el pupitre y me fui al lavabo. Cuando regresé, el compañero de mesa me dijo, bajando la voz:

—Chico, la que has armado...

—¿Yo?

—Sí, en tu última prueba.

—¿Pues qué ha sucedido?

—Al parecer, has cometido una falta de ortografía.

—¿¡Yo!?

—Sí. Has acentuado *prohíbe*.

—¿Y no se acentúa?

—Según el cajista encargado de traer y llevar las pruebas, no. Este ha descubierto tu corrección, se ha ido al jefe de cajas y le ha comunicado que tú has acentuado *prohíbe*. El jefe ha cogido la prueba y se ha venido a ver al encargado de la sección de corrección y le ha preguntado si *prohíbe* se acentúa. Este se ha quedado dubitativo y le ha respondido: «Si este señor lo acentúa, sin duda que se acentúa».

Me quedé desconcertado. Estábamos a finales del año 1965, y la regla según la cual la *h* intervocálica no es hiática, y por lo tanto había que tildar este tipo de palabras (como, por la misma norma, había que tildar *búho*), estaba impuesta desde 1959, cuando se declararon de aplicación preceptiva las llamadas *nuevas normas de prosodia y ortografía*. Es decir, hacía seis años que se escribía (o debía escribirse) *prohíbe* en vez de *prohibe*, y en La Vanguardia no lo sabían ni el jefe de cajas ni el encargado de la sección de corrección. Por supuesto, a mí nadie me comunicó nada oficialmente en relación con lo sucedido, pero me fue de mucho provecho saber de qué iba el negocio de la corrección tipográfica en las editoriales de Barcelona...

Tres cuartos de lo mismo sucedía en otros periódicos. Por ejemplo, en el titulado *TeleleXpres,*[1] periódico en el que yo trabajé durante unos tres meses, al mis-

[1] Curiosamente, en el número 1 de este diario barcelonés aparecía una foto de Franco con una dedicatoria al que él llamaba, y así lo escribía, *Telex Press*...

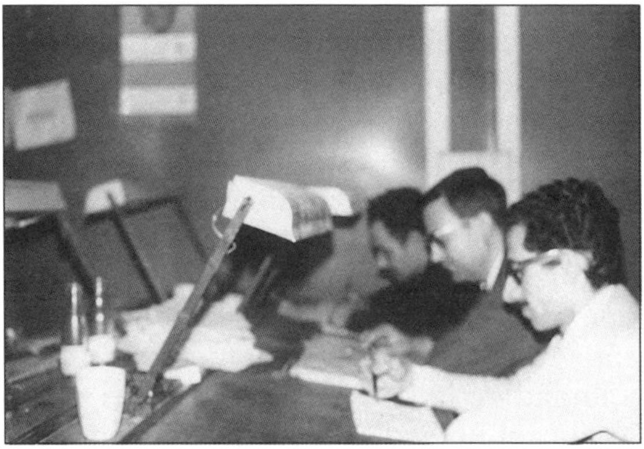

En la sección de corrección tipográfica de La Vanguardia. De izquierda a derecha, Rafael Reina Aguilar, Manuel Luna Balagué y yo. El año debió de ser 1966

mo tiempo que en La Vanguardia, hasta que comencé a trabajar como eventual en Editorial Labor. A partir de octubre de 1965, cuando ingresé en La Vanguardia, cuyo horario, para mí, era de tres de la tarde a nueve de la noche, busqué trabajo también en TeleleXpres de diez de la noche a seis de la mañana siguiente. Era un esfuerzo enorme, pero la época de las vacas gordas comenzada en 1960, tras el plan de estabilización de 1959, tocaba a su fin y la vida era difícil. Mientras estuve en Bruguera podía llevarme trabajo a casa, con lo que me compensaba de un sueldo que, como suele suceder, era más escaso que suficiente. Sin embargo, la combinación La Vanguardia-TeleleXpres era, más que dura, insoportable, por lo que pronto empecé a buscar un sustituto. Estaba bien seguir en el primer diario, pero no en el segundo (pese a que en ambos estaba fijo).

UN día de finales de 1965 llegó a la sección de correctores de La Vanguardia un anuncio de Editorial Labor pidiendo un corrector tipográfico y de estilo. Escribí inmediatamente (ventajas de trabajar en un diario) y a los pocos días me respondieron y me pidieron que fuera a una entrevista con el director de Ediciones Especiales, Josep Maria Mas i Solench. Aquel día me quedé sin dormir (lo hacía por las mañanas, hasta aproximadamente las dos de la tarde), pero fui a la entrevista. Respondí a las preguntas que me hizo el señor Mas i Solench y quedamos en que me diría algo en fecha posterior. Muy probablemente, como sucede en estos casos, el puesto tendría otros novios y también a ellos habrían de escuchar. Yo estaba seguro de que, por el perfil que se solicitaba en el anuncio, el puesto podría ser para mí, pero estas cosas nunca se sabe cómo terminan. Para mi desesperación, fueron pasando los días sin que nadie dijera nada. Decidido a no perder aquel trabajo, que me ilusionaba, llamé por teléfono al señor Mas i Solench, pero se puso la secretaria, que me dio hora de visita para determinado día. Nuevamente dejé de dormir y fui a la nueva entrevista, que difirió bien poco de la anterior. Lo que se estuviera cociendo tras las bambalinas era algo que desconocía, pero la situación se estaba volviendo para mí muy incómoda. Dejé que pasara el tiempo hasta que un día se recibió una llamada del señor Mas i Solench. Lo atendió mi mujer, la cual le expuso la incomodidad de la situación, a lo que el señor Mas i Solench le respondió que en unos días resolvía el asunto. En efecto, a los pocos días el problema estaba resuelto: ingresaría en la editorial como eventual (ya que en La Vanguardia estaba fijo) y trabajaría en horario de mañana, de ocho de la mañana a una de la tarde. Dos años después pasaría a ocupar plaza de fijo.

5 Editorial Labor

EDITORIAL LABOR[1] es una de esas empresas que uno querría fundar (o incluso refundar) si tuviera la capacidad dineraria suficiente para afrontar el reto. En realidad, se fundó mucho antes de que uno ni siquiera existiese. En efecto, el 16 de abril de 1915 los señores Georg Wilhelm Pfleger, de Leipzig (Alemania), y el doctor Josep Fornés i Vila, de Barcelona, constituyeron oficialmente Editorial Labor, empresa que se dedicaría a la edición preferente de libros científicos y técnicos (medicina, odontología, farmacia, ingeniería, comercio). La nueva empresa aplicó por pimera vez en nuestro país la venta de libros a plazos, que a la editorial le dio muy buenos resultados, puesto que, cuando en 1996 desapareció, aún vendía libros y colecciones por este procedimiento (la *Historia de España,* dirigida por Manuel Tuñón de Lara, entre otras).

No es fácil que en España o el mundo hispánico vuelva a fundarse una editorial como Labor, con sus características, modélica en su especialidad. Incluso su historia es modélica, pues fue capaz de superar infinidad de problemas, algunos verdaderamente serios, producidos tanto por las circunstancias exteriores (la guerra civil, la segunda guerra mundial, las respecti-

[1] A pesar de que siempre se ha escrito *Labor,* palabra aguda, y así se pronunciaba externamente, la pronunciación dentro de la editorial era como palabra llana, *Lábor,* como si se escribiera con tilde. Esta contradicción solo se entiende si se considera que el específico de la editorial era palabra latina, y esta era la explicación que solía darse.

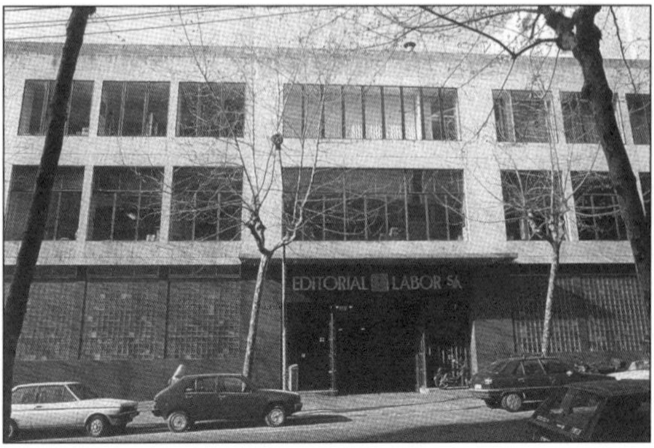

Fachada del edificio de Editorial Labor, sita en la calle de Calàbria, 235-239. Actualmente en su lugar se alza un edificio de pisos

vas posguerras) como por las interiores (los diversos intereses en juego, los constantes cambios de propiedad en los últimos tiempos). Los fundadores nunca imaginaron que aquella editorial que fundaban en 1915, que tantos quebraderos de cabeza les daría por las circunstancias que había de atravesar, iba a terminar de forma tan poco elegante en 1996. Es esta una de las pruebas de que las empresas las hacen y las deshacen dos tipos de hombres. Unos, positivos y emprendedores; otros, meros garrapatas.

La editorial se especializó desde bien pronto en la adquisición de derechos para la edición de obras de fondo que se reeditaban constantemente (algo que definía a la editorial era el hecho de que tal vez el noventa por ciento de su producción procedía de la traducción). La primera de este tipo de obras fue la *Medicamenta*, aparecida a finales de 1916 y que se mantuvo en catálogo durante cincuenta años. Más adelante editaría varias obras de estas características, como el *Diccionario de botánica*, de Pius Font i Quer, que permaneció en catálogo desde 1953 (primera edición) hasta la desaparición de la editorial en 1996, con un mínimo de una reimpresión por año. Es destacable asimismo la *Enciclopedia Labor*, cuya redacción comenzó en los años cincuenta. Esta enciclopedia, la mejor de su género en España y el mundo hispánico aún hoy, es la única citada en obras extranjeras cuando se estudia y analiza este tipo de trabajos. Está muy bien hecha, muy bien estructurada, y su contenido y orientación se corresponden con los más adelantados de la época. Comprende nueve tomos en diez volúmenes más tres de suplemento.

Otra característica de la editorial era el establecimiento de colecciones, la primera de las cuales fue la famosa Colección Labor, subtitulada Biblioteca de Iniciación Cultural (BIC), dividida en doce secciones, impulsada y organizada por Manuel Sánchez Sarto y que llegó a publicar más de cuatrocientos títulos. Durante muchos años el mundo universitario hallaría entre los títulos de la colección el libro de texto necesario para los estudios de los alumnos. A esta colección la siguió, en 1965, la Nueva Colección Labor (NCL), ya sin subtítulo, realizada por el departamento de Ediciones Especiales de la editorial (bajo la dirección de Josep Maria Mas i Solench, mi primer jefe en la editorial, persona amable y conocedora del oficio de editor), por la que yo entré a formar parte de la empresa, primero interinamente (dos años) y después, a partir de 1968, fijo. Esta colección llegó a editar 181 títulos sobre los más diversos temas, siempre tratados por autores, tanto españoles como extranjeros, destacados en cada una de las materias en que la colección se dividía. Los últimos volúmenes son un verdadero batiburrillo bibliológico: la colección cambia de nombre, recupera el antiguo de Colección Labor, pero comienza numeración, obviando el hecho de que la Colección Labor ya tenía sus propios números. Es decir, que la Colección Labor moderna, que teóricamente seguía a la Nueva Colección Labor, en realidad recuperaba un viejo y noble título, pero se le adjudicaba una numeración nueva, a partir del 1. O sea, que la Colección Labor tiene dos números 1, dos números 2, etcétera, lo cual era un disparate desde el punto de vista de la biblioteconomía, como se encargaron de poner de manifiesto los bibliotecarios, que tuvieron que hacer encaje de bolillos para catalogar esas obras repetidas. Para entonces ya regía nuestros destinos el señor Sanglas i Muchart.

CUANDO yo entré en la editorial a principios de 1966 era su director Manuel Mas i Martínez de Huete, quien en 1968 dejaría el cargo por motivos de salud. En la primavera de 1965 se había celebrado el cincuentenario de la editorial y esta parecía haber remontado todos los problemas derivados de las cortapisas impuestas por los vencedores en la segunda guerra mundial (inclusión de la editorial en las listas negras por la presencia de alemanes en sus órganos de decisión). La presencia en Hispanoamérica era intensa a la sazón, por lo que las celebraciones adquirieron carácter internacional. Sin embargo, en el seno del consejo de administración habían surgido tensiones por la diferencia de criterio en torno a lo que la editorial debía ser de allí en adelante. Así, mientras unos consejeros eran partidarios de seguir la senda cientificotécnica que hasta allí le había dado buenos resultados, pero cuyas ventas se producían especialmente a plazos (por consiguiente, la recuperación de la inversión era lenta), otros preferían obras de otro carácter, que tuvieran salida en las librerías y permitieran la recuperación rápida de las inversiones. En definitiva, la sección de ediciones se escindió en dos: Ediciones Generales, dirigida por Joan Vinyoli, y Ediciones Especiales, puesta a cargo de Josep Maria Mas i Solench. Detrás de esta decisión estaba Ramon Trias i Fargas, asesor del consejo de administración desde finales de los años cincuenta, quien adquiriría cada vez mayor influencia al ser nombrado secretario del consejo y después consejero delegado (lo era cuando yo entré en la editorial).

FINALMENTE, Trias i Fargas quedaba al frente de la empresa como consejero delegado desde 1968 y daba entrada en ella a Joan Guitart, que años después, de la mano del propio Trias, formaría parte del Gobierno catalán de Jordi Pujol, primero como consejero de Enseñanza y después como consejero de Cultura de la Generalitat de Catalunya por Convergència i Unió (CiU). Trias i Fargas, al propio tiempo jefe del Servicio de Estudios del Banco Urquijo, fue un director arbitrario, con una concepción personalista, no siempre profesional, de lo que era una editorial y cómo había que dirigirla. Como botón de muestra, se contrataron los servicios de especialistas en la redacción de una Biblia, pero el trabajo, después de dos o tres años y una fuerte inversión, fue suspendido.[2] Para organizar el funcionamiento de la editorial en lo que al trabajo editorial se refería (ruta del libro, tiempos, plazos, etcétera) contrató los servicios de una empresa cuyas conclusiones no variaron ni un ápice la forma de actuar de la editorial hasta aquel momento (que, por otra parte, era la más normal y lógica, con lo que podrían haberse ahorrado el importe del estudio). La única materialización del

[2] De hecho, lo mismo le sucedió a Gracia Guillén poco después al suspender la redacción de un diccionario de literatura en cuatro volúmenes cuando ya estaba completo el de términos técnicos y muy adelantados los otros tres.

paso de aquella empresa por Labor fue una obsesión por que quedara constancia en un recibo de quién enviaba una obra a quién. Los recibos firmados por unos y por otros iban y venían cada vez que la obra daba un paso más en su ciclo de realización. Llegó un momento en que ya no se sabía qué hacer con tanto recibo... Un buen día alguien tuvo la brillante idea de olvidarse de ellos.

POR lo que a mí respecta, recuerdo a Trias i Fargas, por un lado, como el único director que, en mis más de cuarenta años de trabajo en el mundo editorial, me impuso una sanción, junto con mi compañero de departamento, porque, desde lejos, nos había visto hablando y, sin saber si tratábamos de problemas del trabajo o del juego del F. C. Barcelona, nos impuso un día sin sueldo (no sin empleo), aunque, inseguro de la justicia de su decisión, pidió que no constara en el expediente. El problema radicaba en que a quien quería sancionar era a otra persona, pero, como no le era fácil por su posición en la empresa, la emprendió con nosotros. En la parte positiva, Trias i Fargas firmó el contrato para la edición de mi primer libro, el *Diccionario de tipografía y del libro,* con la indicación de que se me comunicara que estaba satisfecho de firmar un contrato de edición con uno de sus empleados. Estos buenos deseos no se compadecieron con el comportamiento posterior, por cuanto, dentro de las banderías que existían en la editorial, de los jefes de las respectivas secciones unos eran partidarios de publicar el libro y otros de rechazarlo. Así, en este tira y afloja, pasaron casi tres años, y Trias i Fargas, que se había mostrado tan satisfecho de firmar el contrato, permanecía callado. Yo no tenía otra solución que esperar y ver, puesto que hubiera sido torpe por mi parte rescindir aquel contrato del que Trias i Fargas estaba tan orgulloso... al principio. En este rechazo se distinguió un personaje apellidado Trullols que había entrado recientemente en la editorial para dirigir el departamento de contabilidad. Como las inversiones dependían de él, las que corresponderían a la edición de mi libro se destinaban sistemáticamente a editar otro. Un día le hice saber personalmente mi indignación por lo que estaba haciendo con mi obra, y parece que aquello surtió efecto, porque al año siguiente el libro figuraba en el plan de ediciones.

Trias i Fargas había traído a la editorial, en calidad de director de producción, a una persona que carecía de conocimientos técnicos y que lo único que podía alegar a su favor para ocupar el puesto era que su padre había tenido una imprenta. Es lo cierto que cuando Trias i Fargas lo presentaba a alguien le decía que Manuel Estrada era el jefe de producción más caro de España... Este hombre tan caro fue mi jefe poco después de que Mas i Solench dejase la empresa (1972). Era seco y frío, desconfiado, temeroso de que alguien le quitase el puesto. Aparte de que no tenía conocimientos profesionales, tampoco disfrutaba de cualidades para el mando. Desde el punto de vista técnico, le sacó las castañas del fuego quien había desempeñado el cargo antes que él, Carlos Oliveras Estragués, que era el que realmente conocía y aplicaba la producción editorial en Labor.

EN 1974 Trias i Fargas facilitó el pleno desembarco en Labor de la Unión Explosivos Río Tinto con el 51 % de las acciones de la empresa (Río Tinto ya era accionista, con el 26,5 %, desde 1972, siempre de la mano de Trias i Fargas). A propuesta de Trias, la empresa de explosivos nombró director general a Francisco Gracia Guillén (consejero en representación de Río Tinto desde 1972 y más adelante director general adjunto), quien se apoyó técnicamente, entre otros, en Estrada, al que finalmente, años después, a principios de los ochenta, dejaría expulsar de la empresa durante una de sus ausencias. En junio de 1980, Trias i Fargas dejó sus cargos en la editorial con motivo de su nombramiento como consejero de Economía y Finanzas en el Gobierno catalán. Falleció en Badalona en 1989 mientras pronunciaba un mitin.

En 1973, la editorial había absorbido a Barral Editores, S. A. (fundada en 1970), al adquirir el 51 % de las acciones. Carlos Barral fue nombrado director general adjunto de Labor y director de ediciones. Cuando Gracia accedió a la dirección general, se produjo un malentendido lamentable que no dejó de tener repercusiones notables y enojosas. Un redactor de *La Vanguardia* le hizo una entrevista a Barral y en el texto se deslizó una inexactitud: se decía que Barral era el director general de la empresa, sin matizaciones. Entre otras cosas, este incidente, que imagino fortuito, marcó las relaciones, esquivas y difíciles, entre Barral y Gracia a lo largo de los años (probablemente con anterioridad ya existía cierto rechazo mutuo).

Barral escribió entonces un artículo, «Fin de capítulo», en *Cuadernos del Norte,* de Oviedo,[3] en el que vertía ciertas afirmaciones y le aplicaba apelativos por los que Gracia llevó a Barral a los tribunales. Aunque la elección de Barral como senador (1982) pareció salvarle de las consecuencias de aquel escrito, Gracia recurrió ante el Tribunal Constitucional, en amparo por la denegación de la solicitud al Senado (suplicatorio) por parte del Tribunal Supremo para juzgar al senador Barral. El 22 de julio de 1985 el Tribunal Constitucional declaró nulo el acuerdo del Pleno del Senado de 23 de noviembre de 1983 por el que se denegó la autorización para procesar al senador Carlos Barral. Por lo que yo sé, Barral vivió afectado por este hecho los años que le quedaban de vida. Murió el 12 de diciembre de 1989. Aquel día conocí la noticia mientras iba en taxi después de recoger en la Fundación Germán Sánchez Ruipérez el primer ejemplar de la primera edición del *Diccionario de bibliología y ciencias afines.*

Barral cuenta algunas de estas y otras cuestiones en *Cuando las horas veloces.*[4] En esta obra, en su página 206, Barral escribe, refiriéndose a lo que era una tarde típica en Labor, cuando ya todo el mundo se había marchado: «Incluso los sabios gramáticos —como el señor Duval, el lexicógrafo Martínez de Sousa y otros menos esclarecidos— o el ingeniero Palop habían terminado ya sus tareas casi escolares». La primera vez que hablé con Barral fue en la editorial, recién ingresado él en su alto puesto. Hablamos de nuestros gustos tipográficos: él me confesó que detestaba la negrita y la negrita cursiva que yo empleaba en los títulos y subtítulos, respectivamente, y yo le manifesté mi horror por los títulos y subtítulos compuestos en versales y versales cursivas, respectivamente, que empleaba él. Tuve oportunidad de charlar con él largo y tendido en 1986, cuando los socialistas ya habían ganado por primera vez las elecciones generales, un día en la presentación de un libro de un amigo común: Ramón Carnicer *(Las Américas peninsulares: viaje por Extremadura).* Y la última vez que lo vi fue un día en que yo iba en coche calle de Ganduxer arriba y él esperaba en un paso de peatones, envuelto en su capa, a pasar de una a la otra acera...

[3] Año II, núm. 8, jul.-ag. 1981, pp. 56-61.
[4] Barcelona: Tusquets, 1988.

Además de Barral, e incluso antes que él, Labor había tenido entre sus trabajadores personas de mucha valía, incluso de repercusión internacional. Por ejemplo, Pius Font i Quer, director del *Diccionario de botánica* y de *Plantas medicinales: el Dioscórides renovado;* Manuel Sánchez Sarto; el poeta Joan Vinyoli; los hermanos Clotas Cierco (Salvador e Higinio, políticos, y Pedro, comercial); Mauricio Wacquez; Joan Manuel Gisbert, y entre los colaboradores externos (en mayor o menor medida), Josep Comas i Solà, José Camón Aznar, Vicente Aleixandre, Andrés Amorós, Jacinto Benavente, José Manuel Blecua, Manuel Calvo Hernando, Guillermo Díaz-Plaja, Wenceslao Fernández Flórez, Carlos Castilla del Pino, Camilo José Cela, Salvador Dalí, Ignacio Errandonea, Melchor Fernández Almagro, Salvador Fernández Ramírez, José Fernando Filgueira Valverde, Vicente García de Diego, Santiago Genovés, Daniel Giralt-Miracle, Ricardo Gullón, Miguel de Guzmán, Pedro Laín Entralgo, Fernando Lázaro Carreter, José Luis López Aranguren, Juan José López Ibor, Ramón Margalef, Ramón Menéndez Pidal, José María Millás Vallicrosa, Raúl Morodo, Tomás Navarro Tomás, Severo Ochoa, Joan Oró, Eduardo Ripoll Perelló, Martí de Riquer, Jordi Sabater Pi, Antonio Skármeta, Gonzalo Torrente Ballester, Antonio Tovar, Ángel Valbuena Prat, Juan Vilá Valentí, Joaquín Zamacois, Xavier Zubiri y otras plumas distinguidas.

TANTO con Trias i Fargas como con Gracia, la vida en la editorial fue difícil. El uno, engolado y lejano; el otro, totalmente ajeno. Yo creo que a uno y otro la mayor parte de las personas que trabajaban en Labor o para ella les tenían miedo o prevención (el respeto es otra cosa). Como decía Barral, la editorial tenía mucho de fabril, a juzgar por su arquitectura y por la vida que arrastraban los que en ella trabajaban. Labor había atravesado días mejores, pero esos habían pasado para siempre. Lo que se avecinaba era mucho peor.

Francisco Gracia fue un director que ignoró a todo el mundo, salvo que las personas estuvieran muy cerca de él y tuvieran responsabilidades. Recuerdo que la primera vez (la única, para ser exactos) que me llamó a su despacho fue por culpa de una modesta publicación interna que yo dirigía en la que los empleados poníamos libremente de manifiesto nuestros problemas y añadíamos las posibles soluciones desde nuestro punto de vista. Se hizo en ella mucho hincapié en la irracionalidad de los horarios, que obligaban a los trabajadores a permanecer en la empresa un montón de horas divididas en dos partes, con lo que era imposible, o poco menos, dedicarse a otra cosa, cultivar una afición, pasear, ir al cine o a otro espectáculo, etcétera. Como todas las editoriales, Labor trataba muy bien, desde el punto de vista salarial, a los altos cargos (que en muchos casos eran los que menos lo merecían), pero los puestos de la tropa, que eran los que realizaban el trabajo, se despachaban con unos sueldos misérrimos. Y no había manera de cambiar la situación. Simplemente, el director se negaba a hablar del asunto; a veces, ni con los jefes de departamento.

Cuando me llamó a su despacho tardó poco en meter la revistilla en la conversación. Yo ya sabía que iba a ir por ahí (suponer otra cosa no tenía sentido). Me dio a entender muy claramente que la revista podía tratar muchos temas y desde muchos puntos de vista, pero que no le gustaba que se tratasen las reivindicaciones de los trabajadores. Yo le pregunté que si lo que me estaba sugiriendo era una revista con poesías a la primavera, a lo que respondió que sí.

—Bien. Esa revista no se la haré yo —le dije.

Ahí acabó la entrevista. Yo dejé la dirección de la revistilla (la había aceptado con la condición de poder hablar claro) y nunca más se me llamó a la dirección.

EMPRESARIALMENTE, a Gracia le tocó la peor parte. La crisis de los años setenta y ochenta aconsejó efectuar un parón en la producción, lejos ya de los alegres y no bien meditados tiempos de Trias, en un intento por sacarse de encima los abultados almacenamientos que ocupaban toda la planta baja, grandiosa, de la empresa, abarrotada de libros. La pertinacia de esa crisis obligó a deshacerse de ciertos edificios o locales propiedad de la empresa que a estas alturas ya no cumplían los fines para los cuales fueron adquiridos. Por lo que supe, los había en Palma de Mallorca, Madrid, Bilbao, Buenos Aires y tal vez otros lugares. Fueron cayendo uno tras otro y el patrimonio de Labor era cada día más escaso.

A finales de 1977 la empresa decidió, por un lado, iniciar los trabajos editoriales de la *Historia de España* que había dirigido Manuel Tuñón de Lara a partir de una idea de Barral que ahora aprovechaba Gracia, trabajo que se encomendó al redactor José Balil, y por otro, iniciar los estudios para la redacción de un volumen de suplemento al *Diccionario enciclopédico Labor,* cuya primera edición, en ocho volúmenes, dirigida por José Rubert Candau, se había realizado en la sucursal de Madrid, a cargo de la cual estaba Javier Lasso de la Vega. Después de algunos tumbos a ciegas, la realización del volumen suplementario fue encomendada a un equipo editorial formado por Armando Duval, Jaume Estruch y yo mismo, con un ilustrador y documentalista, Luis Polanco. La tarea era inmensa. Empezamos por definir el diccionario, calculamos sus contenidos textuales e icónicos, el número de páginas idóneo en función de los volúmenes anteriores y una serie más de pasos que a quien no sea lexicógrafo ni siquiera se le ocurren. Para empezar, la edición original no era un dechado de virtudes y aciertos (en parte, fruto de la época). En la edición del volumen suplementario nos impusimos la necesidad de corregir los mayores desaciertos cuando ello fuera posible, al propio tiempo que tratábamos de mantener calidad y equilibrio interno en el nuevo volumen. Creamos un lemario lo más exhaustivo posible y lo desdoblamos por campos semánticos, de tal manera que en orden alfabético aparecían todas las palabras unas a continuación de las otras, pero en el segundo lemario se agrupaban las palabras de geografía, medicina, técnica, ciencia, etcétera. Se buscó un equipo de colaboradores a los que se les pidió exactitud en el cumplimiento de los plazos de entrega de los materiales y el compromiso de no copiar lo que al respecto dijeran otros diccionarios o enciclopedias. El plazo dado por la empresa para la confección del volumen era de un año. Después de ajustar los cálculos, el trabajo propiamente dicho se puso en marcha. Los originales se corregían de estilo, se revisaban, se completaban, iban y venían y en el camino se cruzaban con las galeradas y estas con las compaginadas. Todo se hacía al mismo tiempo: la redacción, la revisión, la corrección de estilo, la composición, la corrección de galeradas, la compaginación, la ilustración, la corrección de compaginadas, la comprobación de las remisiones, etcétera. En aquel tráfago febril, yo, que había dejado el tabaco dos años antes, volví a fumar. Había sido tal la intensidad del trabajo (que, por cierto, se terminó un mes antes de lo prometido: se completó en once meses), que por una vez, sin que sirviera de precedente, la dirección de la

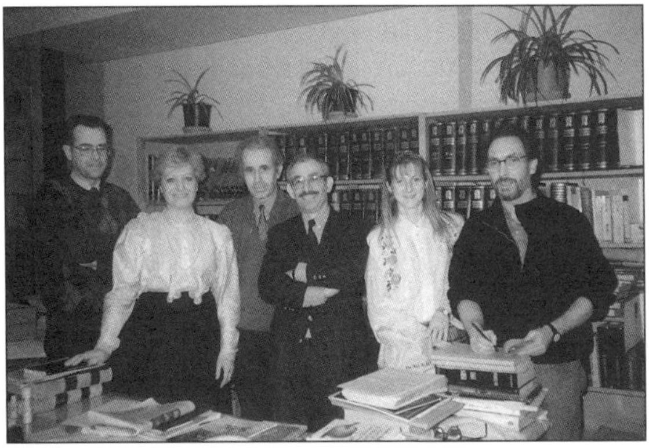

Con algunos compañeros de la sección de ediciones de Labor. De izquierda a derecha: Werner-Heinz Gehre, Stella Maris Moragues, Josep Maria Mundet, yo, Montse Vilamajor y Jordi Vives

empresa reconoció el esfuerzo del equipo director (Duval, Estruch y yo) y lo premió con una paga extra.

La dirección de la editorial consideraba que aquel volumen se vendería fácilmente, pues se ofrecería a los que ya poseían la obra en ocho volúmenes (la venta a plazos tenía esta ventaja: se conservaban las direcciones de los clientes). En efecto, así fue. Se vendieron no menos de treinta mil ejemplares, y ello permitió dar un respiro a la editorial, mientras se seguía trabajando en la *Historia de España* de Tuñón de Lara. Esta obra, que empezó a venderse de inmediato por el sistema del crédito y el regalito de un televisor, una radio, un microondas, una bicicleta o cualquier otro artilugio a quien la comprase, se convirtió en la estrella de la editorial. Esto hizo posible que esta prestase atención a sus líneas tradicionales, especialmente a las obras técnicas y científicas, al tiempo que seguía vendiendo una obra, la historia, que parecía no tener techo.

En 1986 Unión Explosivos Río Tinto vendió sus acciones a una empresa llamada Alianza Holdings, de la que era principal accionista Diego Hidalgo Schnur, también accionista mayoritario en Alianza Editorial. En 1989 Francisco Gracia Guillén presentó su dimisión como director general. Diego Hidalgo vendió sus acciones de Alianza a Anaya y las de Editorial Labor a una empresa hasta entonces desconocida para nosotros, Telepublicaciones.[5] Esta nombró director general a Manuel Sanglas i Muchart, antiguo delegado de Labor en Argentina. Alfredo Plana i Giner presidía el consejo de administración. La editorial había dado un vuelco total en todos los sentidos. Como si la azotase un vendaval incontenible, pronto perdió sus señas de identidad y se convirtió en una empresa anodina, vulgar y sin rumbo. Poco antes de la hecatombe o poco después de ella, casi todas las personas de cierto relieve intelectual desaparecieron de la editorial y nunca más se les volvió a ver el pelo. No es fácil imaginar la inmensa tristeza que se apoderó de todo, vital o amorfo. Ya no eran los mismos los pasillos, los despachos, las personas... Lejos quedaban los tiempos de Carlos Barral, Luis Izquierdo, Juan del Solar, Joaquín Romaguera, Mauricio Wacquez, Salvador e Higinio Clotas, Josep Maria Mas i Solench, Joan Vinyoli, Montse Mateu, Alberto Lázaro Tinaut y otros.

El departamento de ediciones (ya fusionadas en una sola unidad las Ediciones Generales y las Especiales) desde 1977 había corrido suerte varia. Con la salida de Mas i Solench (1972), Gracia había asumido la dirección de ediciones (1974), que posteriormente (a finales de la década de los setenta) delegó en Germán Marín a título de subdirector de este departamento. Rodeado de calculado misterio, de Marín se decía que venía de Chile, pero no se sabía mucho más. Es lo cierto que aterrizó un buen día en la editorial, no se sabe cómo ni por qué, siendo ya director Francisco Gracia y poco después se le encomendó ese puesto. Cuando desapareció de la editorial, a principios de los años ochenta (aprovechándose para despedirlo una ausencia de Gracia, como antes se había hecho con Estrada [cuya salida propició el mismo Marín]), el director encomendó sus funciones a Luis Tomás. Este podía valer como jefe de producción, pero como subdirector de ediciones navegaba en mares procelosos, lo mismo que su inmediato antecesor. Hombre conservador hasta extremos inconcebibles, le tenía a Gracia algo más que respeto; sin su anuencia no daba ni un solo paso si no existía un precedente que pudiera aducir. Ante esta situación, Gracia buscó un recambio, que al fin encontró en Jon Kepa Akordagoikoetxea, que ya había colaborado como traductor con Labor y con Scientific American (una empresa participada por Labor para la edición española de la revista es-

[5] Los trabajadores de Labor tenían la ligera esperanza de que el grupo Anaya la adquiriese, como hizo con Alianza. En este sentido Guillermo de Toca, director de Ediciones Pirámide, quiso hablar conmigo, y ambos nos reunimos en un bar próximo a la editorial. Le entregué, según sus deseos, un ejemplar del catálogo actualizado de Labor y respondí a sus preguntas. La información que yo le facilité era conocida por toda la editorial. Por qué Anaya no adquirió Labor es algo para lo que no tengo respuesta. Solo Germán Sánchez Ruipérez y su entorno de entonces lo sabrán... Se perdió una oportunidad de oro para rescatar de la inevitable desaparición a una editorial única en su género.

tadounidense *Scientific American*). Akorda (como lo llamábamos familiarmente) no era, en principio, un editor, pero sí un intelectual. No le costó mucho, pues, acomodar sus conocimientos al nuevo escenario y dominar el terreno (no sin haber aprendido a esquivar las andanadas de su antecesor en el cargo, que seguía como jefe de producción). Él dotó de calidad a las ediciones y dirigió la sección con verdadera sabiduría. La empresa, entretanto, fue trasladada a la calle Aragó. El edificio de la calle de Calàbria fue vendido y posteriormente un conjunto de pisos surgió en su solar. Akorda estuvo en Aragó poco tiempo. Salió en cuanto pudo y yo volví a encontrármelo no muchos años después, en Biblograf, donde gracias a sus buenos oficios trabajé algo más de un año, cuando salí de Labor.

El director de Telepublicaciones (al principio no supimos con certeza qué era esta empresa, quién estaba detrás de los nombres, a quién pertenecía el capital, aunque sí sabíamos que muchos de sus miembros directivos, por no decir todos, pertenecían al Opus Dei), Alfredo Plana, decidió un día relevar a Sanglas de la dirección general y «ascenderlo» a no se sabe bien qué en otras esferas, para lo que reunió al personal en la sede de la calle Aragó y así hacer más solemne su decisión. Se veía claro que de lo que se trataba era de apartar a Sanglas de la dirección general. Sin embargo, para asombro de propios y extraños, al día siguiente Sanglas seguía siendo el director general de Labor porque ya nadie se acordaba de lo dicho el día anterior solemnemente por Plana ante todo el personal. Por cierto, en el mismo acto había sido nombrado director general un directivo opusdeísta directamente ligado a las ventas, pero tampoco tomó nunca posesión de su cargo... Entretanto, la sección de ediciones, ya sin el director, Akordagoikoetxea, tenía un nuevo director en la persona de Josep M. Francàs i Portí, miembro del Opus Dei como todos o casi todos los restantes (de Plana para abajo). Nos dimos cuenta entonces de que Editorial Labor, aquella empresa modélica creada setenta y cinco años antes por Pfleger y el doctor Fornés i Vila, estaba recorriendo, ya exhausta, desnortada y sin aliento, los últimos metros de su recorrido vital. Quien conoció sus mejores años, intelectualmente insuperables, y contemplaba ahora el ínfimo nivel cultural a que había llegado, no podía evitar un gesto de contrariedad, pena y conturbación.

En 1990 se celebraban las bodas de platino (setenta y cinco años) de la editorial. Como si nada sucediera, se preparó una celebración solemne y ampulosa. Se editó una publicación conmemorativa *(Barcelona cultural, 1915-1990),* por Jaume Serrats i Ollé, con un trabajo histórico relativo a la editorial por Josep M. Mas i Solench (redactado en catalán, que yo traduje al español), y el día 9 de mayo de 1990 se celebró una cena en el Palacio Real de Pedralbes con asistencia de la infanta Elena. Daba la impresión de que allí no sucedía nada especial y de que la editorial tenía vida para muchos años, pero, lastimosamente, quienes estábamos dentro y vivíamos cada día sus achaques sabíamos que allí no había fuelle, que los directivos carecían de méritos para ocupar sus puestos y que ninguno de ellos, desde ningún punto de vista, estaba preparado para desarrollar su función en una editorial con seriedad y garantías. No basta nombrar a un director de ediciones para que este sea un buen director de ediciones. Los errores, los atrevimientos, la falta de conocimientos y de prudencia..., todo nos decía que en su estado actual Editorial Labor no era viable.

En su imparable movimiento de involución, la editorial fue trasladada a su penúltima sede (la última, una ignorada calle de Cerdanyola del Vallès), en la calle Escoles Pies, cerca del paseo de la Bonanova, donde estaba instalada la cúpula del Planetárium. Allí se llevaría a cabo el último simulacro de vida normal de una editorial que estaba herida de muerte y que lo sabía, lo que aumentaba, si cabe, su tragedia. Cuantos más personajes del Opus se acumulaban entre aquellas paredes (y no eran pocos), más débil se sentía la empresa. En una última escaramuza cuyo significado y causa desconocíamos, Manuel Sanglas y Luis Tomás fueron relevados de sus cargos y el primero salió de la editorial de la noche a la mañana.

Finalmente, los días 22 y 23 de diciembre de 1993 los profesores José Antonio Pérez Bouza, Miguel Casas Gómez y yo mismo en representación de Labor presidimos una mesa redonda titulada «María Moliner a la luz de la lexicología y lexicografía modernas» durante el *X Congreso de lenguajes naturales y lenguajes formales,* celebrado en Reus (Tarragona). Cuando volví a la editorial me comunicaron que ya no pertenecía a la empresa. Conmigo se iban a la calle algunas personas más para las cuales se generaba un tremendo problema: hallar un trabajo hasta que les llegara el momento de la jubilación, para algunos de los cuales faltaba mucho todavía. La empresa aún siguió tratando de mostrar que podía ser dirigida por una tripulación que no sabía qué era el palo de mesana. El 1 de agosto de 1994 hizo suspensión de pagos. En 1996 quebró y cerró.

Desaparecía así, ochenta y un años después de su fundación, una de las mejores editoriales que ha tenido el país en toda su historia. No mereció morir, porque Editorial Labor, bien conducida, con mano sabia y firme, podría haber durado muchísimos más años para bien y gloria de la cultura española.

6 Biblograf

En 1995 ingresé en la editorial Biblograf (hoy Spes Editorial) de la mano de Jon Kepa Akordagoikoetxea, director de la sección de ediciones, para la realización del *Diccionario [de la] lengua española [de] secundaria,* formando parte del equipo de coordinación editorial encabezado por Pilar Fornells Reyes y Javier Lahuerta Galán. Allí estuve hasta 1997.

Esta última oportunidad fue un favor que debo personalmente a Akorda y a los directivos que aceptaron mi contratación para colaborar en la realización de esa obra. Trabajé en Biblograf casi dos años a plena satisfacción, pese a que el trabajo, como suele suceder en estos casos, fue intenso. La confección de un diccionario, el tipo de obra más vulnerable a la crítica que pueda imaginarse, es siempre un trabajo difícil y comprometido, en el que uno, a veces, se juega su prestigio en una definición...

7

Mis obras y sus circunstancias

En el texto que sigue se expone una descripción bibliográfica de mis obras, se explica su génesis y se añade alguna circunstancia específica acontecida en torno a ellas. Se trata de situarlas en el tiempo y en el espacio y de analizar alguna peculiaridad por la que se distingan, cuando esta se haya dado.

1. Diccionario de tipografía y del libro [DTL]

1.ª ed., Barcelona: Labor, marzo 1974; ISBN: 84-335-0300-6; XVI + 548 pp.; cartoné; 20 × 14 cm;
2.ª ed., Madrid: Paraninfo, 1981; ISBN: 84-283-1132-3; 548 pp.; rústica; 19,5 × 13,5 cm;
3.ª ed., Madrid: Paraninfo, 1992; ISBN: 84-283-1132-3; 548 pp.; rústica; 19,5 × 13,5 cm;
4.ª ed., Madrid: Paraninfo, junio 1995; ISBN: 84-283-1132-3; 548 pp.; rústica; 19,5 × 13,5 centímetros.

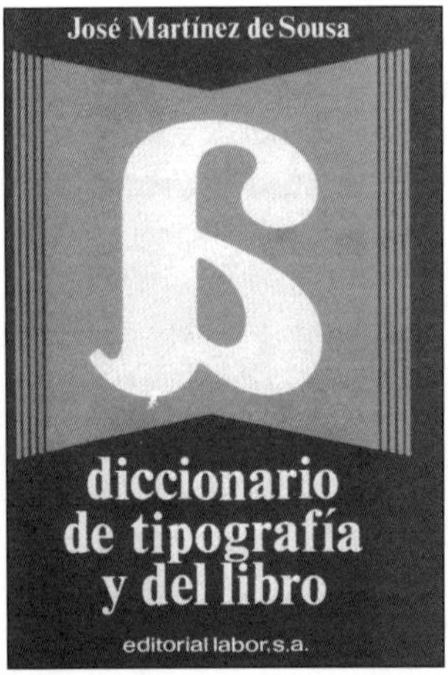

COMO expliqué antes, esta obra nace de mi propia necesidad. Al tiempo de mi ingreso en Editorial Bruguera, las necesidades bibliográficas en este campo y anexos eran muy notables. Simplemente, apenas había más allá de tres o cuatro obras que sirvieran de guía en un terreno como el de la corrección de estilo, corrección tipográfica, traducción, etcétera. En aquellas fechas los correctores de estilo como, en general, los traductores provenían del mundo universitario y sus necesidades bibliográficas se atenuaban. Sin embargo, los correctores tipográficos estaban bibliográficamente huérfanos. De esa necesidad surgió la idea de escribir un libro destinado a la corrección tipográfica. Pero, en principio, el libro no sería otra cosa que una acumulación de casos que podían darse y que se repetían enojosamente en el trabajo diario sin que uno adivinara muchas veces cómo resolver los problemas o cuál era la autoridad en que basarse para ello. Por ejemplo, ¿quién había escrito algo acerca de cómo se escribían los números y las cantidades, los topónimos, los antropónimos, las abreviaciones? ¿Cómo se tipografiaba y puntuaba una bibliografía,

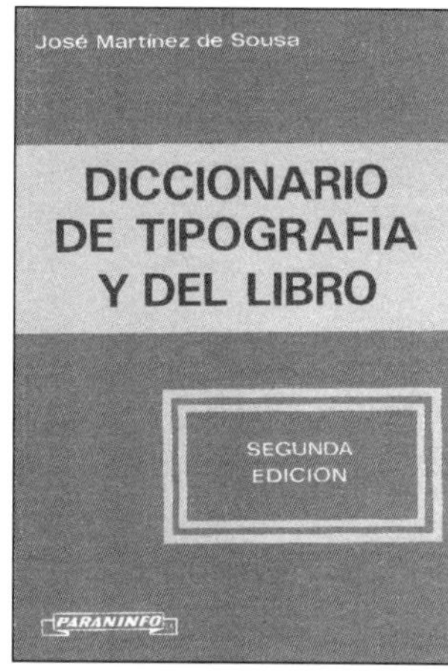

cuáles eran sus datos y en qué orden se exponían? ¿Cuándo se usaban las letras cursiva, negrita, versalita? ¿Cómo se escribían y disponían las obras de teatro? ¿Cómo se alfabetizaba una lista de frases o sintagmas? ¿Qué era la ortotipografía y cómo se aplicaba? De todas esas y otras muchas cuestiones tenía que escribir para hacer el libro que pensaba, pero en muchos de esos casos partía prácticamente de cero, carecía casi siempre de autoridades en que apoyarme, lo que aumentaba los peligros de no acertar.

Mientras estuve en Editorial Bruguera me era imposible ni siquiera empezar a poner en práctica la obra que imaginaba. Con pensar en ella tenía más que suficiente. Sin embargo, cuando me fui a La Vanguardia la cosa cambió. Allí, lo mismo que en el diario Tele|eXpres mientras estuve, se producían grandes lapsos entre el momento en que uno entregaba una prueba corregida y la entrada de una nueva prueba para corregir. Esos espacios los aprovechaba yo para sacar apuntes en fichas que iban ocupando mis bolsillos. Mis compañeros me miraban como a un bicho raro y se preguntaban qué estaría haciendo yo con tanta ficha. Durante los dos años y medio que estuve en La Vanguardia tomé infinidad de apuntes, los cuales eran ordenados alfabéticamente los fines de semana por mis hijos. Para ello se depositaban todas las fichas en un montón sobre una mesa y de él se iban extrayendo fichas que se colocaban en orden alfabético. Después, cada montón formado por las fichas correspondientes a una sola letra eran ordenadas desde la *a* hasta la *z*. Así, poco a poco, repitiendo las operaciones una y otra vez, el libro iba tomando cuerpo. ¡Qué lejos estaban aún, para mí, los tiempos de la informática!

Cuando ya vi claramente en qué orden había de ofrecer la obra para que resultase útil a sus destinatarios, la dividí en dos partes: la primera, dedicada a las cuestiones bibliológicas y tipográficas; la segunda, a las dudas de lenguaje. Ninguna de las dos fue fácil, especialmente por las razones antedichas de falta de autoridades. Sin embargo, mis conocimientos previos, mi experiencia y algunos

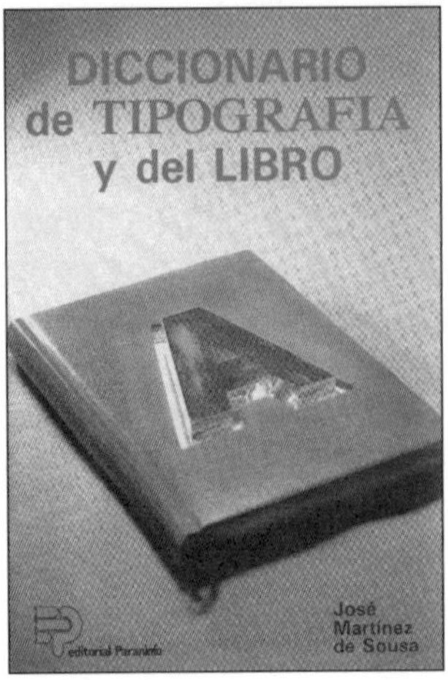

libros que pude leer me ayudaron muchísimo a tomar decisiones en favor de una corrección bien hecha y responsable. Donde la Academia guardaba un profundo silencio, yo procuraba dar soluciones para resolver los problemas. Es probable que a veces las soluciones no fuesen perfectas, pero en casos así es preferible una norma discutible (siempre perfectible) que la falta absoluta de norma.

Iniciada a finales de 1965, la obra estuvo terminada a finales de 1969; el 5 de diciembre de este año se firmó el contrato con Editorial Labor. Por las causas explicadas anteriormente, la obra salió a la venta en marzo de 1974, tres años largos después. La editorial hizo una aceptable promoción de ella, gracias a lo cual fue abriéndose camino hasta que se agotaron los tres mil ejemplares de la primera edición. Labor no parecía tener interés en efectuar una segunda edición. Un día se recibió una petición por parte de Editorial Paraninfo interesándose por la obra. Labor no tuvo inconveniente en renunciar a los derechos editoriales y Paraninfo editó la segunda edición (1981), la tercera (1992) y hasta la cuarta (1995).[1] Ningún otro libro mío ha alcanzado cinco ediciones. La encuadernación en tapa de la primera edición se convirtió en rústica en las restantes ediciones. Los motivos de la sobrecubierta (primera edición) y cubierta (restantes ediciones) no eran excesivamente felices. Puede salvarse la primera;[2] la segunda, horrenda, y las dos restantes, pasables, con vuelta al motivo de la primera, la representación de una letra tipográfica sobre la cubierta de un libro.

A manera de prólogo aparece un texto de Miguel de Unamuno que se publicaba por primera vez, procedente de una carta escrita por el rector salmantino a los co-

[1] En realidad, para hablar con propiedad, a partir de la segunda habría que hablar de tiradas o reimpresiones, no de ediciones, ya que la obra no tuvo, de hecho, más que una edición, la de 1974; las restantes fueron reimpresiones. Sin embargo, podría considerarse que la segunda era la primera en Editorial Paraninfo, y así sucesivamente.

[2] Esta pretendía mostrar la *a* tipográfica, pero fracasó en el intento. La que figura en la sobrecubierta es una *a* especular, pero no es la *a* tipográfica.

rrectores del diario *El Sol,* de Madrid, entre los cuales estaba mi buen amigo Jesús Moreno (después corrector en la Brigada Obrera y Topográfica de Estado Mayor, donde yo lo conocería), quien guardó el original y me permitió copiarlo y colocarlo como prólogo del libro. No hubiera yo podido disponer de mejor pórtico para mi primera obra.

2. Dudas y errores de lenguaje [DEL]

1.ª ed., Barcelona: Bruguera, febrero 1974; ISBN: 84-02-03400-4; 434 pp.; cartoné; 21 × 14 cm;
2.ª ed., Barcelona: Bruguera, setiembre 1977; ISBN: 84-02-03400-4; 434 pp.; cartoné; 21 × 14 cm;
3.ª ed., Madrid: Paraninfo, 1983; ISBN: 84-283-1287-7; 368 pp.; rústica; 21,5 × 15,5 cm;
4.ª ed., Madrid: Paraninfo, 1987; ISBN: 84-283-1287-7; 368 pp.; rústica; 21,5 × 15,5 cm;
5.ª ed., Madrid: Paraninfo, octubre 1992; ISBN: 84-283-1287-7; 368 pp.; rústica; 21,5 × 15,5 cm.

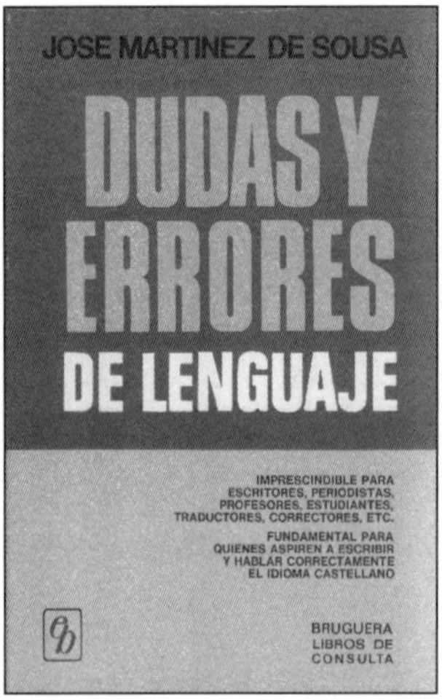

El *Dudas y errores de lenguaje* apareció publicado un mes antes que el *Diccionario de tipografía y del libro,* en febero de 1974 (el contrato de edición se había firmado el 5 de octubre de 1971). Se debió ello a un hecho ya explicado: el aplazamiento de la edición de este diccionario. Pese a ello, para mí la primera obra realizada fue el diccionario, y el *Dudas* será siempre el segundo, aunque haya aparecido un mes antes que el otro. Creo recordar que, como el anterior, se lo ofrecí en primer lugar a Labor, pero fue rechazado. Entonces me dirigí a mi vieja editorial, Bruguera, y se lo ofrecí. La obra estaba en la línea de una colección denominada Bruguera Libros de Consulta y ahí la introdujeron una vez aprobada su publicación.

El contenido del *Dudas* consistía en una serie de 19 temas tratados con orden interno y extensión suficiente. Se tocaban aquí aspectos que requerían una explicación, como pueden ser las abreviaciones, el acento, los afijos, los apellidos, el artículo, los barbarismos, los colores, el género, las letras de uso dudoso, las locuciones, las mayúculas y minúsculas, los nombres geográficos, los

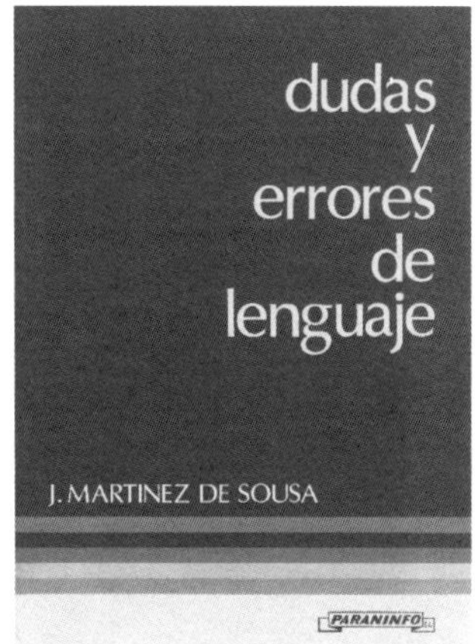

números, los parónimos, el plural, los signos de puntuación, los sinónimos, los tratamientos y la correspondencia y los verbos irregulares. El enfoque y tratamiento de estos temas estaba en relación con las dudas lingüísticas y gramaticales de los correctores, escritores, traductores, periodistas y otros usuarios de la lengua escrita.

La primera edición (1974) y la segunda (1977) fueron realizadas por Bruguera. Posteriormente Bruguera me devolvió los derechos editoriales, que cedí a Paraninfo. El contrato se firmó el 20 de julio de 1981. Esta editorial publicó las ediciones tercera (1983), cuarta (1987) y quinta (1992), momento en el cual se dejó que la obra muriera.

Las cubiertas no fueron nunca nada extraordinario, pero era mejor la que publicó Paraninfo que la de Bruguera, aun teniendo en cuenta que ambas se valían solamente de la presentación mediante letreros con el título de la obra y el nombre del autor (en orden diverso según las dos editoriales). Bruguera, en la línea de su estilo, añadía en la cubierta un resumen publicitario que a Paraninfo no le interesó. La encuadernación fue en cartoné en Bruguera y en rústica en Paraninfo.

Como anécdota destacable, recuerdo que en cierta ocasión una persona de Labor sometió a un traductor a una prueba de idoneidad. Cuando se recibieron las cuartillas del original generado por el aspirante a traductor de Labor, la persona de la editorial le llamó la atención acerca de la gran cantidad de mayúsculas que utilizaba en su texto. El traductor, para defender su postura, echó mano de un texto mío del *Dudas* relacionado con el tema: «Digamos antes de nada que, aparte de algunas reglas que pueden darse, la cuestión [del empleo de las mayúsculas] es en muchos casos de apreciación personal». Es probable que los dos tuvieran razón: el uno justificaba sus mayúsculas en el hecho de que el empleo de mayúsculas es una cuestión subjetiva, y el otro rechazaba esta cantidad de mayúsculas porque el mundo editorial tiene otro criterio para su empleo.

3. Diccionario internacional de siglas [DIS]

1.ª ed., Madrid: Paraninfo, 1978; ISBN: 84-283-0083-4; 472 pp.; rústica; 21,5 × 15,5 cm; 2.ª ed., Madrid: Paraninfo, 1991; ISBN: 84-283-1884-0; 582 pp.; rústica; 24 × 17 cm.

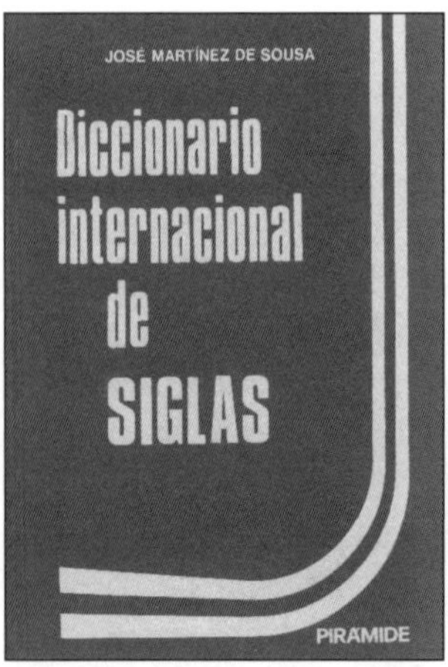

ESTE diccionario es otra de aquellas obras que hice por necesidad personal. En cierta ocasión, corrigiendo de estilo un original sobre economía, observé que aparecían infinidad de siglas económicas cuyos desarrollos en español no presentaba el original (tal vez por demasiado conocidos en el medio). En el esfuerzo por tratar de conocer y ofrecer al lector aquellos desarrollos, me di cuenta de que faltaba una obra que diera respuesta a las mismas preguntas que yo me hacía. Sabía que una obra así nunca podría ser completa, no solo porque la cantidad de siglas circulante es innumerable, sino porque cada día nacen y mueren siglas en todos los campos y en todo el mundo. Sin embargo, también sabía que las más habituales, aquellas que aparecen en todo tipo de textos sin explicación alguna en relación con su origen y su significado, sí que podían recogerse y tenerse a mano para resolver los problemas relacionados con ellas. Dicho y hecho: inmediatamente me puse a hacer fichas para recoger todas las siglas que fuera encontrando en todo tipo de lecturas, publicaciones y lugares. Un día, trascurridos unos meses, me dio por contarlas y

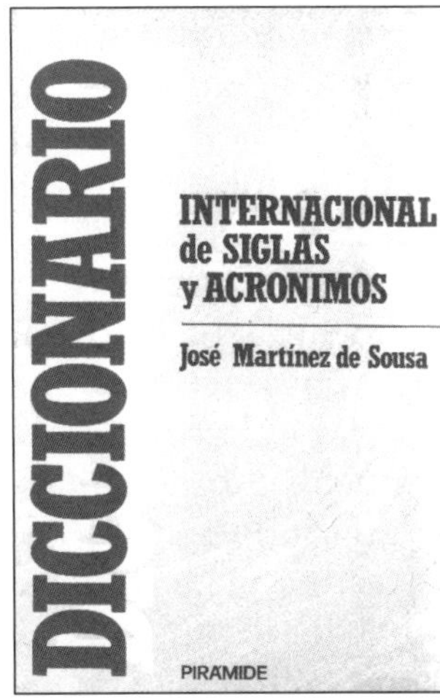

descubrí que tenía en torno a quinientas siglas registradas. Me dije que si ese era el fruto sin haber tenido la intención de buscarlas expresamente en publicaciones que las contuviesen, era señal de que si me lo proponía, podía crear un diccionario de siglas de mayor aliento, de tal manera que resultase útil a muchísimos traductores y periodistas que se tropezaban, en relación con ellas, con los mismos problemas con que me tropezaba yo.

Desde entonces me propuse seriamente formar un diccionario de siglas, para lo cual recortaba y guardaba todas las menciones de entidades, instituciones, organizaciones, etcétera, que tuvieran sigla en revistas y diarios, así como en libros y en cualquier otro soporte de comunicación visual. Al cabo de un año más o menos, las quinientas siglas primigenias se habían convertido en diez mil. Aquello parecía ya un conjunto respetable, como para formar un diccionario manual. Conjunté, pues, las fichas, las ordené alfabéticamente, eliminé toda la información repetitiva o insuficiente y me encontré con un trabajo que podía ser editado. Le añadí al principio un tratadito sobre la abreviación en español, materia acerca de la cual había muy poca literatura a la sazón, no solo en España (salvo los trabajos de Félix Rodríguez González), sino en el mundo. Después sí, después surgieron en varias lenguas trabajos y tesis sobre el papel de la sigla en lingüística.

Para presentarla a una editorial, por si interesaba su edición, puse en limpio ocho o diez páginas, de tal forma que fuesen representativas de lo que la obra era, y escribí a una editorial ofreciéndola. La respuesta fue negativa (ya se sabe: con aquellas fórmulas referentes a que su obra nos parece buena, pero tenemos cubierto el programa de ediciones hasta tal año). No me desanimé, a pesar de que empezaba a no tenerlas todas conmigo. Ni corto ni perezoso, la ofrecí a Editorial Sopena, la editorial de los diccionarios por excelencia. La respuesta fue también negativa. A mayor abundamiento, mi compañero de trabajo, Armando Duval, hombre de criterio ponderado, me había dicho que él no veía publicable el tema. Pues menos mal que no me había tomado el trabajo de pasar a máquina el resto de la obra... (que era toda menos las ocho o diez páginas). Cogí todos los materiales, los conjuntos de fichas bien ordenadas pero no mecanografiadas y las guardé en una balda de la biblioteca.

Allí se habrían quedado para siempre las fichas de las siglas si no hubiera sido porque un amigo mío, excelente traductor de inglés, Rafael Andreu, antiguo compañero en Editorial Labor, me pidió que le revisara una obra, *Gloria y ensueño, una historia narrativa de los Estados Unidos,* de William Manchester (publicada por Grijalbo en 1976). En ella aparecían una serie de siglas que el traductor, hombre cuidadoso, no había podido desarrollar por falta de documentación (a pesar de disponer de un diccionario de siglas publicado recientemente en Londres). Yo eché mano de mi diccionario nonato y rellené con sus datos los que habían quedado en blanco en el original. Cuando pusimos la obra en común y le explicaba el porqué de mis correcciones, se quedó maravillado al comprobar que yo había resuelto su problema con las siglas.

—Por el amor de Dios, Pepe: ¿de dónde has sacado esta información sobre las siglas?

—De aquí —le dije, y me volví para sacar de la balda el material que allí dormía el sueño de los justos.

Mi amigo se quedó de piedra.

—¿Qué es esto?

—Un diccionario de siglas que nadie quiere editar.

—¿Cómo es posible que nadie lo quiera editar, si es utilísimo en la traducción y el periodismo?

—Sí, ya lo sé, pero lo he ofrecido a dos editoriales y las dos me lo han rechazado.

—No puede ser. Esto es publicable. ¿Por qué no lo pasas a máquina en su totalidad y lo vuelves a ofrecer? Hay editoriales que te lo pueden editar. Pienso, por ejemplo, en Pirámide, de Madrid.

Yo no conocía especialmente Ediciones Pirámide, pero hice como me había dicho. Lo pasé a máquina y lo ofrecí a Ediciones Pirámide. Cuál no sería mi sorpresa cuando a los pocos días, tal vez una semana, recibía carta de Pirámide aceptando el original para su publicación. Es más: en el contrato de edición[1] me ofrecían lo que nadie me ha ofrecido nunca por un libro mío: el 12 % de derechos de autor. En 1977 firmamos el contrato de edición y en 1978 aparecía la primera edición de la obra.

Esta primera edición se enriquecía con una presentación a cargo de un compañero de trabajo en Labor, Luis Izquierdo, a la sazón profesor en la Universidad de Barcelona. Cuando iba a enviar el original a Madrid, fui a verlo a su despacho de la sección de Ediciones Generales y le solicité el texto de la presentación. Me pidió el original para ver de qué iba el libro, y a las dos horas tenía el texto de la presentación dispuesto para publicar. Apareció en las dos ediciones de la obra.

[1] Firmado por Sergio Peláez, quien posteriormente volvería a su país, México, para ocupar un cargo importante en la Administración.

En agosto de 1980 la editorial, ya dirigida por Guillermo de Toca, que había sustituido a Mauricio Santos, me comunica que Publicações Dom Quixote, de Lisboa (Portugal), estaba interesada en traducir al portugués el *Diccionario internacional de siglas*. Me puse en contacto con Snu Abecassis, compañera de Francisco Sá Carneiro, político portugués, que era la dueña de la editorial. Ella me indicó los cambios que querían hacer en relación con la edición española (especialmente suprimir siglas locales) y yo le envié una relación de esas siglas. Cuando todo estaba encarrilado, Snu Abecassis pereció en el accidente aéreo que también acabó con la vida de Francisco Sá Carneiro el 4 de diciembre de 1980 en Camarate, un suburbio de Lisboa, y el contrato quedó sin efecto.

En 1981, a través de mi buen amigo Manuel Seco, Editorial Aguilar manifestó sus deseos de publicar una edición abreviada (cuatro o cinco mil siglas) del diccionario de siglas. Me puse en contacto con Pirámide, pero el intento fracasó porque al final del proceso el director de ediciones se negó a responder a la mayor parte de las cartas que yo le enviaba, dándolas por no recibidas o simplemente no contestándolas. Fue un caso ciertamente enojoso para mí.

En 1984 aparecía la segunda edición de esta obra que nadie (salvo Pirámide) había querido editar por primera vez. Ahora el contenido se había duplicado: 20 000 siglas, con un trabajo previo sobre la abreviación que también aumentaba y enriquecía el presentado en la primera edición, incluido un breve glosario siglístico y una amplia bibliografía sobre el tema. El título también había aumentado: *Diccionario internacional de siglas y acrónimos* [DISA]. El 27 de abril de 1985, Manuel Seco le dedicó una crítica en *Abc* (Madrid) a esta segunda edición, que él consideraba primera por los cambios profundos en el contenido en relación con la anterior.

En honor de la obra, hay que decir que es la única que *El País* menciona en su libro de estilo, desde hace ya unas cuantas ediciones (al menos, desde la quinta, 1990), como obra de consulta de segunda referencia.

Las cubiertas son distintas en una y otra edición, en correspondencia con el distinto formato de la obra. En la primera edición la cubierta era de plástico, material poco habitual en España pero muy útil para este tipo de libros, pues resiste mejor el manoseo a que se someten.

4. Diccionario general del periodismo [DGP]

1.ª ed., Madrid: Paraninfo, 1981; ISBN: 84-283-1117-X; 596 pp.; rústica; 18,5 × 12,5 cm;

2.ª ed., Madrid: Paraninfo, octubre 1992; ISBN: 84-283-1884-0; 584 pp.; rústica; 24 × 17 cm.

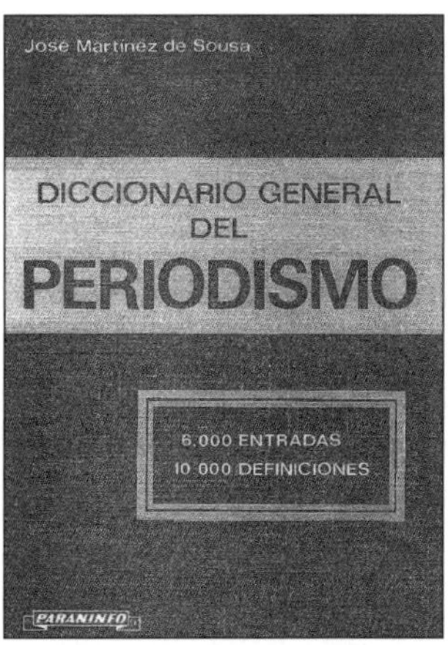

Así se tituló originalmente en la primera edición (1981). Después, sin cambiar de edición, el editor se convenció de que con una cubierta como la que llevaba esta primera edición era prácticamente imposible vender el libro y se la cambió (solo la cubierta, no la tripa) y además le puso el título de *Diccionario de la información, comunicación y periodismo,* mientras que en el interior seguía registrando *Diccionario general del periodismo.* En la segunda edición (1992), con mejor criterio, se tituló *Diccionario de información, comunicación y periodismo,* sin el *la* de la edición anterior.

Ciertamente, afrontar la redacción de este libro solo podía hacerse si uno se rodeaba de libros y más libros que tratasen de periodismo. Escribirlo fue un reto que un buen día me planteé. Afortunadamente, cuando empecé a confeccionar esta obra, los libros de consulta sobre estas materias abundaban relativamente, ya que las facultades de ciencias de la información requerían textos para sus estudiantes, lo que fue aprovechado por algunas editoriales para surtirlos de esos materiales, muchas veces (pero no siempre) fruto

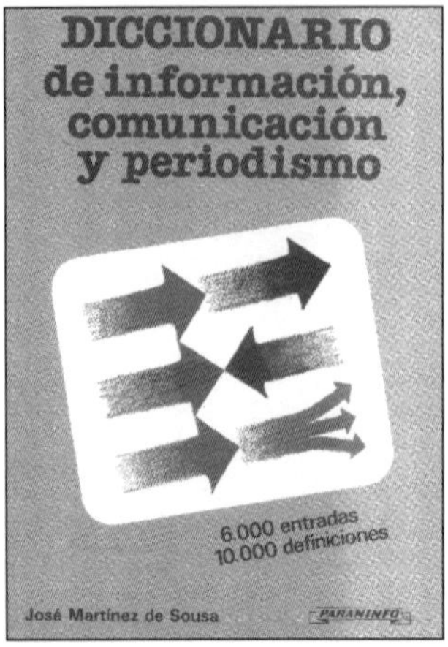

de la traducción. De ello me aproveché también yo. Decenas y decenas de libros de periodismo sobre los más peregrinos temas y enfoques ocupaban las baldas de mi biblioteca.

Es lo cierto que trabajé intensamente en el libro, llenando fichas y más fichas, ordenándolas, clasificándolas... Había conseguido un conjunto de unas seis mil entradas con unas diez mil definiciones, datos que a modo de señuelo aparecieron en la cubierta de sus dos ediciones. El trabajo fue largo, intenso y a veces tedioso, pero llegó un momento en que creí que lo esencial estaba ya recogido y que había que darle forma al diccionario. Así pues, una vez terminada la ordenación alfabética y corregido el conjunto para evitar desequilibrios y otros defectos, me dediqué a pasarlo a máquina. Este trabajo, debido a que no podía dedicarle todo el tiempo que requería, fue también largo y no menos tedioso.

Cuando en 1978 terminé de mecanografiarlo y me disponía a escribir a una editorial para ofrecer el libro, he aquí que aparece en televisión la noticia de que un profesor de Madrid, Antonio López de Zuazo Algar, acababa de publicar un *Diccionario del periodismo*. Me quedé frío... Después de tanto trabajo... Sin duda se trataría de un diccionario amplio, con más entradas que el mío, con un enfoque más didáctico, etcétera.

Lo primero que hice, en cuanto pude, fue ir a una librería y comprar el diccionario. Se trataba de un volumen más bien pequeño, y ni su confección ni su extensión tenían nada que ver con mi obra. En el prólogo, nada más abrir el libro, había una mención de mi nombre y el título del *Diccionario de tipografía y del libro*. De pronto, toda la tensión acumulada se desvaneció. López de Zuazo y yo habíamos hecho dos diccionarios muy distintos, por lo que podían convivir en el mercado y que eligiera el lector, bien los dos o uno de ellos. Poco después conocí personalmente al autor, persona afable y muy preocupada por la exactitud en el dato, por la escritura apropiada.

Animado por estos acontecimientos, ofrecí la obra a Pirámide, editor del *Diccionario internacional de siglas,* pero, después de análisis, decidieron no afrontar su edición. Sin embargo, Ángel Benito, catedrático de la Universidad Complutense de Madrid y asesor de la editorial, se ofrecía a redactar el prólogo si algún editor publicaba el diccionario. Era una buena señal, por lo que acepté gustoso. Entonces contacté con Paraninfo, que ya me había editado el *Diccionario de tipografía y del libro.* Alfonso Mangada Sanz, su director, lo aprobó y me pidió que lo ilustrase cuanto quisiera (hasta aquel momento la ilustración no entraba en mis planes, por lo cara que solía resultar). Teniendo en cuenta que cuando me lo dijo la compaginación ya estaba empezada, la primera parte (hasta la página 100) lleva solo ilustraciones de página entera, con objeto de no deshacer lo compaginado.

La primera edición, con el título de *Diccionario general del periodismo,* apareció en 1981. Vino después un cambio de la cubierta de esta primera edición, y entonces el editor le puso el título de *Diccionario de la información, comunicación y periodismo,* título que sustituyó por el de *Diccionario de información, comunicación y periodismo* [DICP] en la segunda edición, aparecida en 1992.

En general, la bibliotipografía del libro no me gusta, tanto la de la primera edición como la de la segunda. La composición se había realizado por el método dactilográfico, es decir, mediante máquinas de escribir especiales que podían justificar o no las líneas, dependiendo del tipo de máquina. En cualquier caso, la letra obtenida aparecía falta de nitidez y con muchísima menos calidad que la letra tradicional (sea manual, linotípica, monotípica o fotográfica). El procedimiento abarataba la edición a costa de su calidad.

Las cubiertas no me gustan. Si la de la primera edición era un simple geometrismo de líneas rectas y colores comunes, las flechas de la segunda carecían de sentido y ni siquiera añadían belleza al conjunto. En cualquier caso, agotada la segunda edición, no volverá a reeditarse.

5. Diccionario de ortografía [DO]

1.ª ed., Madrid: Ediciones Generales Anaya, setiembre 1985; ISBN: 84-7525-301-6; 360 pp.; cartoné; 22 × 14 cm.

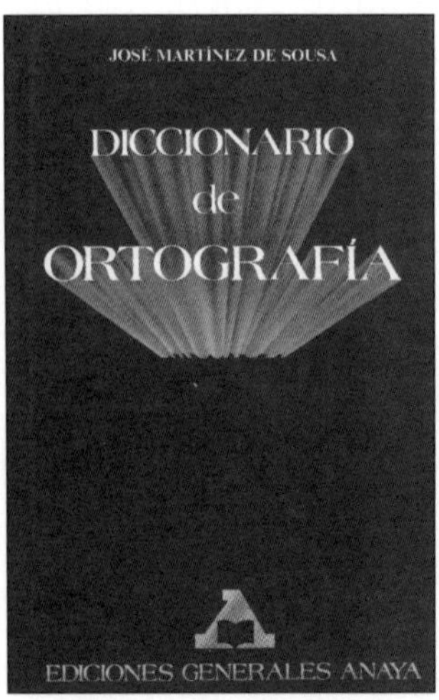

En España hay algunos diccionarios ortográficos, diccionarios que solo suelen ofrecer una lista alfabética más o menos larga, más o menos feliz, de voces que encierran algún tipo de dificultad ortográfica. Si partimos de la base de que un porcentaje muy elevado de voces españolas presentan alguna dificultad ortográfica (por ejemplo, las que contienen *c, z, m* ante *b* o *p, s, b, v, g, j, gu, qu, h*), podemos decir que el más completo diccionario ortográfico es, por ejemplo, el *Diccionario de la lengua española,* de la Academia. Lo puede ser también cualquier otro diccionario de lengua, con la condición de que tenga un número de entradas que sea representativo. Quiere decirse que este tipo de obras, que nunca son completas ni perfectas (les faltan, en muchos casos, comentarios clarificadores), resultan engañosas y apenas tienen utilidad. Pese a lo cual existen y se venden.

Lo que yo me propuse hacer al imaginar por primera vez el *Diccionario de ortografía* era algo muy distinto desde todos los puntos de vista. Quería reunir por orden alfabético los grandes temas ortográficos, sin olvidar los aparentemente pequeños. Así pues, para cada letra, signo, símbolo, tema, etcétera, se buscaba su historia para situarlo en el tiempo y su uso para colocarlo en la realidad actual. Trabajé el tema con mucho interés, por cuanto para mí la ortografía había sido vital como parte de mi profesión.

En cierta ocasión, mientras terminaba de redactarlo, conocí a Enrique Fontanillo Merino, a la sazón jefe del departamento de lexicografía de Ediciones Generales Anaya, a quien le hablé del diccionario que tenía entre manos. Se interesó vivamente por él, ya que había comenzado una colección de diccionarios monográficos. Firmamos el correspondiente contrato y la primera edición apareció en setiembre de 1985. Por razones que aún no he entendido suficientemente, la tirada de esta primera edición fue exagerada. Si no recuerdo mal, de doce mil ejemplares (ocho mil en el peor de los casos). Por tratarse de la primera edición, la prudencia editorial aconsejaría tres mil ejemplares. Esto daría lugar a una segunda edición en plazo breve, lo que permitiría la corrección de los aspectos erróneos (todas las obras los tienen, con más razón en su primera edición) y la venta proseguiría normalmente. Con tiradas tan elevadas se levantan cortapisas y dificultades no solo para corregir errores, sino incluso para introducir otros cambios (como podría ser, por ejemplo, la sustitución de la cubierta por otra más viva y atrayente). Y, por supuesto, es desmoralizador ver cómo una obra tuya deja pasar los años sin cambiar de edición.

El editor llegó a ofrecer los últimos ejemplares casi regalados a través del diario *El Sol,* publicado entonces por el grupo, sin el conocimiento ni la aquiescencia del autor.

Se encuadernó en cartoné con sobrecubierta, aspectos que contribuían a hacer más cara la edición y, por ende, más parsimoniosa la venta.

6. Diccionario de ortografía técnica [DOT]

1.ª ed., 1.ª impr., Madrid: Fundación Germán Sánchez Ruipérez, 1987; ISBN: 84-86168-27-9; 424 pp.; cartoné; 21,5 × 14 cm

1.ª ed., 2.ª impr., Madrid: Fundación Germán Sánchez Ruipérez, mayo 1999; ISBN: 84-86168-27-9; 424 pp.; cartoné; 21,5 × 14 cm.

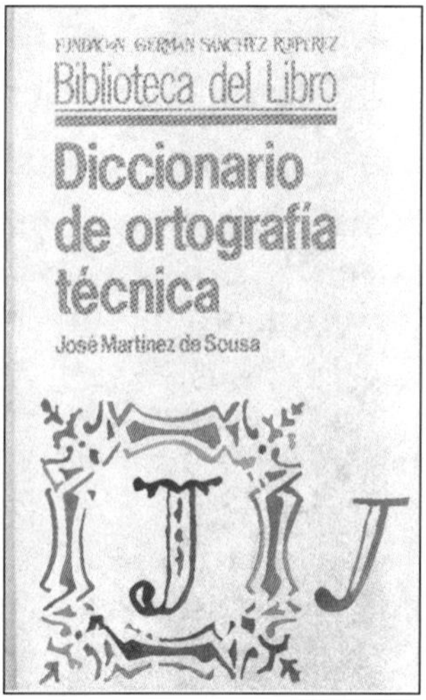

PESE a que se advertía su falta, una obra como esta no existía aún en el panorama bibliográfico de la ortotipografía española. Puesto que yo disponía de una serie de materiales que serían muy adecuados para formar el *Diccionario de ortografía técnica,* me decidí a completar los huecos y así dar forma a la nueva obra.

Cuando hube terminado se lo presenté a la Fundación Germán Sánchez Ruipérez, que lo aprobó y lo editó en 1987. Se vendió bastante bien (teniendo en cuenta su especificidad) y en 1999 se hizo una reimpresión, puesto que ediciones solo tuvo una.

Desde su misma aparición resultó una obra muy útil para corrrectores tipográficos y de estilo, traductores, periodistas y escritores. Me contaba mi amigo Alberto Lázaro Tinaut que estando en la Casa del Traductor, en Tarazona (Zaragoza), el director le dijo en cierto momento:

—Te voy a presentar la mejor obra que se haya escrito para los traductores.

Alberto se quedó extrañado y expectante.

Su amigo tomó un volumen de la biblioteca y se lo tendió.

—Toma. Este es el libro.

Alberto lo tomó en sus manos, lo miró y se lo tendió de nuevo al director de la casa.

—Lo tengo. Su autor es amigo mío.

Este reconocimiento compensa las muchas horas de desvelo que se ocultan entre las páginas de libros como este.

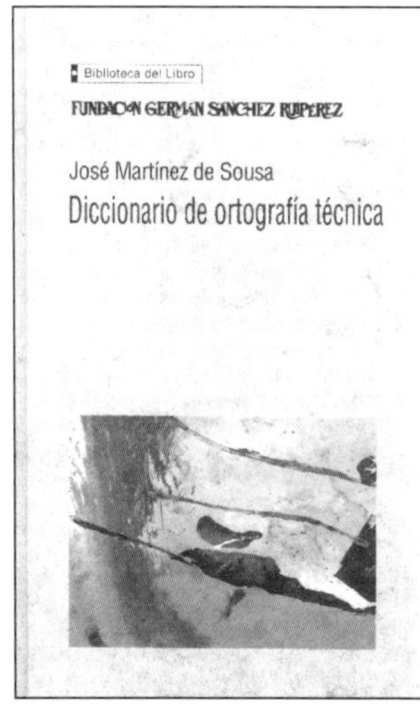

En el 2003 la editorial me devolvió los derechos, lo cual facilitó la publicación, en el 2004, de una nueva obra, *Ortografía y ortotipografía del español actual,* cuyo fundamento lo forman el *Diccionario de ortografía de la lengua española* y el *Diccionario de ortografía técnica,* con lo cual reuní en un solo volumen las dos obras que yo había escrito sobre ortografía, fuera la usual o la técnica.

De las dos encuadernaciones que ha tenido, las dos son en cartoné y su cubierta anterior resulta aceptable en ambas; el motivo es más bonito en la primera impresión, pero espacialmente está mejor distribuida la de la segunda.

7. Pequeña historia del libro [PHL]

1.ª ed., Barcelona: Labor, 1987; ISBN: 84-335-9374-9; 148 pp.; rústica; 23,5 × 15,5 cm; 2.ª ed., Barcelona: Labor, 1992; ISBN: 84-335-3526-9; 148 pp.; rústica; 23,5 × 15,5 cm; 3.ª ed., Gijón: Trea, noviembre 1999; ISBN: 84-95178-50-8; 240 pp.; rústica; 22 × 16 cm (1.ª reimpresión, corregida, 2002).

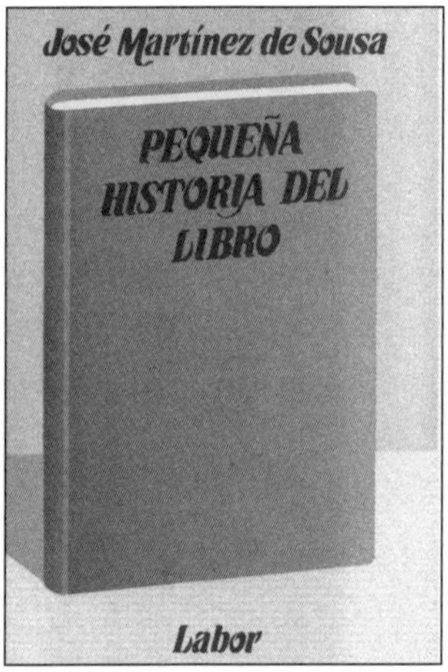

La *Pequeña historia del libro* nació con vocación de libro juvenil, pero tal vocación se diluyó por el camino. Había ofrecido la idea en Editorial Labor, pero cuando los responsables tuvieron el original en sus manos dijeron que les gustaba la idea, pero con un desarrollo para adultos. Yo estuve de acuerdo, pese a que suponía reescribir la obra. No importaba. El cañamazo ya estaba dispuesto, así que no había más que dedicarse a trabajarlo.

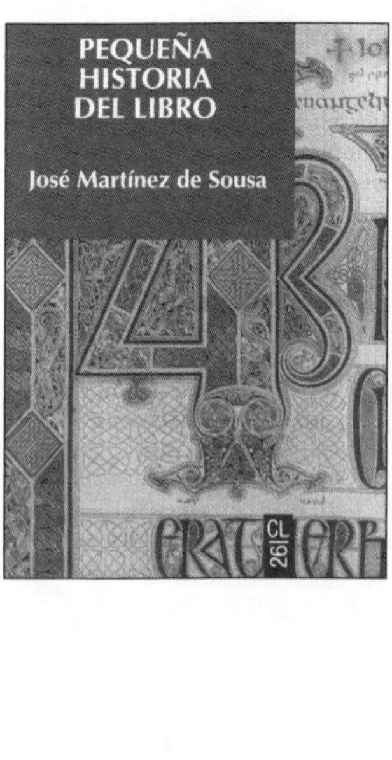

La primera edición apareció en 1987 (fuera de colección), y la segunda, en 1992 (primera, con el número 26, de la Colección Labor, la que siguió a la Nueva Colección Labor). De esta, correspondiente al período en que la editorial entró en crisis, ya en tiempos de Telepublicaciones, el autor no percibió ni un céntimo, a pesar de que se le enviaban las liquidaciones correspondientes y se le comunicaba cuánto le correspondía por las ventas en el período considerado. En el momento en que la editorial estaba a punto de cerrar las puertas entró en negociaciones con Distribuciones Prólogo, de Barcelona, a la que vendió los últimos quinientos ejemplares, pero, como queda dicho, nunca liquidó ni un céntimo al autor por la venta de los ejemplares de esta edición. La tercera edición, corregida y muy aumentada, la realizó en 1999 la editorial astuariana Trea, de Gijón, que se interesó por ella. En el 2002 apareció la primera reimpresión de esta tercera edición.

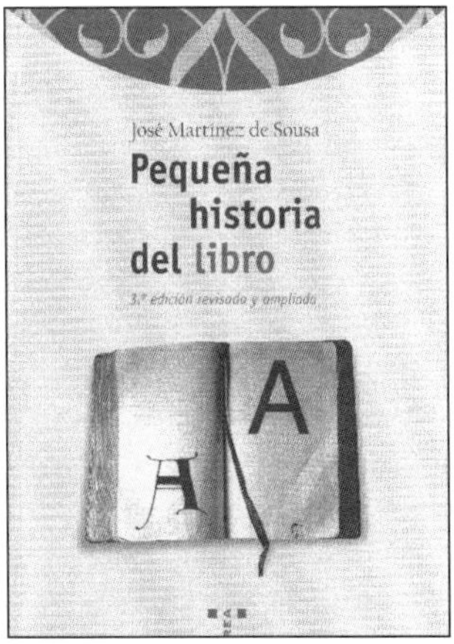

Se ha editado siempre en rústica, aunque en diversos formatos. Las dos primeras cubiertas son de Jordi Vives, de Barcelona; la tercera, de Impreso Estudio, de Oviedo.

8. Diccionario de bibliología y ciencias afines [DBCA1, DBCA2]

1.ª ed., Madrid: Fundación Germán Sánchez Ruipérez, diciembre 1989; ISBN: 84-86168-45-7; 424 pp.; cartoné; 25,5 × 19,5 cm

2.ª ed., Madrid: Fundación Germán Sánchez Ruipérez, abril 1993; ISBN: 84-86168-78-3; 966 pp.; cartoné; 25,5 × 19,5 cm.

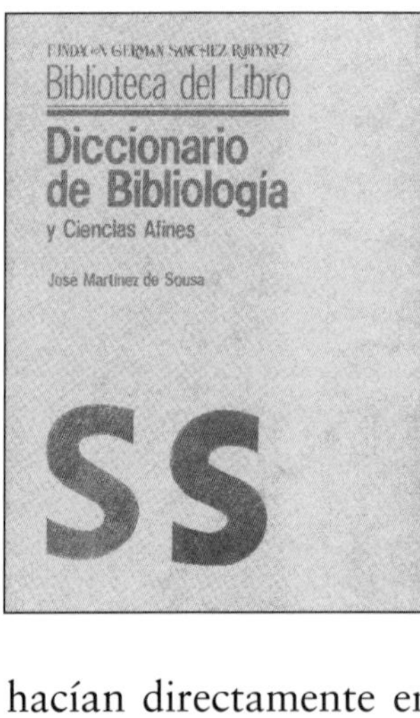

Es mi obra insignia... Hacía mucho tiempo que quería rescatar la terminología bibliológica contenida en el *Diccionario de tipografía y del libro* y complementarla hasta obtener un diccionario que diera cumplida respuesta a la terminología del mundo del libro y del documento desde varios puntos de vista, especialmente el histórico y el técnico. Aprovechando las virtudes de la informática, me puse a la tarea a partir no ya de las fichas de otras épocas, sino mediante la creación de archivos que comprendieran una o más letras. Las adiciones se hacían directamente en el archivo correspondiente a cada letra y, además, exactamente en el lugar alfabético que le correspondía. Era un paso de gigante en la confección de un diccionario por un autor no informático.

Cuando todavía no estaba terminado lo ofrecí a la Fundación Germán Sánchez Ruipérez, que ya había editado mi *Diccionario de ortografía técnica*. Me lo aceptaron inmediatamente. Les pedí un formato especial, que yo mismo elegí, porque consideraba que el que utilizaban a la sazón era demasiado pequeño para el tipo de libro de que se trataba. Aceptaron el formato que había elegido, y posteriormente aceptaron también la disposición de la obra en dos columnas desiguales: la ancha para el texto y la estrecha para notas, aclaraciones e ilustraciones pequeñas. La página resultaba realmente bella. Hablé con los editores para aplicar el sistema de composición por códigos, que yo había expuesto en el *Diccionario de ortografía técnica*, el cual consistía en utilizar unos códigos compuestos de un signo (no utilizado en la obra con su mismo significado) y dos cifras. Elegí el signo dólar; por ejemplo, $04 era la letra normal de un texto; $05, seminegra cursiva; $06, negrita redonda; $07, negrita cursiva; etcétera. (La letra seminegra era equivalente de la normal actual.) Los códigos solo intervenían al comenzar la respectiva clase de letra. Por ejemplo, si se escribía «$04La función del $05Diccionario $04era la que...», el texto aparecía compuesto así: «La función del *Diccionario* era la que...». En el taller de fotocomposición sustituían mi tabla de códigos por la tabla de códigos que empleaba el taller. Así que mi $04 era sustituido por el que la fotocomposición tuviera para la composición en letra redonda normal. Pese a resultar algo engorroso para el autor que lo aplicaba, especialmente tratándose de un diccionario, por la cantidad de cambios de letra que comporta, lo cierto es que permitía enviar a la imprenta un material prácticamente ya elaborado.

Entusiasmado con el sistema, que permitía al autor controlar totalmente las grafías de su obra, lo hice constar así en el prólogo: «Esta obra ha sido escrita con la ayuda de un ordenador personal y un buen programa de tratamiento de textos. La información fue codificada tipográficamente por mí mismo [...] y posteriormente descodificada en un ordenador de fotocomposición. En consecuencia, todas las grafías y cuantas faltas se encuentren en ella son solamente responsabilidad mía. El método supone un enorme salto adelante en la confección de una obra, y la seguridad para el autor de no hallarse en su texto con interpretaciones que falseen su pensamiento». Pues bien: sin duda que algún teclista del taller donde se confeccionó la obra leyó este texto y se propuso desmentir al autor, para lo cual se dedicó a interpolar palabrotas en el texto original. De esta manera, al corregir las galeradas, de pronto me encuentro con que en lugar de *como* decía *coño*. «¡Caramba!», me dije. Recordé entonces algo que un técnico en fotocomposición me había dicho: componiendo por el método de los códigos, es posible que se produzca una errata cada cien mil pulsaciones. «Bueno —me dije—. Esta es una prueba de que el técnico tiene razón. El hecho de que convierta una palabra en una palabrota no es más que una circunstancia, algo aleatorio. También pudo haber sustituido *como* por *coto*...» Continué corrigiendo las galeradas y he aquí que vuelvo a encontrar otra palabrota, y otra más adelante... Llamé a la editorial, les expliqué el problema y les aseguré que si el libro salía con este tipo de errores lo rechazaría e impediría su publicación. Inmediatamente se pusieron en contacto con la imprenta, pero, claro, nadie había sido. La imprenta garantizaba que la persona que llevaba el libro no podía haber sido. Sí, evidentemente: el autor de estos desaguisados, en estos casos, no es el que maneja el libro (¡sería tan fácil identificarlo!), sino otro. No fue posible dar con el autor, pero el libro salió bien, sin mayores problemas.

La primera edición [DBCA1] apareció a principios de diciembre de 1989. A los tres años la obra se había agotado, por lo que me dediqué a corregirla y ampliarla. La enriquecí con 110 páginas más de las que tenía la primera edición. Para su composición y corrección llegué a un acuerdo con la editorial: yo proporcionaría los nuevos textos en un disquete; en la imprenta compondrían (o aprovecharían el texto anterior, que es lo más fácil), integrarían los nuevos textos en los anteriores y proporcionarían las galeradas; yo corregiría esas galeradas y haría todas las indicaciones necesarias para la compaginación; una vez compaginada la obra, no se leería de nuevo, sino que se comprobarían las correcciones incluidas en las galeradas. Se siguieron todos los pasos tal como aquí se dice.

La segunda edición [DBCA2] apareció en 1993 y se presentó a la prensa en Salamanca, en la sede de la Fundación Germán Sánchez Ruipérez. Antes de acudir al acto le di un repaso, esperando encontrarla bien, pero he aquí que, al confirmar que mis amigos José Antonio Cordón García y Emilio Delgado López-Cózar figuraban en la bibliografía, al frente de un trabajo sobre bibliología y un libro sobre la imprenta en Granada, surgió la primera sorpresa: la línea en la que tenían que estar sus nombres aparecía en blanco. Me dio un vuelco el corazón. Pero, bueno, me dije: es una lástima, pero no es demasiado grave. Poco antes de dirigirme al salón en que había de presentarse la obra, me llama uno de los amigos mencionados y me dice:

—Supongo que ya sabes que tienes un pequeño desaguisado, ¿no?

—Sí —le respondí—. Ya he visto que no figuran vuestros nombres al frente de la bibliografía. Ha desaparecido la línea entera.

—No, yo me refería a otra página en la que ha desaparecido una línea y ha sido sustituida por otra...

Ahí sí me eché las manos a la cabeza.

En efecto, ese caso se daba varias veces a lo largo del libro. La editorial encomendó a una persona la lectura atenta de la obra antes de distribuirla, con objeto de tratar de hallar todas las páginas en que se diera ese caso: una línea se duplicaba y, mientras una de las formas permanecía en su lugar, otra saltaba a otro punto de la página y sustituía a una línea correcta. Esta situación se daba nada menos que veinticinco veces a lo largo del libro.

La solución elegante al problema debería haber pasado por la reimpresión y reencuadernación de la obra, aunque fuera a costa de aumentar ligeramente su precio. Sin embargo, la editorial creyó mejor separar las páginas afectadas y sustituirlas por otras correctas, lo cual dio por resultado ejemplares defectuosos y a veces impresentables.

Las cubiertas de la dos primeras ediciones son exactamente iguales, con la leve diferencia de que en la segunda edición decía «Nueva edición». El motivo ilustrativo (debido a Alberto Corazón) tenía poco atractivo, por lo que, en un tema riquísimo en iconografía, bien se podía haber elegido otro más atrayente.

9. Reforma de la ortografía española: estudio y pautas [ROE]

1.ª ed., Madrid: Visor, abril 1991; ISBN: 84-7522-502-0; 256 pp.; rústica; 21 × 14 cm.

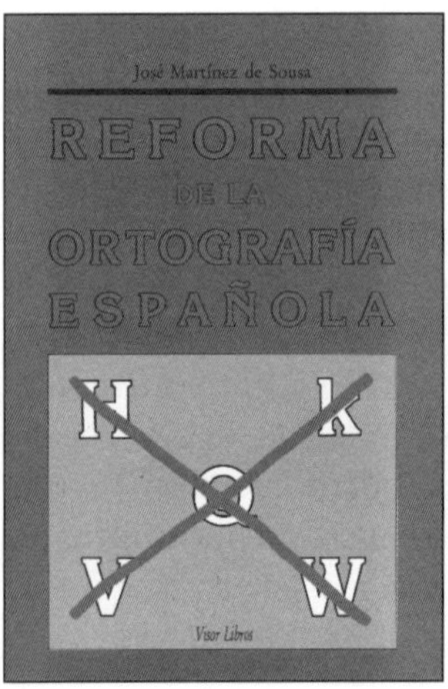

ESTA obra se escribió en un momento en que estaban en el candelero las reformas ortográficas del portugués, el francés y el alemán. Todas estas lenguas pretendían introducir algo de congruencia y coherencia en sus sistemas ortográficos, pero al final, entre acuerdos y desacuerdos de quienes pretendían simplicar los usos ortográficos y quienes pretendían mantener el estatus actual, tales reformas llegaron a poco y en la mayor parte de los casos ni siquiera lo poco que se trató de simplificar tiene aplicación generalizada actualmente.

Del español no puede decirse lo mismo, porque, aun teniendo en cuenta todas las propuestas de reforma del siglo XX, la Academia nunca ha prestado oídos a ninguna. También es cierto que muy probablemente los usuarios de la ortografía no especializados no aceptarían de buena gana una complicación más, impuesta más o menos de golpe, cuando tan felices se sienten, la mayoría, viviendo en su ignorancia. Si tenemos en cuenta la extensión del uso de la ortografía del español en el mundo, ciertamente parece que es mejor navegar con los pocos conocimientos de que se dispone, en general, que obligar a las personas que escriben en español a cambiar radicalmente de hábitos de escritura. Lo entiendo, aunque no lo comparta. Por otro lado, también es cierto que existen aún en el sistema ortográfico del español infinidad de alternancias de grafía que podrían simplificarse. Por ejemplo, *c/z, g/j, c/q/k, b/w/v, g/gu.* Sin embargo, ni siquiera en eso actúa la Academia, que mantiene en su Diccionario las alternancias *chabola/chavola, pagel/pajel,* sin que se sepa por qué, ya que cada uno de esos dos grupos tiene la misma pronunciación.

Es lo cierto que yo tenía la intención de escribir un libro como este, pero más adelante. Puesto que se pusieron de moda las reformas ortográficas, decidí adelantar su escritura y lo ofrecí a Visor, que lo publicó. La primera y única edición apareció en 1991. La verdad sea dicha, la venta fue lenta y pobre. El libro es excesivamente especializado si se piensa en un público amplio.

La cubierta, basada en un idea mía, merece pocos elogios, especialmente por esa conjunción eléctrica del rojo y el azul, cuya contemplación molesta los ojos.

10. Diccionario de redacción y estilo [DRE]

1.ª ed., Madrid: Pirámide, 1993; ISBN: 84-368-0762-6; 500 pp.; cartoné; 21,5 × 14 cm;
2.ª ed., Madrid: Pirámide, 1997; ISBN: 84-368-1072-4; 496 pp.; cartoné; 21,5 × 14 cm;
3.ª ed., Madrid: Pirámide, octubre 2003; ISBN: 84-368-1826-1; 496 pp.; cartoné; 21,5 × 14 cm.

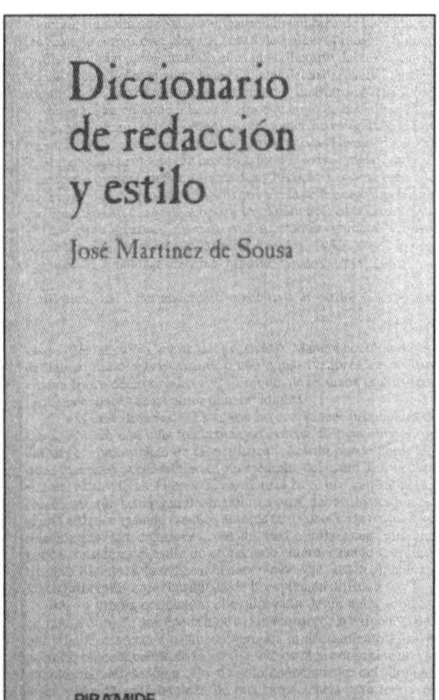

CON esta obra pretendía recoger voces y usos relacionados con la redacción de los textos y con el estilo en el empleo del lenguaje y ofrecerlos con un tratamiento sencillo y comprensible para la generalidad de las personas. El contenido ayuda, por un lado, al conocimiento de las voces más habituales en el ámbito del lenguaje, la gramática y la estilística (más algunos de retórica) y, por otro, al enfoque de los usos corrientes de la lengua. Por ejemplo, registra temas tan interesantes como las aposiciones, las abreviaciones, los extranjerismos, los barbarismos, la composición, los neologismos, el estilo, la ambigüedad, los pleonasmos, las metáforas y metonimas, las negaciones, las preposiciones, los plurales, etcétera.

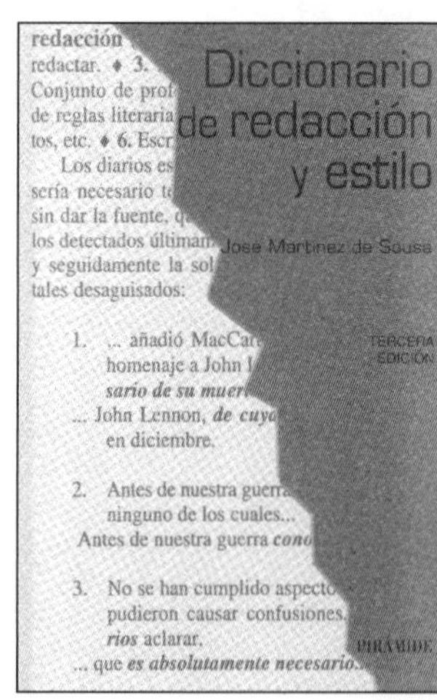

Hasta el presente ha tenido la obra tres ediciones. La primera, en 1993; la segunda, en 1997, y la tercera, en el 2003.

Las tres fueron encuadernadas en cartoné. Los motivos de las cubiertas de las dos primeras ediciones son iguales y tienen por base una parte del texto del libro, y la de la tercera, lo mismo, solo que extraído de otro punto de la obra. Hay mucho de común entre las dos formas de presentarlo.

11. Manual de edición y autoedición [MEAE]

1.ª ed., 1.ª impr., Madrid: Pirámide, agosto 1994; ISBN: 84-368-0840-1; 320 pp.; rústica; 25 × 19 cm;
1.ª ed., 2.ª impr., Madrid: Pirámide, 1999; ISBN: 84-368-0840-1; 320 pp.; rústica; 25 × 19 cm;
1.ª ed., 3.ª impr., Madrid: Pirámide, 2001; ISBN: 84-368-0840-1; 320 pp.; rústica; 25 × 19 cm;
1.ª ed., 4.ª impr., Madrid: Pirámide, 2002; ISBN: 84-368-0840-1; 320 pp.; rústica; 25 × 19 cm;
1.ª ed., 5.ª impr., Madrid: Pirámide, mayo 2004; ISBN: 84-368-0840-1; 320 pp.; rústica; 25 × 19 cm.
2.ª ed., 1.ª impr., Madrid: Pirámide, 2005; ISBN: 84-368-1931-4; 352 pp.; 25 × 19 cm.

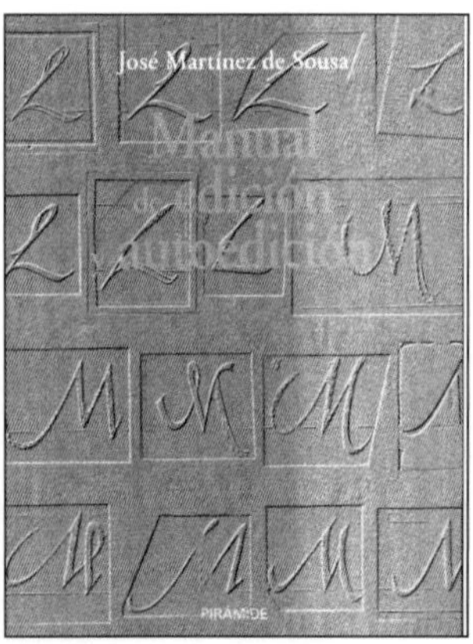

En el último tramo de mi permamencia en Editorial Labor, cuando ya el precipicio por el que caería estaba cercano, tuve la idea de crear una obra de conjunto que ayudase a realizar su trabajo a los técnicos editoriales, redactores de mesa, compaginadores, correctores, etcétera. Es decir, todos los que realizaban trabajos de edición y necesitaban, por un lado, conocimientos específicos de las diversas especialidades y, por otro, una visión general que permitiera saber dónde y cómo se colocaba cada cosa y cómo encajaba en el conjunto. Un día decidí comunicar a mis compañeros que en cuanto pudiera me pondría manos a la obra. Les expliqué el proyecto y estuvieron de acuerdo en que sería una obra muy bien recibida. Una compañera de trabajo, Gloria Tusell (hermana del historiador Javier Tusell, fallecido el 8 de febrero del 2005), se encargó de recordarme que tenía que empezar a trabajar en ella.

—¿Ya has empezado la obra?

—Aún no, pero pronto.

Un día le dije que sí, que había empezado a redactar la obra, y entonces la pregunta cambió:

—¿Cuándo terminas la obra?

Y más adelante:

—¿Falta mucho para que acabes la obra?

Cierto día le respondí:

—No, no falta mucho. Ya la he terminado.

El lector que sigue mis libros (los hay que hasta siguen mis dedicatorias) habrá observado que esta obra está dedicada a mi mujer en primer lugar y después a Gloria Tusell, con el comentario de «que me *sugirió* la escritura de este libro». La cursiva en *sugirió* quiere significar la intensidad del sugerimiento.

La primera edición apareció en 1994, y solo tuvo una, pero con cuatro reimpresiones más: 1999, 2001, 2002, 2004. La prueba del acierto de la obra es que no ha dejado de venderse, pese a tratarse de un mercado ciertamente limitado.

En cierta ocasión, mi amigo José Antonio Cordón se encontró con un antiguo alumno, el cual le pidió que le recomendara bibliografía sobre temas bibliológicos, ya que se presentaba a unas oposiciones para editor en determinada institución educativa. Mi amigo le recomendó el manual. Al cabo de quince días se lo volvió a encontrar y le preguntó si se había comprado el libro.

—¿Que si me lo he comprado? Mira, hazme un favor: no se lo recomiendes a nadie más, que aquí está casi toda la oposición.

La encuadernación es en rústica, y la cubierta, relacionada con el tema, ha permanecido igual a lo largo de la edición y las reimpresiones.

12. Diccionario de lexicografía práctica [DLP]

1.ª ed., Barcelona: Biblograf, 1995; ISBN: 84-7153-803-2; 384 pp.; cartoné; 24 × 16 cm.

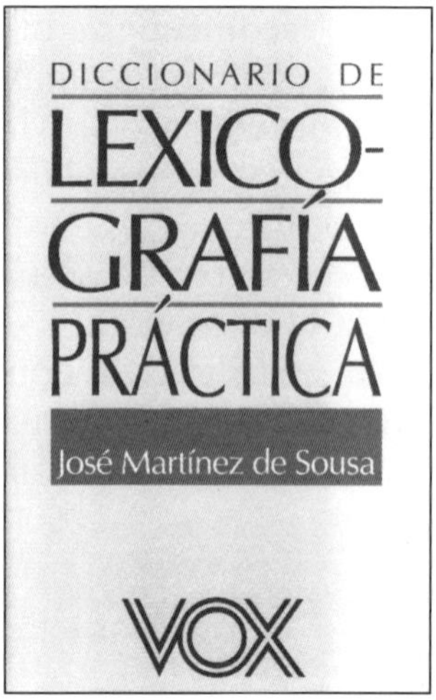

A mediados de 1992, Carlos Martín Vide, entonces catedrático de la Universidad de Barcelona, me visitó en mi trabajo de Editorial Labor, cuando estaba en la calle Aragó, para hacerme una proposición que consideré insólita:

—Quiero que estudies la manera de configurar un curso de posgrado de lexicografía y obras enciclopédicas, que realizaremos en la Universidad de Barcelona.

—No creo que sea yo el más adecuado para configurar ese curso. Sin duda que hay en la universidad personas con una formación específica mejor que la mía, que no tengo ninguna.

—En este momento no estoy pensando en la gente de la universidad, sino en ti. El curso que quiero que des lo puedes pergeñar tú perfectamente, y yo te ayudaré en lo que haga falta.

Martín Vide sería el director académico del curso, y yo, el director técnico.

—Piénsatelo —me dijo.

Me lo pensé, y al final le encontré un enorme interés a la aventura. Me metí en ella de pies y cabeza. Entre los dos hicimos el cañamazo de las clases, los temas, los profesores, etcétera (con la inestimable ayuda de Ángela Ureña, Carmen Jané y Anna Marqués), y llegado su momento comenzamos el curso, al que, además de dar mis clases, asistí como un alumno más. Con todos los materiales que había redactado para mis clases, más los datos que había tomado de los demás profesores, más mi experiencia personal en la confección de diccionarios, junté un acervo de conocimientos lexicográficos que valía la pena completar, enriquecer y publicar, y así lo hice.

Cuando tuve terminada la obra se la ofrecí a Ediciones Pirámide, que ya había editado algunos libros míos. Los agentes comerciales desaconsejaron su posible edición por falta de un público al que dirigirlo. ¿Quién iba a comprar un libro sobre lexicografía? Nadie, sin duda. Por eso lo desaconsejaron. El editor me dijo que por el autor lo publicaba ya, pero que, al haber sido desestimado por los comerciales, por el tema no lo publicaría. Me pidió permiso para presentarlo a otras editoriales del grupo, pero como todas ellas tenían el mismo equipo comercial, también lo desestimaron. Total, que el editor me devolvió el oginal.

Mi amigo Jon Kepa Akordagoikoetxea, que estaba de director de ediciones en Biblograf, me había dicho que, si me devolvían el original, se lo presentase, por si acaso. Lo tomé y se lo llevé, ciertamente sin grandes esperanzas. En Biblograf hubo casi las mismas consideraciones. ¿Quién va a comprar un libro así, sobre lexicografía? Evidentemente, nadie. Sin embargo, los de Biblograf hicieron una consideración más: nosotros somos una editorial lexicográfica, luego parece que nuestra obligación es editar esta obra. Al menos, con más títulos que ninguna otra editorial.

Así que un día mi amigo Akorda me pidió que pasase por la edirorial para firmar el contrato. Así lo hice.

A principios de 1995 apareció la primera edición. «Sabíamos» (el editor y yo) que el libro se vendería más o menos lentamente y que probablemente al cabo de tres años se agotaría y no valdría la pena volver a imprimirlo. Craso error el nuestro y el de todos los equipos de comerciales que en Madrid desestimaron la edición de esta obra. Un día, a los cuatro meses de haber salido la primera edición, me llama Akorda.

—¿Estás sentado?

—Sí. ¿Qué pasa?

—Tu diccionario de lexicografía...
—¿Qué?
—Se ha agotado.
—¡Pero si solo lleva cuatro meses a la venta!...
—Pues sí...
—¿Tú lo entiendes?
—Los comerciales no siempre tienen razón, ya lo ves.

Sí, lo veía. ¡Qué victoria moral! Era el libro, de todos los que yo he hecho, que se vendía más rápidamente. Ninguno de mis libros ha vendido la primera edición en menos de un año. Y este, desestimado por todo el mundo a priori, en cuatro meses... No salía de mi asombro. Lo que no consideraron los comerciales del grupo Anaya (al que pertenece Pirámide) es que de ciertos temas no hay nada en el mercado, y, sin embargo, puede haber un público para uno determinado. Calculada una edición proporcionada a esas expectativas, el tema era editable, pero no lo supieron ver. Y es que los comerciales del mundo editorial solo buscan el éxito inmediato y más o menos seguro. Sin embargo, en muchos casos los almacenes de las editoriales están llenos de éxitos seguros no vendidos...

Después vino la segunda parte del asunto: el editor, para explotar el éxito, lo reimprimió con una fuerte cantidad de ejemplares sin encomendarse a Dios ni al diablo, y ese fue otro error. En ese caso lo prudente hubiera sido reimprimir 1000 ejemplares y ni uno más. El mercado, si no saturado, estaba a punto de dejar de adquirir un libro que, a la postre, trataba un tema ciertamente minoritario. Esto les llevó, con el tiempo, a ofrecer el libro como saldo, lo que nunca es recomendable para el autor ni para el editor.

El libro se encuadernó en cartoné y las cubiertas de ambas tiradas fueron exactamente iguales.

13. Diccionario de ortografía de la lengua española [DOLE]

1.ª ed., Madrid: Paraninfo, 1995; ISBN: 84-283-2241-4; 380 pp.; rústica; 24 × 17 cm;
2.ª ed., Madrid: Paraninfo, 2000; ISBN: 84-283-2241-4; 380 pp.; rústica; 24 × 17 cm.

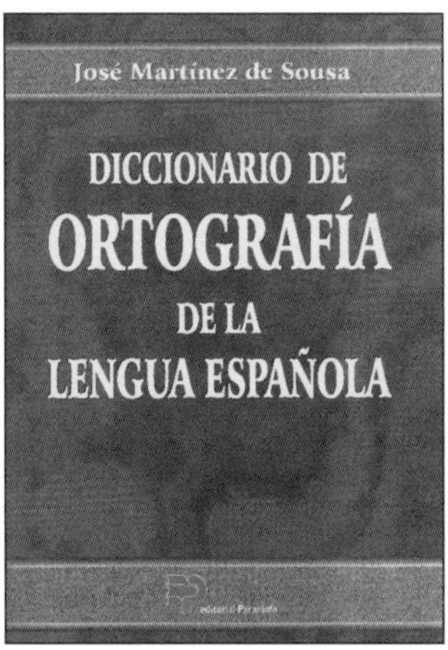

EN 1994 firmé un contrato con Editorial Paraninfo para la publicación del *Diccionario de ortografía de la lengua española,* cuyo antecedente había sido el *Diccionario de ortografía,* editado en 1985 por Ediciones Generales Anaya. El libro, corregido y actualizado, apareció en 1996. A esta edición siguió otra, aparecida en el 2000. Después el editor perdió interés y me devolvió los derechos. Sin embargo, la obra seguía teniendo salida, ya que pocos meses después de la devolución de los derechos me comunicaron de la editorial que, puesto que iban a realizar una nueva edición, les dijera si había alguna corrección que tener en cuenta. Por supuesto, les informé de la situación actual de los derechos de autor, que me pertenecían a mí y no a la editorial.

Finalmente, en el 2003 decidí crear una nueva obra, *Ortografía y ortotipografía del español actual,* cuyo fundamento lo forman el *Diccionario de ortografía de la lengua española* y el *Diccionario de ortografía técnica,* con lo cual reuní en un solo volumen las dos obras que yo había escrito sobre ortografía. Aparte de los artículos esporádicos en alguna revista o las conferencias que al tema dedicaba, este volumen comprende más o menos todo lo que yo sé de ortografía (con lo cual se deduce fácilmente todo lo que de ella ignoro).

Paraninfo la encuadernó en rústica. La cubierta no era un dechado de virtuosismo, pero se leía bien...

14. Diccionario de usos y dudas del español actual [DUDEA]

1.ª ed., Barcelona: Biblograf, enero 1996; ISBN: 84-7153-873-3; 494 pp.; cartoné; 24 × 15,5 cm;
2.ª ed., Barcelona: Biblograf, enero 1998; ISBN: 84-7153-985-3; 576 pp.; cartoné; 24 × 15,5 cm;
3.ª ed., Barcelona: Biblograf, julio 2001; ISBN: 84-8332-210-2; 590 pp.; cartoné; 24 × 15,5 cm;
1.ª ed., 1.ª impr., Barcelona: Círculo de Lectores, 1998; ISBN: 84-226-6923-4; 576 pp.; cartoné; 24 × 15,5 cm;
1.ª ed., 2.ª impr., Barcelona: Círculo de Lectores, 1998; ISBN: 84-226-6923-4; 384 pp.; cartoné; 24 × 15,5 cm;
1.ª ed., 3.ª impr., Barcelona: Círculo de Lectores, marzo 1999; ISBN: 84-226-6923-4; 384 pp.; cartoné; 24 × 15,5 cm.

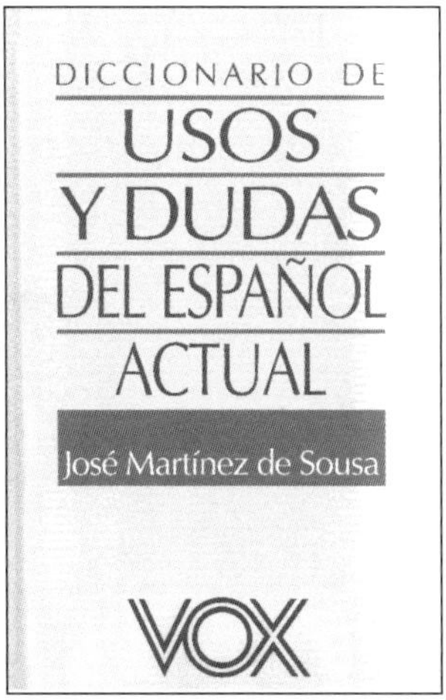

Esta obra reúne todos los trabajos que sobre lenguaje y dudas ortográficas y lingüísticas venía yo publicando desde el *Diccionario de tipografía y del libro* (segunda parte), *Dudas y errores de lenguaje* y alguna otra obra en que se trataba esta materia aunque fuera parcialmente. Pese a que el tema no está mal representado en la bibliografía española, es lo cierto que una visión más, complementaria o distinta, tiene hueco en el mercado bibliográfico del español, especialmente si, como en este caso, el tratamiento y la cantidad del contenido son tan distintos de lo que hay en el mercado. Con esta consideración y el deseo de conseguir una obra lo más completa posible, me dediqué a recoger todos los materiales publicados por mí hasta el momento, trabajarlos in-

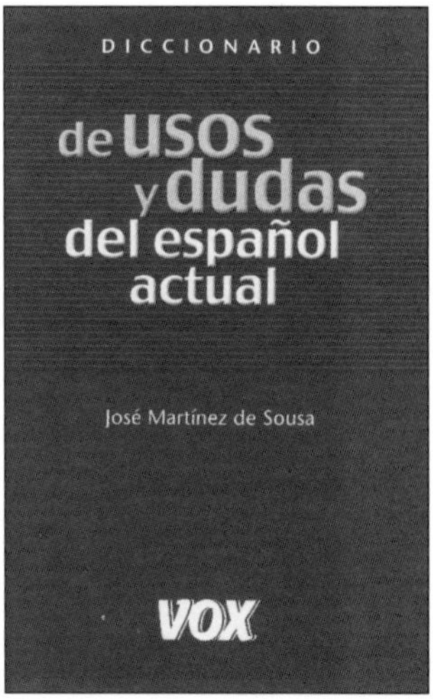

tensamente, enriquecerlos con los datos más actuales (reto de todo diccionario de usos y dudas) y ofrecerlos al posible lector.

La primera edición de esta obra apareció en 1996. A ella la siguieron dos ediciones en Biblograf (1998 y 2001 [dos tiradas]) y otras dos en el Círculo de Lectores (1998 [dos tiradas] y 1999). En el 2003 se hizo una edición especial para México (50 000 ejemplares).

La encuadernación fue siempre en cartoné. Todas las cubiertas son sensiblemente iguales (mutatis mutandis en función de los distintos editores), con algunas salvedades en los colores y algún pequeño detalle (salvo la primera, que la tiene de color hueso). La más bonita, según mi criterio, es la del 2001, aquí representada.

15. Manual de estilo de la lengua española [MELE1, MELE2]

1.ª ed., Gijón: Trea, marzo 2000; ISBN: 84-95178-61-3; 640 pp.; rústica; 24 × 17 cm;
2.ª ed., 1.ª impr., Gijón: Trea, setiembre 2001; ISBN: 84-9704-022-8; 672 pp.; rústica; 24 × 17 cm;
2.ª ed., 2.ª impr., Gijón: Trea, marzo 2003; ISBN: 84-9704-022-8; 672 pp.; rústica; 24 × 17 cm.

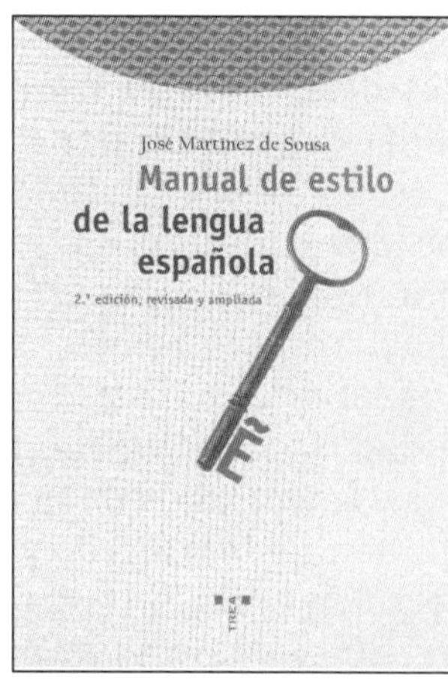

ERA esta una obra necesaria cuya confección nadie había afrontado en español. Yo disponía de los materiales más importantes, los que siempre son objeto de consulta, por lo que comencé a trabajar en ella. La distribuí en dos grandes partes, la primera de las cuales («El trabajo intelectual») es una guía para la escritura científica, y la segunda («Diccionario de materias») expone alfabéticamente las materias objeto de consultas reiteradas.

Cuando la obra estuvo terminada la ofrecí a dos personas expertas en escritura científica, Emilio Delgado López-Cózar, de la Universidad de Granada (al propio tiempo autor de la presentación de la obra), y Karen Shashok, traductora y perita en escritura científica, para que me ofrecieran un análisis y recomendaran las enmiendas que fueran pertinentes. Prácticamente acepté todos sus puntos de vista, con lo que se daba a la obra una base más científica que mi solo criterio a la hora de afrontar los muchos problemas de escritura en el campo de la ciencia y la técnica. El resultado fue una obra muy bien recibida por los destinatarios (correctores tipográficos y de estilo, traductores, periodistas, escritores, etcétera).

La primera edición (MELE1), publicada por Trea, de Gijón, apareció en marzo del 2000. Como me pillaba de camino, ya que yo tenía que pasar por Oviedo para recoger a mi esposa, aproveché para meter en el coche los ejemplares de autor que me correspondían. En el camino de regreso a Barcelona sufrimos un accidente grave que pudo tener peores consecuencias que las que tuvo, afortunadamente nada importantes. El coche dio varios vuelcos y fue a quedar despanzurrado en un campo sembrado. He aquí que con los cinco o seis tumbos que dio, el capó trasero, donde iban los libros, se abrió violentamente y el contenido pasó a formar parte del paisaje, esparcido sobre la tierra trabajada para las labores agrícolas propias del lugar. Los libros habían quedado sobre el campo, abiertos por la cubierta anterior, como si se tratara de extrañas frutas de la tierra surgidas de plantas sembradas en el terreno donde ya había plantadas otras. Al ver el paisaje que el conjunto formaba, aun entre fuertes dolores (después sabría que me había roto cuatro costillas, más una fisurada), pensé: «Hombre, parece que la cultura se ha expandido por los campos de Castilla». ¡Qué humor el mío! Casi todos los ejemplares quedaron manchados, arrugados, estropeados e inservibles (guardo uno como recuerdo). El editor tuvo el bonito gesto de regalarme el número de ellos equivalente a los que quedaron inservibles.

Esta primera edición se agotó muy pronto. Aproveché la oportunidad para corregirla (tuve la suerte de contar con lectores tan atentos e interesados en el tema como, por poner un ejemplo, el doctor Fernando Navarro), y al año siguiente, en setiembre, aparecía la segunda edición (MELE2), muy corregida y aumentada, y en marzo del 2003 aparecía la primera reimpresión de esta segunda edición.

La encuadernación es en rústica con solapas (como corresponde a la colección en que aparece), con fondo amarillo. En la cubierta anterior (debida a Impreso Estudio, de Oviedo) aparece el motivo, una llave (la que abre los aposentos de la cultura) con unos dientes formados por la E mayúscula con virgulilla encima.

16. Diccionario de edición, tipografía y artes gráficas [DETAG]

1.ª ed., Gijón: Trea, marzo 2001; ISBN: 84-95178-96-6; 480 pp.; rústica; 24 × 17 cm.

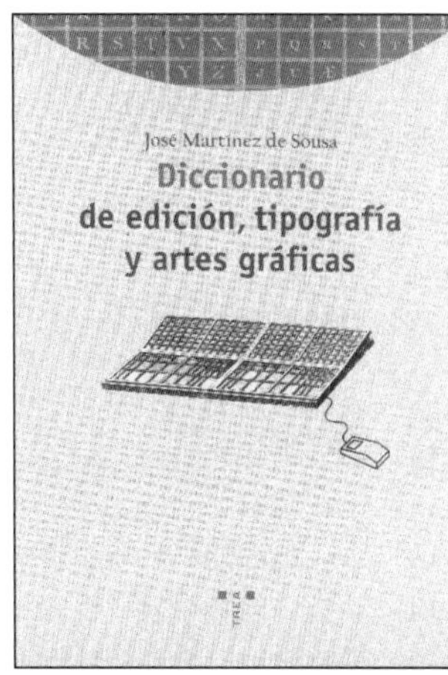

En el rescate de los contenidos de mi primera obra, el *Diccionario de tipografía y del libro,* con objeto no solo de evitar que desaparezcan de mi obra, sino de procurar que reciban un tratamiento moderno, como corresponde a la materia, decidí afrontar la redacción de este diccionario en el que se ponen al día mis conocimientos tipográficos.

La publicación es de Trea, de Gijón, y la obra forma parte de la colección Biblioteconomía y Administración Cultural, donde ya habían aparecido la *Pequeña historia del libro* y el *Manual de estilo de la lengua española.* La primera y única edición apareció en febrero del 2001. Posteriormente su contenido, íntegro, pasó a formar parte de la nueva edición del *Diccionario de bibliología y ciencias afines* (DBCA3) (Gijón, 2004).

La cubierta, del mismo estilo y autoría que las demás de mis obras editadas por Trea, representa una vieja caja de composición manual (probablemente extranjera), con el aditamento dibujado de un ratón ligado a la caja por un cable (lo antiguo rescatado por la modernidad).

17. Libro de estilo Vocento [LEV]

1.ª ed., Gijón: Trea, setiembre 2003; ISBN: 84-9704-084-8; 576 pp.; rústica; 24 × 17 cm.

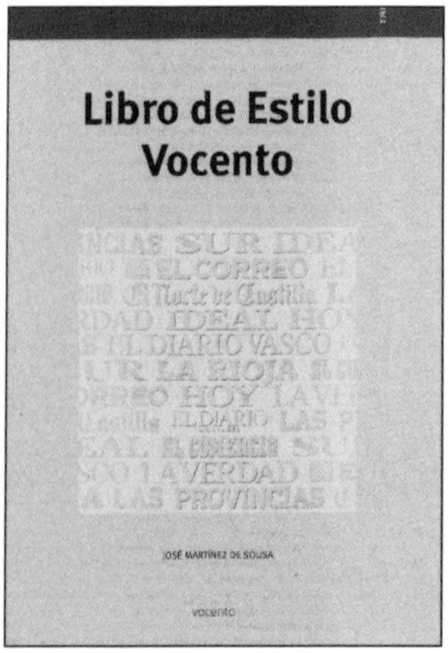

Este es el primer libro que hago por encargo. Lo acepté, pese a que no es mi estilo escribir por encargo (he escrito prólogos que no firmé y conferencias que no di, pero eso es normal en el mundo en que me he movido). Es lo cierto que el antiguo Grupo Correo (hoy Vocento) necesitaba disponer de un libro de estilo para la unificación de criterios en los 11 periódicos que tiene a lo largo y ancho del país. Antonio Papell recurre a un amigo común, Pedro García Domínguez, para que le aconseje y le recomiende un autor que pueda redactárselo, y este le dice que yo puedo hacerlo con garantías.

Nos entrevistamos Javier Bardají (a la sazón director de acción editorial del grupo), Antonio Papell y yo y establecimos las líneas maestras del libro, así como las condiciones en que yo había de trabajar y que marcaban los límites del encargo.

El trabajo fue complejo y denso. Los requisitos de estilo de un diario no son los mismos que pueden aplicarse a un público general o a una empresa particular. El estilo de un periódico no es el estilo de un libro, y eso hay que tenerlo en cuenta.

La obra, incluida en la colección Biblioteconomía y Administración Cultural, apareció publicada en octubre del 2003 por Ediciones Trea, de Gijón, editora de otros libros míos publicados en la misma colección.

La cubierta, en rústica con solapas, tiene el fondo amarillo propio de los libros de la colección, y en el centro de ella hay un recuadro con los títulos de los 11 periódicos de Vocento.

18. Ortografía y ortotipografía del español actual [OOTEA]

1.ª ed., Gijón: Trea, marzo 2004; ISBN: 84-9704-083-X; 680 pp.; rústica; 24 × 17 cm.

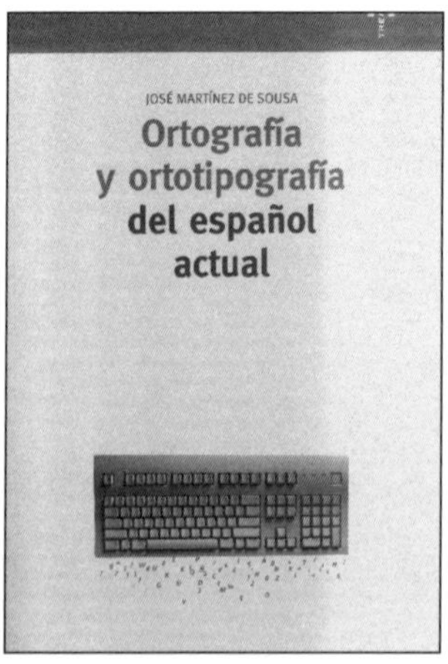

En este manual se recopila, trata y expone todo lo que he publicado acerca de la ortografía y la ortotipografía. De hecho, es la interrelación de los hechos ortográficos derivados de dos de mis libros: el *Diccionario de ortografía de la lengua española* (anteriormente editado por Editorial Paraninfo) y el *Diccionario de ortografía técnica* (anteriormente editado por la Fundación Germán Sánchez Ruipérez). Toda la temática derivada de estas dos obras está actualizada teniendo en cuenta las últimas tendencias en estas materias. Así pues, la obra pretende dar cumplida respuesta a todas las dudas que el extenso campo de la ortografía puede presentar a cualquier lector, desde el de conocimiento básico y esencial (pienso en el hombre de la calle no especializado) hasta el de conocimiento más complejo y elaborado (pienso en los manejadores de los hechos culturales). Cada cual se quedará con lo que le venga bien para sus necesidades, y sabrá siempre que ahí está el resto de la información para usarlo cuando le sea necesario.

La obra fue editada por Trea, de Gijón, con las caracteríticas propias de la colección Biblioteconomía y Administración Cultural.

La primera edición apareció en marzo del 2004. La encuadernación es en rústica con solapas. La cubierta se ilustra con un teclado de ordenador de cuyas teclas se han caído las letras y demás signos para que el lector los tome uno a uno y los coloque en su correspondiente lugar.

19. Diccionario de bibliología y ciencias afines [DBCA3)

1.ª ed., Gijón: Trea, setiembre 2004; ISBN: 84-9704-082-1; 1056 pp.; cartoné; 25 × 17,5 cm.

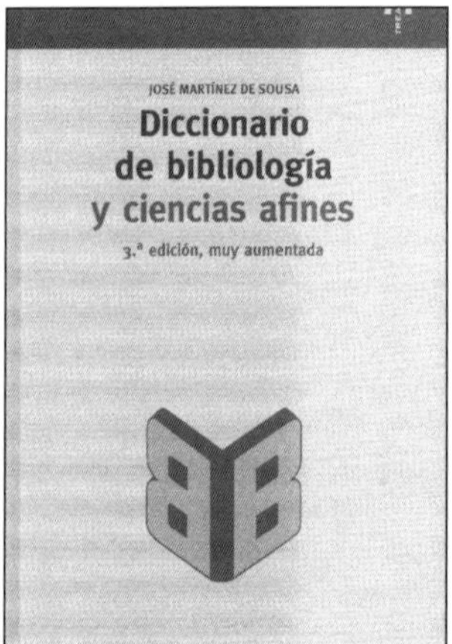

PARA la tercera edición del *Diccionario de bibliología y ciencias afines* entré en contacto con Trea, de Gijón, porque yo tenía el plan de integrar en una sola obra este diccionario, el *Diccionario de edición, tipografía y artes gráficas* (editado por Trea en febrero del 2001), parte del contenido del *Diccionario de lexicografía práctica* y parte también del del *Diccionario de información, comunicación y periodismo,* ya agotado. De esta manera pretendía reunir en un solo volumen todo lo que había escrito sobre bibliología y tipografía, más parte de lo que había publicado de lexicografía y periodismo, con lo que se conseguía un volumen ciertamente abarcador en cuestiones de bibliología, tipografía, documentación, biblioteconomía, etcétera. El editor estuvo de acuerdo. La obra resultante mantiene el primero de los títulos, *Diccionario de bibliología y ciencias afines,* porque en lo de *ciencias afines* podía entrar todo lo demás perfectamente. En la medida de lo posible, los temas han sido debidamente puestos al día.

Trea reservó el número 100 de la colección Biblioteconomía y Administración Cultural, estrella de sus conjuntos editoriales, para colocar en este nicho privilegiado la tercera edición de esta obra, que, como en su lugar se dice cuando se habla de las dos ediciones anteriores, es mi obra insignia. Esta tercera edición se publicó en setiembre del 2004.

Excepcionalmente, la encuadernación de este volumen se hace en cartoné. Los demás números de la colección se han encuadernado en rústica.

8 Características generales de mis obras

CUANDO un autor solo ha escrito una obra o un par de ellas es muy difícil descubrir las características de su trabajo como autor, si es que, en cualquier caso, las ha mantenido o el editor le ha permitido expresarlas. Normalmente no es fácil que el autor intervenga en la edición de sus obras, y menos aún cuando estas, muchas o pocas, han sido publicadas en editoriales distintas. Hay, sin embargo, algunas características que dependen solamente del autor, en las que el editor, en tanto que tal, no suele intervenir (aunque muchas veces debería hacerlo en bien de la bibliología).

Un aspecto que caracteriza mis obras en general es el de la elección de la forma y el fondo. Mi primera obra es un diccionario, y de los 19 libros que he publicado, 12 son diccionarios. Aún hay dos obras más, el *Dudas y errores de lenguaje* y el *Libro de estilo Vocento*, que a su manera están distribuidos también en forma de diccionario: el primero consta de una serie de capítulos presentados en orden alfabético, razón por la cual algunos lo han considerado un diccionario, y el segundo consta de tres partes, dos de las cuales están dispuestas en forma de diccionario, así como cada una de las partes que forman los apéndices. ¿Por qué esta preferencia? Realmente, no empecé a escribir con la intención de utilizar la forma lexicográfica exclusiva o preferentemente, pero sí he de confesar mi tendencia a organizar muchos conocimientos en orden alfabético, precisamente por la facilidad que presentan este tipo de obras a los lectores para hallar aquello que buscan. Por el contrario, los diccionarios no valoran nada, no establecen relaciones de unos elementos con otros, no muestran claramente las dependencias mutuas de sus constituyentes... Precisamente por esta causa, para remediar ese defecto, desde el principio siempre fui partidario de utilizar en ellos, cuando fuera posible y estuviera justificado, por un lado un sistema completo y complejo de remisiones internas (los elementos de información de muchas de mis obras están exhaustivamente interrelacionados mediante redes de remisiones) y por otro el índice alfabético.

Algunas personas no entienden cómo es que un diccionario lleva índice alfabético, siendo así que ya van en orden alfabético las entradas. Para entenderlo, lo primeto que hay que tener en cuenta es que una cosa no excluye la obra, y que en cierto tipo de diccionarios, como los especializados, puede ser necesario, conveniente e incluso imprescindible el empleo del índice alfabético, sin el cual muchas veces se pierde la posibilidad de aprovechamiento de los contenidos del diccionario. De esta manera el lector tiene una relación directa con la terminología mediante las entradas del diccionario y después una relación menos directa, pero no menos importante, a través de las palabras clave que carecen de entrada directa en el lemario o bien de los antropónimos y topónimos que figuran en la obra. Hay después algunas obras que son tratados de determinada materia, como sucede con la *Pequeña historia del libro,* la *Reforma de la ortografía española,* el *Manual de edición y autoedición,* el *Manual de estilo de la lengua española* y *Ortografía y ortotipografía del español actual.* Todos estos libros tienen en la actualidad un índice alfabético que los complementa y convierte en sumamenten útiles.

En cuanto al fondo, las materias a las que he prestado atención primordial han sido las siguientes:

— la tipografía;
— la ortografía (usual, técnica, tipográfica);
— el lenguaje (usos y dudas, redacción, estilo, siglas);
— la bibliología (edición, lexicografía, historia del libro, periodismo).

La profundidad con que tales temas han sido tratados es variable, pero el enfoque siempre ha estado dirigido a grupos de personas profesionales muy concretos. Especialmente mis obras han ido dirigidas primordialmente a:

— bibliotecarios;
— correctores de estilo y tipográficos;
— tipógrafos;
— traductores;
— periodistas;
— escritores;
— profesores;
— estudiantes.

En la actualidad he ido refundiendo las 19 obras escritas a lo largo de más de treinta años con objeto de tratar cada tema en una sola obra y con la extensión necesaria. Debido a la dispersión de las editoriales que han editado mis libros, no siempre esta intención ha podido cumplirse en la práctica, pero sí en varios casos, especialmente a partir de mi colaboración con Ediciones Trea, de Gijón.

Así, los temas relacionados con el estilo (como el *Dudas y errores de lenguaje*) se han agrupado en el *Manual de estilo de la lengua española* (MELE); los de tipografía, bibliología y periodismo (como el *Diccionario de tipografía y del libro*, el *Diccionario de edición, tipografía y artes gráficas*, el *Diccionario de información, comunicación y periodismo*, algunos temas del *Diccionario de lexicografía práctica* y el propio *Diccionario de bibliología y ciencias afines*, primera y segunda ediciones) quedan conjuntados en la tercera edición del *Diccionario de bibliología y ciencias afines;* los de ortografía y ortotipografía (como el *Diccionario de ortografía*, el *Diccionario de ortografía de la lengua española* y el *Diccionario de ortografía técnica*) se reúnen en *Ortografía y ortotipografía del español actual;* los de dudas de lenguaje (como la segunda parte del *Diccionario de tipografía y del libro* y el *Dudas y errores de lenguaje*) se conjuntan en el *Diccionario de usos y dudas del español actual.*

En resumen, la situación actual de mis libros es la que se expone a continuación:

1) En venta:

Pequeña historia del libro (Trea)
Diccionario de redacción y estilo (Pirámide)
Manual de edición y autoedición (Pirámide)
Diccionario de usos y dudas del español actual (Spes)
Manual de estilo de la lengua española (Trea)
Libro de estilo Vocento (Trea)
Ortografía y ortotipografía del español actual (Trea)
Diccionario de bibliología y ciencias afines (3.ª ed., Trea)

2) Agotados:

Diccionario de tipografía y del libro (Labor, Paraninfo)
Dudas y errores de lenguaje (Bruguera, Paraninfo)
Diccionario internacional de siglas y acrónimos (Pirámide)
Diccionario de información, comunicación y periodismo (Paraninfo)
Diccionario de ortografía (Ediciones Generales Anaya)
Diccionario de ortografía técnica (Fundación Germán Sánchez Ruipérez)
Diccionario de bibliología y ciencias afines (primera y segunda ediciones, Fundación Germán Sánchez Ruipérez/Pirámide)
Reforma de la ortografía española (Visor)
Diccionario de lexicografía práctica (Spes)
Diccionario de ortografía de la lengua española (Paraninfo)
Diccionario de edición, tipografía y artes gráficas (Trea)

Seguidamente expongo en orden alfabético y analizo algunas de las peculiaridades que han caracterizado mis obras en la medida en que he podido utilizar mis criterios a la hora de editarlas.

Los agradecimientos. Cuando uno comienza a escribir y se atreve con una obra tan compleja como para la época y el autor fue el *Diccionario de tipografía y del libro*, agradecer algo a las muchas personas que te han ayudado a confeccionarla es algo normal. Obligatorio, añadiría yo. Está claro que ese tipo de obras no pueden ser absolutamente personales. Muchas veces deben una parte a personas que no son el autor, pero que le han ayudado de manera muy efectiva.

Casi todas mis obras llevan un apartado o unas notas de agradecimiento. Tales agradecimientos son sinceros y sentidos. Y muchas veces no ha sido imprescindible que me hayan proporcionado un libro muy buscado o me hayan apuntado algún tipo de error o de característica perfectible. En ocasiones ha bastado con su actitud positiva hacia el trabajo que uno realiza.

Los autores tienen costumbres diversas en cuanto a la extensión y colocación de los agradecimientos, hasta el punto de que a veces les dedican página aparte, con su encabezamiento y demás signos externos que lo valoran como aspecto muy importante dentro del libro. Los norteamericanos son muy dados a expresar su agradecimiento hasta a la mecanógrafa que ha realizado profesionalmente su trabajo y por ello ha sido compensada económicamente. Por la misma razón habría que mencionar también a todos cuantos profesionales intervienen en la confección del libro, que no son pocos. Yo he creído siempre que, en general, eso es una exageración. Es buena costumbre hacer constar la gratitud que merecen ciertas personas e instituciones, pero no hace falta rodearla de demasiado bombo ni tampoco incluir hasta el bedel. Una mención al final del prólogo de las personas realmente colaboradoras en la obra me ha parecido una medida adecuada. No incluir nota alguna de agradecimiento me ha parecido, en muchos casos, una injusticia.

La bibliografía. Es este un aspecto en el que se descubre el interés del autor no solo por documentarse, sino también por guiar al lector hacia otras fuentes que pueden ser complementarias de aquella que se presenta. Todas las obras técnicas y científicas deben llevar bibliografía, que a veces se reparte a lo largo de los capítulos del libro, cada uno con sus indicaciones bibliográficas, o bien se concentra al final de la obra.

Según el tipo de obra de que se trate, la falta de bibliografía es un defecto grave e indica en el autor y el editor desconocimiento de las normas internacionales de publicación de una obra científica o técnica. Ningún editor debería permitir que una obra de estas características se publicase sin su correspondiente bibliografía, debiendo ser esta, además, suficiente y bien realizada: bien ordenada y bien tipografiada, aspectos que deben aplicarse unificadamente a lo largo de toda la obra.

En mis obras, la bibliografía es fruto de una obsesión: ayudar al lector a encontrar obras y otros tipos de documentos que traten de lo mismo que la obra encierra, cualquiera que sea su extensión o enfoque. El lector será el que deba elegir; a mí como autor me toca ofrecerle la información.

Las citas. Las citas, como sabemos, son los textos que un autor toma de otro como autoridad para justificar una afirmación suya o para documentar un pasaje del texto. Citar es legítimo, pero dentro de las proporciones de lo que se quiere demostrar. En principio, si no está plenamente justificada, la cita textual no puede ser larga, es decir, desproporcionada. Si la cita es corta, se incluye en el mismo párrafo en que aparece, colocada entre comillas. Si es larga, incluso con más de un párrafo, lo normal es hacer punto y aparte, eliminar las comillas, sangrar el conjunto de líneas con el mismo blanco que tiene la sangría y componerlo en un cuerpo o tamaño dos puntos menor que el texto general.

Siempre he citado a los autores en los que he apoyado mis criterios, pero también aquellos con cuyo criterio he estado en desacuerdo. Por supuesto, sus textos quedan siempre acotados por las comillas (o el cuerpo menor y la sangría, cuando se dispone en párrafo aparte), pero también por la remisión a la obra, año y página de ella en que se encuentra la doctrina del autor citado. No he tratado nunca de tomar un texto ajeno, hacerlo mío y disimular su procedencia. Muy al contrario, siempre me ha gustado decirle al lector quién es el padre de las ideas que no son mías.

Las citas bibliográficas. La cita bibliográfica es la indicación en forma de nota del autor, el lugar y las páginas en que se encuentra el texto de una cita o una referencia textual. Tradicionalmente, estas citas se incluían en el texto (lo cual era muy latoso) o se colocaban en forma de notas al pie de la página (o al final del capítulo o del libro). Actualmente, esos sistemas, muy engorrosos, se han sustituido por lo que se llama el *sistema Harvard,* es decir, una indicación intraparentética situada en el texto en la que se mencione al autor, el año de edición de la obra y las páginas. Por ejemplo, así: '(Seco, 1998: 333-335)'. Si el nombre del autor forma parte del discurso, entonces lo que se coloca entre paréntesis es el año de edición de su obra y las páginas (ambos datos separados por dos puntos): 'Seco (1998: 333-335) asegura que...'. Este sistema se está imponiendo en la escritura de obras técnicas y científicas. Yo lo he utilizado sistemáticamente de unos años a esta parte, y me parece limpio y claro. El anterior sistema, mediante llamadas de nota y texto al pie (autor, título de la obra, páginas), era muy engorroso, y aunque algunos escritores siguen usándolo (incluso con las menciones de *ídem* o *ibídem* cuando se trata del mismo autor o la misma obra), es recomendable pasarse al sistema Harvard, sencillo, claro y fácil de usar.

El colofón. No es normal que mis libros lleven colofón. Considero que es un dato pasado de moda y que carece actualmente de objeto. Sin embargo, mis libros editados por la Fundación Germán Sánchez Ruipérez sí llevan colofón, pero, aparte del hecho de que así se unifican con los restantes de la colección, en realidad se trata de una fórmula artística y no creo que tengan otro valor. Sus datos apenas suelen añadir nada a los datos registrales que ya figuran en la página de derechos, aunque legalmente también pueden figurar aquí. Por supuesto, el colofón se sitúa siempre en página impar después de la última impresa en la obra, pero en un caso, en la segunda edición del *Diccionario de bibliología y ciencias afines,* ello no fue posible y lo colocaron en una página par que además no estaba después de la última página impresa (le seguía una lista de obras de la colección). La mejor solución hubiera consistido en suprimir el colofón, pero el editor pensó de otra manera. Recuerdo que me lo comentaron y me lo presentaron como una situación inadecuada, pero insalvable.

Los cuadros e ilustraciones. Siempre me ha gustado, cuando la materia se presta a ello, crear cuadros y añadir ilustraciones que ayuden al lector a hacerse cargo de la teoría expuesta. Es un esfuerzo que todo autor debe afrontar como un deber para con el lector. Ya sé que es más cómodo escribir sin ilustrar (los cuadros son una forma de ilustración que se suma a las figuras iconográficas), pero ningún libro se aproxima a la perfección si no hace uso de cuadros e ilustraciones requiriéndolo la obra.

La dedicatoria. Salvo raras excepciones, todos mis libros llevan dedicatoria, y si alguno no la lleva, se debe a problemas de última hora o a otros surgidos del hecho de añadir un prólogo especial a una determinada edición. Las dedicatorias de mis libros están muy relacionadas con mi mujer, mis hijos, mis nietos y mis amigos. El *Diccionario de usos y dudas del español actual*, por ejemplo, lleva en sus primeras ediciones una dedicatoria a tres grandes amigos míos del momento. Como uno de ellos dejó de serlo, y puesto que una dedicatoria es siempre un acto de reconocimiento, la solución consistió en omitir la dedicatoria (lo cual fue pronto advertido por uno de los tres). Algunos de los lectores, que tienen la moral de seguirme a lo largo de mis libros, han observado el tono de mis dedicatorias y a veces hasta han acertado al intuir que determinada dedicatoria no era habitual.

Siempre he colocado la dedicatoria en una página impar del principio del libro, normalmente después de la página de derechos. Nunca he aprobado, y menos practicado, la costumbre de colocar la dedicatoria en la página de derechos. Me parece una mezcolanza muy desagradable poner juntos los derechos de autor y el ofrecimiento de la obra a una persona o un grupo de personas. En un caso así, mejor omitirla.

Erratas y errores. No hay obras sin erratas y algunas de ellas también arrastran errores. Generalmente no se trata de errores de bulto, pero sí de afirmaciones que no se corresponden con la realidad o el aspecto técnico que se trata de describir. Cuestión de inexactitud en los datos, muchas veces. Cuanto más compleja la obra, más fácil es que el autor se confunda y diga lo que en una lectura serena y tranquila descubre que es un error. Desde este punto de vista, suele afirmarse que las obras solo empiezan a perfeccionarse a partir de la segunda edición... Hay errores que nunca son descubiertos por los lectores; en otros casos los textos son leídos en función de lo que quieren decir y no de lo que realmente dicen. De cualquier manera, pocos de los errores que se les pasan al autor y a sus auxiliares (corrector de estilo, corrector tipográfico) son advertidos por los lectores. Cuando esto se da, cuando el lector descubre un error en un libro, su reacción depende de su personalidad. Los hay que reponen en su lugar la forma correcta y si pueden avisan al autor para que enmiende el desaguisado, pero otros se escandalizan (como si ellos no tuvieran nunca un descuido) y claman al cielo porque han descubierto que un determinado libro tiene un error. En algunos casos tal error no existe, sino que se trata de una interpretación equivocada (por parte del lector) de lo que el texto dice. Algunos, si pueden, machacan al autor que ha cometido el grave delito de equivocarse. Se da esto especialmente en los foros y listas de distribución que funcionan en Internet, donde la distancia que el medio establece y la cortina de humo que existe entre el lector metido a crítico impenitente y el autor hace indistinguible la figura de uno y otro. Ello facilita la descarga de la crítica ácida e inmisericorde por parte del lector, en la seguridad de que probablemente jamás se verán las caras. Como otros autores, yo he sufrido en alguna ocasión este tipo de crítica. No conozco la cara de esos críticos, pero sí estoy seguro de que el contenido de mis libros les ha servido de ayuda en sus trabajos en un 99,999 % (el 0,001 % restante está formado por los errores y erratas). Cuando el autor descubre que en su libro hay uno o más errores, desea fervientemente que la obra se agote cuanto antes para corregirlos. A veces se convierten en una obsesión.

En cuanto a las erratas, tampoco hay libro que se libre de ellas. Abundan (unas veces más y otras menos) en todo tipo de impresos, y en muchos casos la intensidad de la lucha contra la errata, el interés por eliminarla, llega a producir nuevas erratas. Sin justificarlas, es humano que los libros tengan alguna errata, puesto que la experiencia nos dice que fatalmente se escapan. Esto nada tiene que ver con el momento de crisis que actualmente atraviesa el sector editorial en lo que a la corrección de los textos se refiere. Vemos cómo los libros están cada día peor hechos, no por una fatalidad, sino porque los editores, salvo casos honrosos, se dedican a ganar dinero sin que les importe la ínfima calidad de sus impresos. Ya no se lleva la corrección de estilo y la misma corrección tipográfica parece en vías de desaparición. No es buena política. El editor debe fabricar un producto libre de errores y de erratas (en la medida de lo posible), un producto, el libro, que tiene que ser de fácil lectura y no una molestia. La autoedición facilita la existencia de cierto tipo de erratas. Nos falta mucha experiencia y la aplicación cuidadosa de las normas de corrección y revisión de los textos. También mis libros suelen contener erratas. Nadie lo lamenta más que el propio autor. A veces se ampara uno en las prisas, pero normalmente no hay más culpable que uno mismo, salvo que la corrección la efectúen otros (por ejemplo, el corrector tipográfico). En cualquier caso, no se trata de diluir la culpa entre unos y otros, sino de potenciar la figura del corrector como elemento absolutamente indispensable en la cadena de confección de un libro bien hecho y de aplicarse con interés a leer con atención los propios o ajenos textos.

El índice alfabético. Es un aditamento que debería ser obligatorio por ley en las obras científicas y técnicas. Un libro de estas características sin índice alfabético está incompleto. La obligación de que las obras lo lleven le corresponde tanto al autor como al editor, de tal manera que si el autor no ha pensado en hacerlo, es el editor quien debe exigírselo, y si al editor no se le ocurre, es el autor quien debe recordarle esta obligación de ambos con el lector. El índice alfabético es, naturalmente, para el lector.

El mejor hacedor de un índice alfabético es el autor de la obra, porque sabe qué quiere colocar en él para guiar al lector. En cualquier caso, lo haga el autor o un técnico editorial, debe huirse de la manía de colocar una palabra en el índice alfabético meramente porque está escrita en la obra. Las palabras pasan al índice alfabético porque en el sitio donde están mencionadas se dice algo importante al respecto, y este algo importante tiene que ver con su definición, su situación en la descripción de la materia, su relación con otros elementos del contexto, etcétera. La mera enunciación o mención no es importante.

En mis libros he tratado de colocar siempre el índice alfabético, pero no siempre lo he conseguido. Alguna que otra vez, el cansancio del autor o el deseo de ver la obra publicada cuanto antes ha hecho que se haya saltado esta obligación del autor y el editor para con el lector.

El índice de contenido y el de cuadros. El índice de contenido suele presentar más de un problema. Por ejemplo, la colocación en el libro: al principio o al final de él. Como casi todos mis libros son técnicos o científicos (o así pueden considerarse), he colocado siempre el índice de contenido al principio de la obra porque creo que es el lugar más adecuado, con objeto de que el lector encuentre, al abrir el libro, el resumen de su contenido.

Una vez que hemos decidido que el índice va al principio, el otro problema consiste en establecer si se coloca en primer lugar, antes de los textos introductorios (presentación, prólogo, etcétera) o si se coloca después de estos textos. Los criterios se reparten, en general, pero a mí no me gusta abrir el libro y toparme con su esqueleto. Es como entrar en una casa y poner el pie en el comedor en primer lugar, en vez de pasar antes por el vestíbulo. Sin embargo, en mis obras suele faltar un criterio rígido según el cual el índice de contenido va siempre antes o siempre después de los textos introductorios. Y no puedo ni quiero achacarlo a los editores, puesto que estos nunca se me han opuesto a que lo haga de una u otra forma. Se debe, más bien, a mi propia fluctuación en algo en lo que no tengo un criterio rígido e inamovible.

Una última observación: el índice, ¿exhaustivo o resumido? Hay criterios para todo, pero yo prefiero el índice lo más completo posible. Vale más que sea el lector quien prescinda de lo que no le interese.

En cuanto a los índices de cuadros, muchas obras no los registran, pero si la obra lleva cuadros, sus títulos deben reflejarse en su particular índice, ya que ayudan poderosamente a localizar uno concreto que se busca. Sus características bibliológicas y tipográficas son semejantes a las que se den al índice de contenido, a continuación del cual se colocan.

El lema. A veces he hecho uso de lemas en mis obras. La primera vez fue en el *Diccionario de ortografía* con una cita de un verso de Antonio Machado: «Despacito y buena letra: / el hacer las cosas bien / importa más que el hacerlas». No sé por qué razón, al cambiar el libro de editorial y en parte su contenido y presentación, abandoné este lema, pese a que me gustaba mucho y lo encontraba muy apropiado para la obra. Usé el lema después en el *Diccionario de bibliología y ciencias afines*, en el *Diccionario de redacción y estilo*, en el *Manual de edición y autoedición*, en el *Diccionario* *de lexicografía práctica* y en el *Diccionario de usos y dudas del español actual.* Normalmente coloco primero la dedicatoria y en la página impar siguiente pongo el lema. Puesto que se trata de temas tan distintos, no he juntado nunca ambos textos en una misma página. Me parece poco elegante. Solo lo haría por razones bibliológicas (por ejemplo, porque faltasen páginas blancas en los principios del libro).

El nombre del autor. Los autores deben firmar sus obras siempre de la misma manera. Si eligen, por ejemplo, la abreviación del nombre *(J. Martínez de Sousa),* esa ha de ser siempre su grafía, y no solo a lo largo de una obra, sino de todas las obras que ese autor produzca. Si, por el contrario, decide firmar con todos los elementos de su nombre, como es mi caso *(José Martínez de Sousa),* debe respetar esta grafía. Por supuesto, también deberían obrar así los citadores, aunque estos, en ciertos casos (por ejemplo, entre paréntesis en algunas circunstancias o en notas o citas bibliográficas), puedan introducir una forma de abreviación (como sería, por ejemplo, en la cita de solo el apellido o los apellidos, sin el nombre). Sin embargo, tanto en la cubierta como en el lomo, la portada y la página de derechos, así como cuantas veces se cite su nombre fuera del texto, el nombre del autor ha de ser tan completo como el que use el autor. En este sentido, las editoriales, en general, siempre han respetado mi deseo de firmar con todos los elementos de mi nombre, sin eliminar ni abreviar ninguno. Solo Editorial Paraninfo pasó de largo ante este deseo y lo abrevió cuando le vino bien. Por ejemplo, en alguna de mis obras *(Dudas y errores de lenguaje),* en el lomo aparece con los dos apellidos, pero sin el nombre. En el lomo del *Diccionario de la información, comunicación y periodismo* me «perpetraron» el nombre de tal manera que no había quien lo conociera: *J. M. de Sousa.* Tuve que escribir una carta al editor y manifestarle que yo no conocía a ningún autor que se firmase así. Esto no es aplicable a lo que se conoce como *abreviación del sintagma,* que nos permite escribir *Francia* en lugar de *República Francesa* o *Aranguren* en lugar de *José Luis López Aranguren.* Otro problema que puede presentarse es la utilización de dos formas de un nombre correspondiente a dos lenguas, como sucede, por ejemplo, con ciertos autores catalanes que primero firmaron con sus nombres en grafía española (tiempos del franquismo) y después con su grafía catalana, como *Ramón Cerdá* y *Ramon Cerdà*. En casos así, parece que lo más acertado es utilizar la grafía que corresponde a cada caso.

Las notas. Para no estorbar una lectura lineal e ininterrumpida del tema de que se habla, el autor tiene necesidad de enviar al lector a una lectura lateral, para lo cual coloca una llamada en el texto (llamada que debe hacerse con números voladitos colocados después de los signos de puntuación) y la repite al pie de la página, donde coloca la aclaración que no tenía exacto lugar en el texto. La colocación del texto de la nota al pie de la página es una obligación que ningún editor consciente debería pasar por alto. Sabemos que es más económico y hasta menos trabajoso colocar las notas al final del capítulo e incluso al final del libro, pero eso es editar sin tener en cuenta al verdadero destinatario de la edición, que es el lector. Las notas, pues, a pie de página.

Utilizar notas en un escrito les parece a muchos autores muestra de erudición, razón por la cual llenan sus textos con advertencias y datos innecesarios que solamente sirven para cargar la escritura y hacerla más difícil. El aparato erudito que exigen algunos textos debe aplicarse cuando esté justificado (especialmente en las obras de crítica textual o ecdótica, en las de historia, etcétera), pero utilizarlas en cualquier obra para demostrar lo enteradillo que está uno en relación con el tema me parece más bien algo negativo y generalmente rechazado por el lector. De hecho, lo más acertado es enriquecer el texto con todos los datos que correspondan a la porción de escritura que estamos tratando, y ofrecer al lector, por el sistema Harvard, los datos para hallar la obra y la página o las páginas citadas.

La ortografía del texto. Los lectores de mis obras se encuentran aplicadas en ellas ciertas normas de escritura que defiendo no solo en mis escritos, sino también en mis clases. Por ejemplo, no tildo en caso alguno *solo* y *este, ese, aquel* con sus femeninos y plurales. Debo decir que jamás me ha escrito un lector para decirme que me he equivocado en tal o cual página por esta razón. Esto quiere decir que, en efecto, tildar esas palabras es normalmente un esfuerzo inútil. Curiosamente, es una norma cuyo cumplimiento se ajusta exactamente a lo que practica la Academia, que tampoco tilda nunca esas palabras. Sin embargo, resulta chocante que muchas personas pidan que se establezca una norma sin fisuras (es decir, sin excepciones) para que esas palabras se tilden según el uso que se haga de ellas. La verdad es que, puestos a tildarlas en los casos normativos, se cometerán más faltas de ortografía que si no se tildan nunca. Y puesto que equivocarse a la hora de tildarlas, por omisión o por comisión, es posible, quiere ello decir que cometerán más errores si deciden tildarlas siempre que si deciden no tildarlas.

Otra peculiaridad de mi escritura es la aplicación de las simplificaciones gráficas que las reglas académicas actuales permiten. Así, escribo *trasporte* por *transporte, sustancia* por *substancia, nemotecnia* por *mnemotecnia, setiembre* por *septiembre* (siempre y cuando sea eso lo que pronuncio), *armonía* por *harmonía, enseguida* por *en seguida, aprisa* por *a prisa,* etcétera. Se trata, en todos los casos, de simplificar las grafías que admiten dos o más formas de escritura y de unificar los casos que se ajusten a la misma norma. Por ejemplo, si escribo *trasporte,* también escribo *trasportación, trasportista,* etcétera, incluso aunque la palabra no esté admitida por la Academia o no aparezca registrada en su Diccionario, siempre que se trate de un derivado correctamente formado.

Desde hace unos años, sobre todo después de la generalización de la autoedición, escribo siempre *etcétera,* y así lo recomiendo a mis alumnos. Con ello resuelvo muchos problemas que de lo contrario se multiplicarían en cualquier escrito. Por ejemplo, sabido es que la abreviatura *etc.,* como cualquier otra abreviatura, no puede comenzar página si queda separada de su complemento. En este caso, el complemento de esa abreviatura es siempre anterior a ella, la precede, por lo que, al quedar a principio de línea, aparecen separadas, razón por la cual, según reza la vieja norma ortotipográfica, es necesario escribir la palabra con todas sus letras. Esta ha sido siempre la solución del problema, solución que cajistas, linotipistas y monotipistas aplicaban automáticamente porque controlaban en todo momento la composición. Sin embargo, con la autoedición este aspecto de la composición no se controla, con lo cual, de usar la abreviatura *etc.*, esta sin duda va a quedar a principio de línea más de una vez en un libro. Pero sucede que si en autoedición escribimos, en esa posición, *etcétera,* al tiempo que en medio de una línea mantenemos *etc.*, basta una leve corrección en las primeras líneas del párrafo para que su texto se recorra automáticamente y dé como resultado una situación distinta, también incorrecta. Por ejemplo, la palabra *etcétera* ya no quedará a principio de línea, por lo que sería conveniente escribir otra vez *etc.*, mientras que de las abrevituras *etc.* subsiguientes una al menos puede comenzar línea, con lo que habría que escribirla a lo largo y no acabaríamos nunca. La solución, bien fácil, es escribir siempre *etcétera* (y los autores deberían contribuir también a esta solución no solo escribiendo la palabra con todas sus letras, sino también utilizando menos etcéteras de los que usan).

Una peculiaridad de la grafía empleada por los autores (no solo por mí) es la que se deriva de los errores, sobre todo en la división de palabras, que se cuelan en los escritos cuando los libros ya están editados. En este sentido, no es difícil que uno se encuentre en uno de sus libros con una división así: *perí- / odo.* Esta «contragrafía», si aparece, como es mi caso, en un manual sobre ortografía, puede echar por tierra todo el esfuerzo de años dedicado a explicar y enseñar cómo se dividen las palabras en español. El problema radica en el programa de compaginación que se utilice, pero con la seguridad de que todos los que se usan actualmente (PageMaker, InDesign, QuarkXPress, entre otros) dividen mal las palabras. Es esta una dificultad que los programadores de esas herramientas no han conseguido vencer nunca. Y, la verdad, no es tan difícil...

Las páginas de cortesía. Como norma general, todos mis libros llevan páginas de cortesía. La cortesía, naturalmente, es con el lector, como una señal de respeto y deferencia hacia él. Normalmente no uso más de dos, cara y dorso de la primera hoja, en las que, como mandan los cánones, no aparece nada impreso. Salvo impedimento de fuerza mayor, a las páginas de cortesía del comienzo les corresponden, como mínimo, otras dos de cortesía al final del libro. Como las páginas en blanco al final del libro son imprevisibles a priori, en alguna ocasión puede haber quedado solo una página en blanco (escasa cortesía) y en otras puede que haya más de dos. Omitir las páginas de cortesía del principio o del final (peor si son las dos) siempre me ha parecido una muestra de pobreza y falta de gusto del editor (el cual debería aplicar siempre la regla editorial de utilizar en todas sus obras las páginas de cortesía). Antiguamente, cuando la obra terminaba en la última página, sin que quedara ninguna en blanco, el encuadernador solía colocar una que añadía al conjunto de la tripa, de tal manera que esa era la página de cortesía. En la actualidad, si se da esa circunstancia, el encuadernador no añade ninguna página.

Nunca me ha gustado demasiado que el editor aproveche esas páginas finales en blanco para poner ahí su publicidad cuando esta se relaciona con otras colecciones que no son aquella en que aparece la obra o con otras obras que no son del mismo autor. Sin embargo, en este punto muchas veces hay que ser comprensivo con el editor, que cree encontrar ahí un filón publicitario por el que no paga más que el precio de las hojas en blanco.

La presentación. La presentación es un texto ajeno al autor en el que se ponderan las virtudes de la obra. Muchos de mis libros no llevan presentación de una autoridad en la materia de que trate (eso que algunos llaman prólogo, cuando este es más propio del autor). No estoy a favor ni en contra, y en algunos de mis libros sí aparece la opinión de un presentador, generalmente un profesor universitario. Pero debe quedar claro que un libro no vale por lo que diga su presentador, sino por el valor intrínseco de la obra.

Yo mismo he hecho de presentador de algunas obras ajenas, cuando sus autores me lo han pedido. No he tenido inconveniente en hacerlo y he procurado ser honrado con el lector, que sin duda espera de mí, como presentador, que le diga la verdad acerca de la obra que adquiere. Claro que a veces uno calla lo que podría decir, pero, en cualquier caso, es mejor eso que decir que la obra sirve para lo que no sirve o que vale lo que realmente no vale.

El retrato del autor. Es habitual que algunas obras lleven el retrato del autor, bien sea en una de las solapas, bien en la cubierta posterior. Algunas de mis obras lo llevan (el *Diccionario de información, comunicación y periodismo,* de Paraninfo [1981], y el *Dudas y errores de lenguaje,* también de Paraninfo [1983]). Los restantes editores de mis obras nunca me pidieron una foto para publicar y yo tampoco la he ofrecido.

La terminología. Los libros técnicos y científicos suelen registrar, de forma natural, mucha terminología específica. Cuando esta terminología es la apropiada e imprescindible, el uso está justificado. Sin embargo, en muchos casos los autores tienen a gala hacer méritos para ser considerados pedantes. No es recomendable emplear terminología colateral, no esencial al objeto de que se trata, si no se juzga esencial. Siempre dependerá, claro, del lector para el que el autor escribe, pero con frecuencia el autor se olvida de este detalle sin importancia: los libros se hacen para los lectores. Deberían algunos recordar que la primera virtud de un texto es que sea legible, que el lector acepte el texto como algo familiar. Y como de vez en cuando el autor tendrá que utilizar un tecnicismo, no estará de más añadir una breve aclaración del estilo de «el cícero o unidad de medida tipográfica», en que la aposición clarifica el término técnico y redime al lector de su ignorancia (lógica en muchos casos). Este es el sistema que yo he tratado de emplear en mis libros, artículos, conferencias, etcétera. Solo una excepción: si se piensa colocar al final de la obra un glosario con el significado de los tecnicismos empleados, sería prácticamente inútil hacer un esfuerzo por tratar de situar semánticamente una palabra que está definida al final de la obra.

El título en el lomo. El título en el lomo de los libros puede aparecer de dos maneras: horizontal a la base o vertical. Cuando el libro es lo suficientemente ancho, el título debe ir en forma horizontal *(título trasversal)*, que es la más legible. Sin embargo, en libros estrechos el título debe disponerse en forma vertical. Aquí viene el problema: el título puede disponerse de la cabeza al pie *(título descendente)* o al revés, del pie a la cabeza *(título ascendente)*. ¿Cuál es la forma más recomendable en este caso? En 1926, la Asociación de Editores y la Asociación de Libreros de Gran Bretaña recomendaban que se dispusiera como título ascendente. Sin embargo, en 1948 ambas asociaciones cambiaron de opinión y recomendaron lo contrario, tal vez para acomodar su criterio al de la ISO (International Organization for Standardization 'Organización Internacional de Normalización'), que establece esa norma con objeto, según la institución normadora, de que el título en el lomo se lea del derecho cuando el libro está sobre una mesa. No parece una argumentación muy sólida teniendo en cuenta, primero, que la lectura de abajo arriba se hace con más comodidad que de arriba abajo, y en segundo lugar, que cuando los libros están sobre una mesa lo que se lee es la cubierta, no el lomo.

Todos mis libros disponen el título en el lomo de abajo arriba menos la segunda edición del *Diccionario de ortografía técnica,* de la Fundacion Germán Sánchez Ruipérez, que, no se sabe por qué razón, lo dispone al revés que en la primera, de la misma editorial.

La unificación de criterios. En el mundo editorial y tipográfico la unificación de criterios es una obsesión. Si en un caso aplicamos una regla, no podemos aplicar una que sea contraria cuando se trata de otro caso igual o similar. Es decir, que hemos de aplicar la analogía constantemente, puesto que forma parte del cañamazo de la obra científica y técnica. Lo mismo sucede, por supuesto, en su aplicación a la obra total de un autor, en este caso la mía. Es muy difícil, cuando uno ha escrito veinte obras, mantener la coherencia y unidad de criterio en todas ellas a lo largo de más de treinta años, ni siquiera de aquellas que tratan del mismo o parecido tema. Sin embargo, por la índole del contenido de la mayor parte de mis obras, he tratado de ser coherente conmigo mismo, pero sin ignorar que no es posible, en el mundo de las normas, mantenerse siempre fiel a la opinión que en determinado momento se expresa. Las normas cambian porque también cambia la actitud de las personas ante los hechos sometidos a esa norma y también cambian los hechos mismos. No hay, pues, en general, traición al lector cuando se cambia de norma para perfeccionarla o modernizarla. Lo que uno intenta es perfeccionarla, adecuarla al momento que se vive, cohonestarla con la realidad. Por más que en general es lo deseable, las normas no permanecen estables, sino que evolucionan. Yo he tratado de evolucionar con ellas. A eso se puede deber el hecho de que alguna vez la norma cambie de un libro a otro o de una edición a otra. Nada distinto, por lo demás, de lo que acontece en el seno de los grandes emisores de normas, como los organismos nacionales e internacionales que tienen esa función.

9 Mis relaciones con...

... la Academia Española

Por la índole de algunas de mis obras, especialmente de las que tratan temas de lenguaje, pero también algunas de las lexicográficas, desde hace mucho tiempo ciertas personas se han interesado por mi pertenencia a la Academia, como si todos los que escribimos un diccionario de dudas o un tratadito sobre lenguaje hubiéramos de formar parte de aquella institución casi por derecho propio. Desde hace tiempo se ha planteado en la prensa la discusión acerca de quién es académico y por qué. No parece que se haya dado con una respuesta convincente por su solidez, ya que la condición de académico no se ha otorgado hasta el presente por razones coherentes y defendibles (más allá del reconocimiento de la realidad), sino acaso por razones que solo se explican por el hecho consumado. Las personas suelen tener una idea sui géneris acerca de lo que es y representa un académico. Realmente, si analizamos a los componentes de la docta casa desde sus inicios, nos encontramos con personajes cuya presencia solo puede justificarse por razones ajenas a lo que en principio allí debiera llevarlos, si es que existe un elemento más o menos común que justifique su presencia entre las paredes del casón de la calle Felipe IV, 4, en Madrid.

Es lo cierto que, con mayor o menor presencia histórica, se puede establecer que los académicos pueden dividirse en estas clases:

— aristócratas;
— eclesiásticos;
— militares;
— filólogos;
— gramáticos;
— literatos;
— especialistas y científicos.

Como se puede suponer, en principio nada especial aportarían a esta institución tanto los aristócratas como los eclesiásticos y los militares en función de tales. Podría aducirse que sus conocimientos profesionales, técnicos o científicos son importantes por sí mismos, pero por esta razón también podrían figurar entre los miembros de la Academia otros muchos personajes que no fueran aristócratas, eclesiásticos ni militares. Por el contrario, tales personajes han figurado en la Academia por su adscripción a un estrato de la sociedad y no por su profesión o sus conocimientos específicos. Ya en la primera Academia (a partir de 1713) figuraban en ella marqueses (Juan Manuel Fernández Pacheco, marqués de Villena, su fundador, y algunos más, como los marqueses de San Juan, de Castelnovo y de San Felipe), sacerdotes (como Bartolomé Alcázar, Adrián Kónink, fray Juan Interian de Ayala, Juan de Ferreras y José Casani), el poeta Gabriel Álvarez de Toledo, el historiador Andrés González Barcia, el bibliotecario Antonio Dongo Barnuevo, etcétera. Estas tendencias se han mantenido a lo largo de la historia de la institución madrileña. Por ejemplo, Jesús Aguirre y Ortiz de Zárate, al que no se le conocen escritos destacados, fue elegido académico solamente por su condición de duque consorte de Alba. En el mismo sentido, Vicente Enrique y Tarancón, por poner otro ejemplo, entró en la institución más por su condición de cardenal de la Iglesia católica que por cualquier otra circunstancia (aunque aparte de eso pueda ser una persona muy culta). Es decir, que desde sus inicios, contrariamente a lo que la gente cree, la Academia no es la reunión de los literatos, gramáticos y filólogos que son elegidos por esa condición para trabajar por la lengua, enriquecerla y ordenarla. En la Academia actual hay un miembro, Antonio Mingote, definido, en el DRAE de 1992, como «dibujante y escritor». Es ciertamente muy conocido, pero como dibujante, muy poco como

Un voto para el Sr. José Mártinez de Sousa

Creo que deberían hacer miembro número 1/presidente de la Real Academia Española al señor José Martínez de Sousa, pues la verdad es que está haciendo todo el trabajo que debería hacer la docta institución. Es principalmente en sus libros donde encontramos las soluciones a las numerosas dudas que se nos plantean a los que intentamos escribir y hablar el español correctamente. A estas alturas deberíamos disponer de varios tratados y diccionarios de la RAE, pero seguimos esperando y contamos con muy poco. Gracias al señor Sousa disponemos de excelentes libros de consulta y en ellos encontramos soluciones lógicas y aceptables que no encontramos en ningún otro sitio, sin ellos muchos de nosotros estaríamos perdidos. Gracias, Pepe, por tantos años de paciencia y trabajo.

Texto del mensaje que se recibió en Apuntes, foro de la Agencia Efe, el 22 de enero de 1998

escritor.[1] Algunas personas se han preguntado con cierta frecuencia si es razón suficiente para ser nombrado académico. Esta pregunta no tiene respuesta, pues aunque Mingote no es, que se sepa, aristócrata, eclesiástico, militar ni literato notable, nadie ha definido nunca el perfil exacto e indubitable de un académico. Se puede, pues, disentir de un nombramiento, discutir si tal o cual personaje tiene o no tiene méritos para ser académico e incluso proponerlo a la institución, pero no será más que un ejercicio baldío y una pérdida de tiempo lamentable; en primer lugar, porque nadie sabe con certeza absoluta cuáles son esas cualidades y, en segundo lugar, porque la Academia actúa por razones que no es fácil adivinar.[2] Al parecer, lo indispensable para ser académico es que un número de académicos presente a los demás miembros de la institución al personaje que opta a ocupar una de las plazas vacantes. Quienes presentan al candidato deben convencer a sus compañeros de corporación para que elijan a su apadrinado. Por su

[1] Mingote ha escrito libros de humorismo gráfico *(Historia del traje, Historia de la gente), Historia de Madrid, Hombre solo, Arturo y Pepe* y las novelas *Las palmeras de cartón, Los revólveres hablan de sus cosas, Adelita en su desván.* Sin embargo, se considera que su calidad como humorista gráfico es superior a la que tiene como escritor.

[2] Una muestra de ello se tiene en el hecho de que en 1941 una orden ministerial estableció que quedasen vacantes los sillones M (Salvador de Madariaga) y h (Tomás Navarro Tomás). La Academia nunca los consideró así en su reglamentación interna, de forma que Madariaga ingresó en 1976, mientras que Navarro Tomás era académico desde 1933. Por el contrario, la Academia de la primera posguerra tuvo un papel lamentable: sustituyó el prólogo de la edición de 1936 del DRAE por otro de 1939 en el que justificaba el golpe de Estado de 1936.

parte, el candidato solo puede serlo en tres ocasiones. Si a la tercera no sale elegido, ya no puede ser presentado nuevamente.

Por lo que a mí respecta, el 22 de enero de 1998 apareció en la pantalla de mi ordenador, sin firma, un breve escrito en el que se solicitaba que un tal José Martínez de Sousa fuese nombrado académico. Se trataba del foro Apuntes, de la Agencia Efe, al que pertenezco desde hace unos siete años. El emisor del mensaje (después supimos que era una mujer) razonaba diciendo que puesto que yo, a través de mis obras, les resolvía los problemas que se les presentaban en el trabajo como traductores, correctores, escritores, etcétera, lo justo era que yo fuese nombrado académico. Debo confesar que me sorprendió. Tardé en reaccionar. Envié, en principio, un breve escrito agradeciendo el gesto y dos días después, el 24 de enero, escribí un texto más extenso explicando lo inusual de que una persona de origen modesto como yo pudiera llegar a ocupar un puesto en la Academia. Lo curioso fue que se produjeron una serie de adhesiones a la idea por parte de otros miembros del mismo foro.

Posteriormente se dieron otros movimientos en el mismo sentido, siempre con origen en el foro Apuntes e iniciado por alguno de sus miembros (a título particular). En el último, del año 2003, fuera de ese foro pero con origen en él, se volvía a pedir mi ingreso en la Academia. Se produjeron en torno a trescientas adhesiones. Yo, como en los demás casos, me mantuve al margen.

También se han dado peticiones del mismo signo en la prensa diaria por parte de algunos periodistas. La más importante, un artículo escrito por Antonio Papell el 22 de diciembre del 2002 en varios periódicos del Grupo Correo (hoy Vocento); en él se pedía el ingreso en la Academia de Francisco Umbral y yo, y se explicaban las razones por las cuales eso debía ser así. No hubo, como nunca las hay, reacciones por parte de la Academia, que, digamos, deja hacer sin exponer su opinión.

Sin embargo, a lo largo del 2003 una persona que se mueve en las proximidades de la Academia, Alberto Gómez Font, del departamento de Español Urgente de la Agencia Efe, fue portador de tres mensajes, procedentes de destacados miembros de la Academia, según los cuales primero Gregorio Salvador, vicedirector de la Academia; después Víctor García de la Concha, director, y finalmente Fernando Lázaro Carreter, exdirector de la institución, me hacían llegar la intención de la Academia de nombrarme académico correspondiente en Cataluña. Mi respuesta, en los tres casos, fue la de no aceptación. No es fácil explicar el porqué de esta negativa, pero quienes una y otra vez han sostenido que yo podría reunir los méritos necesarios para entrar en la Academia no se referían, obviamente, a este tipo de nombramiento y ni siquiera se lo habían planteado. No se trata de aproximarse a la Academia menesterosamente, sino de mantener una postura acorde con los deseos de quienes creen que una persona como yo puede llegar a sentarse por sus méritos en uno de los cuarenta y cuatro sillones de la Academia. Y si esa persona no lo merece o la institución cree que no debe abrirle las puertas, es coherente quedarse totalmente fuera de esta con todas las consecuencias.

Aprovechando la reunión de la comisión interacadémica del *Diccionario panhispánico de dudas* con los representantes de los medios de comunicación en la sede madrileña de la Academia los días 8 y 9 de octubre del 2004, a la que asistí en representación de Vocento (de cuyo libro de estilo soy autor), Gregorio Salvador primero y Víctor García de la Concha después me mostraron su extrañeza por mi negativa a aceptar el cargo de académico correspondiente en Cataluña. Expliqué a los dos las causas según lo que acabo de exponer, así como otras cuestiones que eran pertinentes de cara al futuro. Víctor García de la Concha me comunicó personalmente que tomaba nota de mi respuesta.

Como es sabido, mi postura ante la Academia ha sido crítica desde hace mucho tiempo. En 1984 analicé en *El País* la edición de ese año del *Diccionario de la lengua española* de la Academia. Y lo hice sin concesiones a la institución, como había sido regla no escrita más o menos aplicada por todos los críticos de la obra académica, muy permisivos con el escaso trabajo académico en cuestiones importantes para el lenguaje como son, por ejemplo, la ortografía y la lexicografía. La Academia de entonces lo tomó a mal y no lo disimuló. Su director a la sazón, Pedro Laín Entralgo, trató de que se me diera una respuesta «adecuada» por parte de algún académico, pero fracasó en el intento. Entonces optó por escribir una carta privada al director de *El País,* que en aquel entonces lo era Juan Luis Cebrián (por cierto, hoy académico), afeándole el hecho de que hubiera publicado la crítica. Cebrián publicó la carta en su diario y así quedó de manifiesto la reacción de una persona que no encajaba las críticas con la elegancia que podía esperarse del director de la Academia. En esa carta decía algo así como que la crítica la había escrito «al parecer un lexicógrafo», como aminorando la importancia del crítico para ese menester o tratando de sugerir que no estaba calificado para escribirla. Y uno se pregunta si no es precisamente un lexicógrafo autor adecuado de un análisis del diccionario académico (o de otro cualquiera).

Posteriormente, en 1999, la Academia publicó su *Ortografía de la lengua española,* una obra tan esperada como decepcionante. La Academia había hecho un mal trabajo, no resolvía los problemas planteados y más bien los agravaba. No era posible, si uno es honrado, despachar una crítica con los anodinos planteamientos de siempre. Había que rechazar todo el trabajo, impropio de una academia, empezando por el prólogo mismo y siguiendo prácticamente por cada una de las normas por las que de allí en adelante tenía que regirse la ortografía de más de cuatrocientos millones de personas en el mundo. Esta consideración es tan importante que uno esperaría un trabajo exquisito, certero, completo. Debo confesar que vale muchísimo más la primera edición de la *Ortografía española* de la Academia, editada en 1741, que la de 1999. Una persona que hizo el mismo trabajo de crítica, que a sí misma se designaba como «filóloga» (es una mujer), calificó mi trabajo como una «crítica virulenta». Una de dos: o ella no sabe ortografía o su crítica no es científica. Porque la *Ortografía de la lengua española* de la Academia editada en 1999 es manifiestamente mejorable.

... la bibliología

Cuando la tipografía sale del taller o de la mesa de dibujo y pasa al mundo editorial para su aplicación al libro, la bibliología se hace presente. Pero ¿qué entendemos por bibliología? Desde los tiempos de Gabriel Peignot, Octave Uzanne y Paul Otlet hasta los de Robert Estivals, pasando por los de Alfredo Serrai y Jacques Breton, la bibliología ha sido interpretada desde diversos ángulos, aplicándola unos al libro, otros al documento en general, otros al proceso de la comunicación escrita y aun otros al escrito impreso.

No hay entre los especialistas que se han ocupado de la bibliología un criterio unificado, y así vemos cómo el análisis y estudio cambia de enfoque y de objeto. Tradicionalmente, la bibliología se había definido como la ciencia que se ocupa del libro en sus aspectos internos y externos, materiales e inmateriales, históricos, terminológicos y técnicos, en un intento por abarcar todo lo relacionado con el libro, fuera material o inmaterial. De alguna manera, tal visión tradicional puede mantenerse aún hoy, por cuanto todo lo relativo al libro, sea de la índole que fuere, es bibliológico, y así se considera normalmente. Después, ya en tiempos más próximos, los autores tratan de acercarse a esta disciplina con enfoques distintos, pero sin renunciar en forma absoluta al enfoque anterior. Actualmente, según los criterios de la escuela francesa, dirigida por Robert Estivals, se considera que la bibliología es la ciencia que estudia la elaboración, difusión y uso del escrito y de la comunicación escrita. Es una definición ambiciosa, porque no solo hace suya la definición anterior, relacionada con el libro y su entorno, sino que trata de enriquecerla con la inclusión de todo lo relativo a la comunicación escrita, más allá de lo que atañe al libro en sí mismo.

El sentido en que yo uso esta palabra se apoya precisamente en esta definición, es decir, aquella que tiene en cuenta el libro (su elaboración, difusión y uso, con todo lo que ello implica) y la comunicación escrita en general. Lo bibliológico, pues, se nos presenta en connivencia con lo tipográfico, ya que tanto el libro como el impreso, como portadores de comunicación escrita, necesitan imprescindiblemente de la tipografía, elemento esencial para hacer posible esa comunicación.

La bibliología fue uno de los primeros temas de estudio cuando me decidí a escribir un libro. De hecho, mi primera obra, el *Diccionario de tipografía y del libro,* se divide en dos partes, la primera de las cuales se denomina «Tipografía y bibliología». Posteriormente, conquistado por la materia (no es posible aplicar la tipografía al libro sin entender de bibliología), prestaría la mayor atención a la bibliología, y así me puse un día a confeccionar la primera edición del *Diccionario de bibliología y ciencias afines,* que aparecería en diciembre de 1989.

Este diccionario, en su primera edición, fue objeto de una aventura sorprendente. Alfonso Ambrosio Flores, entonces director del

Centro Provincial Coordinador de Bibliotecas de Cáceres y miembro de la Asociación Internacional de Bibliología (AIB), asiste en 1990 al coloquio que esta celebra en Túnez. Una vez allí, durante una de las sesiones del coloquio muestra a los asistentes un ejemplar del diccionario de bibliología. Ante una obra que se refería explícitamente, ya en el propio título, a la bibliología, que era el objeto que los reunía, los presentes se fueron pasando el ejemplar de uno a otro y contemplándolo con devoción como si se tratara del Corán para los asistentes árabes o de la Biblia para los cristianos.

Poco tiempo después, desde Francia y también desde España los miembros de la AIB se pusieron en contacto conmigo para ofrecerme ser miembro de la asociación. El 12 de diciembre de 1990 se fundó en Salamanca, en presencia de Robert Estivals, una comisión gestora del comité español de la AIB, formada por José Antonio Cordón García (Salamanca), Emilio Delgado López-Cózar (Granada), Alfonso Ambrosio Flores (Cáceres) y José Martínez de Sousa (Barcelona). En octubre de 1991, durante el X Coloquio de la AIB, celebrado en Cáceres, se constituyó formalmente este comité, al que se sumó Amadeu Pons i Serra (Barcelona).

En 1998 este comité asumió la presidencia de la Asociación Internacional de Bibliología (AIB), recayendo en mi persona el cargo de presidente. Nos propusimos preparar el próximo coloquio internacional, que se celebraría en Salamanca en el 2000. El coloquio fue un éxito notable, pero, sin embargo, el comité español dimitió de la presidencia debido a que en Francia habían sucedido una serie de acontecimientos que dieron como resultado la escisión en dos bandos del comité francés, sin que nada de ello fuera comunicado oficialmente al comité español, que en aquel momento tenía la responsabilidad de llevar adelante la asociación.

El comité español declinó sus responsabilidades en el comité francés, al que pertenecía Robert Estivals, creador de la asociación y a la sazón presidente de ese comité antes de su escisión en dos, no sin antes redactar una serie de sugerencias para remediar la situación de la asociación y especialmente del comité francés. Posteriormente, el comité español se instituyó en Asociación Española de Bibliología (AEB), al principio presidida por José Martínez de Sousa, quien posteriormente quedó como presidente de honor, al ser nombrado presidente el que lo es en la actualidad, José Antonio Cordón García, profesor en la Facultad de Traducción y Documentación de la Universidad de Salamanca.

El *Diccionario de bibliología y ciencias afines* tuvo una segunda edición en 1993, edición muy complicada, como se ha explicado en otro lugar de esta obra. Finalmente, en el año 2002, agotada la obra, el autor y el director de Editorial Trea, Álvaro Díaz Huici, decidieron dar a luz una nueva edición, en la cual se insertarían totalmente o en parte otras obras del autor, de tal manera que todo lo relativo a la bibliología, la tipografía, la lexicografía y el periodismo se recogieran y unificaran en la nueva edición, la tercera, muy aumentada, que salió a luz en el 2004.

Actualmente, cualquiera que sea la postura que se tome ante la bibliología y la definición que de ella se tenga en cuenta, su conocimiento es imprescindible para la edición de los documentos (corrección, composición, compaginación, ilustración, producción, publicación, etcétera), en especial del libro y del impreso en general. Quienes amen el libro y la tipografía, especialmente si en ello son especialistas o desean serlo, no pueden prescindir del conocimiento del libro, del impreso, del escrito y de la comunicación escrita.

... la crítica

En España la crítica especializada, técnica o científica no solo es escasa, sino también generalmente mala. Se dan mayoritariamente los dos tipos de crítica más deleznables: la del ignaro, que apenas sirve para nada, que no es experto en la cuestión y que simplemente ocupa un lugar en el espacio, y la del experto, el entendido, pero que no juzga el producto, sino que se dedica a demostrar que él sabe más del asunto que el autor. No sé cuál de los dos tipos es peor, pero, en cualquier caso, lo que he echado de menos siempre ha sido el criterio enriquecedor, la crítica que dicen constructiva, la que descubre mis fallos con la sana intención de completar o corregir la obra de cara al lector. Este tipo de crítica no abunda; más bien al revés. Y, la verdad: un autor honrado lamenta que no exista o que no esté generalizada la crítica veraz, sabia, científica; constructiva también, deseosa de ayudar más que de hundir en el oprobio al autor del trabajo.

Yo conozco los dos tipos de críticas. La primera que apareció, precisamente para glosar la edición de mi primera obra, el *Diccionario de tipografía y del libro,* era muy cortita y empezaba así: «El conocido escritor...». Al leerla me pregunté quién me conocería a mí, si aquel era mi primer libro. En relación con este primer libro, en Buenos Aires apareció una crítica en la que lo único verdadero que se mencionaba era el nombre del autor y el título de la obra. Todo lo demás nada tenía que ver ni conmigo ni con el libro.

Aunque muy pocas, he tenido también alguna crítica sesgada, en la que el autor se fijaba en defectillos como puntas de alfiler para cargarse prácticamente la obra entera. Esto suele indicar, muchas veces, que el autor de la crítica no conoce bien la materia que critica y con frecuencia tampoco al autor, cuya trayectoria muchas veces ayuda a encuadrar la obra en el conjunto de lo publicado.

Yo también he ejercido la crítica, especialmente de obras académicas (también las de autores de todo tipo), y cuando ha sido necesario he puesto de manifiesto mi disconformidad. Pero siempre lo he hecho mediante la mención exacta del punto criticado y el razonamiento por el cual lo critico. Critiqué, por ejemplo, la edición de 1984 del *Diccionario de la lengua española* de la Academia en *El País.* Esa crítica, como he explicado antes, sentó muy mal al director entonces de la Academia, Pedro Laín Entralgo. Posteriormente critiqué la de la *Ortografía de la lengua española* (1999) y, punto por punto, fui desestimando lo que no parecía correcto a la luz de los conocimientos actuales en ortografía. Finalmente, poco después apareció la edición vigésima segunda del *Diccionario de la lengua española* de la Academia y volví a criticarla con el mismo procedimiento, mostrando lo que a mi criterio merecía ser desestimado. En todos estos casos, así como en los demás, he intentado ser honrado en la exposición de lo que a mi criterio no era aceptable, siempre con la vista puesta en el lector, destinatario de todas las obras.

... mis editores

Pese a que las relaciones autor-editor deberían ser armoniosas, con cierta frecuencia son de mutua desconfianza, cuando menos del autor hacia el editor. Habría que preguntarse si objetivamente hay razones para esta desconfianza, y la respuesta en algunos casos es afirmativa. No me refiero solo a los editores que nunca han abonado a sus autores ni un céntimo en concepto de derechos de autor. Me refiero también a los que, abonándoselos, engañan a los autores en otros parámetros, como pueden ser el número de ejemplares de las tiradas, las reimpresiones no declaradas y las liquidaciones fraudulentas. Un caso típico de fraude al autor lo tenemos en la sobretirada, es decir, el derecho consuetudinario que asiste a un editor para tirar una cantidad de ejemplares superior a la pactada en el contrato con el fin de atender a las entregas oficiales, entregas gratuitas al autor o ejemplares para la publicidad. El uso internacional establece la tirada de 13 ejemplares cada 12, aproximadamente un ocho por ciento. El uso, al menos en España, suele girar en torno al diez por ciento. Pues bien: algunos editores no hacen sobretirada, o al menos no la confiesan, y después le descuentan al autor los ejemplares que necesitan, con la consiguiente sorpresa por parte del autor, que cuenta con los resultados de la venta de los ejemplares que constan en el contrato o en la declaración de tirada del impresor.

Otros editores, hagan o no hagan la sobretirada, van descontando ejempares al autor en todas las liquidaciones, de forma que al final, cuando el libro se ha agotado, la cantidad de ejemplares efectivamente descontada por el editor está mucho más allá del diez por ciento que corresponde a la sobretirada. Los hay también que descuentan de golpe, en la primera o segunda liquidación de derechos por ejemplares vendidos, una cantidad de ejemplares por «estropeados». En realidad, esto suele ser una forma de fraude; el autor debe cobrar lo que corresponda a lo estipulado en el contrato, y si una cantidad notable de ejemplares se estropean por razón de almacenamiento, trasporte o defecto de fabricación, alguien será culpable y debe pagar por ello, pero no el autor. Normalmente, los editores deben asegurar convenientemente las mercancías cuando las almacenan o trasportan, y parte de ese seguro —responsabilidad del editor— debe revertir al autor como propietario del 10 % (o el porcentaje que se haya pactado contractualmente). Editores hay que con esta excusa descuentan al autor tantos ejemplares que este termina lamentando haber escrito el libro... Uno de mis editores (no hace falta decir cuál) me restaba cada ejercicio económico el

10 % de lo que me correspondía. Es decir, que si había vendido 1000 ejemplares, me confesaba unas ventas de 900. Lógicamente, el último año, que normalmente debería ser el más miserable, puesto que el libro estaba ya agotado, por el contrario era casi el de mejor resultado aparente, ya que, teniendo que hacer la reimpresión o reedición, no le quedaba al editor otro remedio que abonar todo lo vendido, y el 10 % restado en cada liquidación se encontraba ahora, al final de la edición. (Y menos mal que terminaba en el pago, pues también podía terminar en lo contrario.) El procedimiento permitía al editor, si este era de cierto fuste, financiar en parte muy importante la edición de sus libros en cada ejercicio con el dinero de los autores (imagínese que la editorial tenga un catálogo de entre quinientos y mil títulos).

Las relaciones entre el autor y el editor se fijan en un contrato de edición. Bastaría con suponer que ese documento se establece entre ambas partes para pensar que tampoco aquí debería haber problemas. Sin embargo, la realidad es que los problemas comienzan al principio mismo, ya que, por costumbre inveterada, el contrato de edición lo establece y redacta el editor. Es cierto que después lo somete a la firma del autor (sería imposible editar el libro, legalmente, de otra manera), pero suele suceder que el autor está obnubilado por el nerviosismo que le genera la consideración de la próxima aparición de su libro (sobre todo si es el primero) y porque firmar el contrato es el camino directo para ello. Por lo tanto, firma sin más y lo primero que pregunta, a continuación, es cuándo sale su libro. No le importa, en ese momento, qué dicen las cláusulas del contrato que ha firmado, que pueden llevar en sí el hecho de que apenas cobre unos céntimos por su obra. Yo también he firmado contratos así, incluso cuando ya tenía bastantes conocimientos de derechos de autor. Tardé mucho tiempo, y a mi costa, en saber lo que significa firmar un contrato en exclusiva.

En realidad, las relaciones entre el autor y el editor deberían ser de la máxima confianza mutua, para que resultasen plenamente productivas para ambas partes. Los editores, sin embargo, suelen tener demasiados problemas (sobre todo económicos) y aprovechan cualquier circunstancia para tratar de salir de ellos. El autor es generalmente su presa preferida, pese a que (o acaso por ello) la importancia económica del autor es nimia. Esta es la causa de que no valga la pena, en la mayor parte de los casos, llevar a un editor ante los tribunales: las cantidades en juego no suelen ser suficientes ni siquiera para pagar los gastos generados por ello.

En general, mis editores han sido gente honorable. Sin embargo, alguna vez he tenido que recurrir a los servicios de los abogados ante hechos que no se compadecían bien con la honradez. Y lo he hecho sin dudar. Por ejemplo, más de un editor ha intentado el juego de hacer sobretirada y después volverla a aplicar en cada liquidación. A veces, hacen la sobretirada y además, en la primera liquidación, vuelven a descontar los ejemplares que les parece oportuno, en torno al diez por ciento. Yo nunca lo he consentido, si me he dado cuenta. El editor tiene derecho consuetudinario a hacer la sobretirada; si no la hace, el problema es suyo, pero no puede aplicar la norma a los ejemplares que corresponden contractualmente al autor, ejemplares que se fijan en el contrato de edición y figuran en la declaración de la tirada por parte del impresor (declaración que, todo sea dicho, muchos editores no presentan).

También tuve un editor que ofreció a través de un diario de distribución nacional enviar gratuitamente un ejemplar de uno de mis libros a quien proporcionase no sé qué datos al periódico o a la editorial. Por esta razón el editor me descontó en uno de los ejercicios más de ochocientos ejemplares sin darme explicaciones. Cuando las pedí, me dijeron lo que habían hecho. Inmediatamente les envié una carta exigiendo el pago de la cantidad que me correspondía por la liquidación de esos ejemplares, exactamente igual que si los hubieran vendido, ya que yo no había autorizado ese uso de los ejemplares de mi libro. Por supuesto, me la abonaron.

Nada de esto me ha pasado con Ediciones Trea, la editorial de Gijón que decidió un buen día (en 1999) publicar mis novedades o bien aquellos libros publicados por otras editoriales pero cuyos derechos iban quedando libres. Esto me ha permitido dar a mis obras un tratamiento que anteriormente no podía ni imaginar, especialmente por el hecho de que los derechos de autor pertenecían a varios editores. Mi idea, desde hace tiempo, era la de recoger y tratar en pocos volúmenes las diversas materias a las cuales había prestado atención a lo largo de mi vida como autor. A partir de mi colaboración con Trea fui reuniendo los materiales dispersos en los 19 libros publicados, gracias a lo cual me fue posible publicar el

Manual de estilo de la lengua española, la *Ortografía y ortotipografía del español actual* y, finalmente, el *Diccionario de bibliología y ciencias afines* (3.ª ed.), en cada uno de los cuales se reúnen las materias antes dispersas en varios libros independientes. Por otro lado, la acertada política de tiradas de la editorial (consistente en calcular muy bien las ventas posibles, con tendencia a la baja) favorece enormemente la capacidad del autor para enmendar los libros publicados y ofrecer al lector interesado ediciones corregidas oportunamente y separadas entre sí por relativamente poco tiempo. De esta forma, ni el editor carga sus almacenes con cantidades ingentes de ejemplares, a veces difícilmente vendibles, ni el autor tiene que esperar años y años a que sus libros se agoten para preparar y ofrecer ediciones nuevas, corregidas y aumentadas. De lo acertado de esta filosofía de actuación son prueba el éxito obtenido por esta editorial en los pocos años de andadura y el respeto a que se ha hecho acreedora entre los miembros del mundo editorial español e incluso internacional.

... Internet

Si el lector se toma la molestia de preguntarle a Google, el buscador más universal de Internet, cuántos regitros tiene de José Martínez de Sousa, puede ofrecerle las siguientes cifras, como a mí el 28 de noviembre del 2004:

54 900 en toda la Red;
53 600 en páginas escritas en español;
18 700 en páginas de España.

Muchas de las 18 700 páginas de España corresponden a mensajes emitidos desde Apuntes (y algunos desde el Centro Virtual Cervantes), es decir, trabajos y mensajes relacionados en su mayoría con el lenguaje. Los restantes son variopintos y están relacionados, en parte, con menciones de mis libros en bibliografías y obras de diverso tipo.

Algunos de mis artículos y entrevistas están «colgados» en Internet. Véase a continuación una lista de ellos, actualizada al 22 de setiembre del 2004 (orden alfabético de la primera palabra del título, salvo que se trate de un artículo):

Acaba de publicarse el Libro de estilo Vocento de José Martínez de Sousa. Ediciones Trea. S. L. Gijón, 2003
http://www.martinezdesousa.net/entrevistasPGD.html

La Academia y su Ortografía
http://www.martinezdesousa.net/orto-academia.pdf
http://www.angelfire.com/ma/apuntes/Salamanca.html

Acrónimos y abreviaturas
http://www.timon.com/far/acronimos.html

Algunos enfoques en la enseñanza de la ortografía
http://www.martinezdesousa.net/ense_ortog.pdf

Comentario a la edición abreviada del Diccionario de uso del español
http://www.ati.es/gt/lengua-informatica/moliner5.html

Cómo se escribe un libro
http://www.acclc.es/invitroveritas/vol5/art64.html
http://www.ifcc.org/ria/div/trabajos.html

La contravención de la norma en el lenguaje
http://www.martinezdesousa.net/contravencion.pdf

[Diversos mensajes en el Foro del español, localizables en su archivo]
http://cvc.cervantes.es/foros/buscar.asp

[Diversos mensajes en la Lista del español urgente, localizables en su archivo]
http://lists.albura.net/efe.es/apuntes/

Entrevista a José Martínez de Sousa
http://traduccion.rediris.es/5/2articulos.htm
http://traduccion.rediris.es/5/2articulosa.htm

La forma gráfica de los diccionarios
http://www.martinezdesousa.net/formadiccio.pdf

Influencia del inglés en el lenguaje bibliológico y tipográfico moderno
http://www.ub.es/bid/08sousa.htm

La informática y la comunicación escrita
http://www.martinezdesousa.net/informaticomunicacion.pdf
http://www.yuste.org/aeb/XV%20AIB2000/Conflna.PDF

José Martínez de Sousa, lingüista, lexicógrafo y ortógrafo, autor, entre otros, del

Diccionario de usos y dudas del español actual
http://www.martinezdesousa.net/RNE/index.htm

Legibilidad y comprensibilidad
http://www.timon.com/far/MS102000.html

Novedades en el Diccionario de la Academia (edición del 2001)
http://www.medtrad.org/Panacea/IndiceGeneral/n7_J.M.deSousa.pdf
http://www.angelfire.com/ma/apuntes/drae.htm

La «nueva» ortografía académica
http://www.martinezdesousa.net/nuevaorto-academia.pdf
http://www.angelfire.com/ma/apuntes/ortoacademia.html
http://www.angelfire.com/ma/apuntes/images/ortoacademia.pdf
http://xlation.com/essays/spgrammar.php
http://www.analitica.com/bitblioteca/martinez_sousa/ortografia.asp
http://www.ati.es/gt/lengua-informatica/sousa.html

Las nuevas tecnologías en el tratamiento de los textos (los neotipógrafos)
http://www.uv.es/%7ebarrueco/reb/esp/vol1no1/vol1no1d.html
http://www.uv.es/%7ebarrueco/reb/esp/vol1no1/vol1no1d.pdf

Problemas de la edición científico-técnica
http://www.martinezdesousa.net/edicientitecnica.pdf

Sobre la reforma de la ortografía española [acessible solo para subscriptores de El País]
http://www.elpais.es/articuloCompleto.html?d_date=&xref=19841229elpepicul_1&type=Tes&anchor=elpepicul

La traducción y sus trampas
http://www.medtrad.org/panacea/Actual/n16_tribuna_MartinezDeSousa.pdf

Si el lector tiene interés, puede visitar también mi página personal:

http://www.martinezdesousa.net

En ella tendrá ocasión de compulsar mis escritos, conferencias, cursos, cursillos, etcétera, según sus materias, y asimismo podrá darse un paseo por las páginas que describen el homenaje que los miembros del foro Apuntes, de la Agencia Efe, tuvieron a bien dedicarme en el año 2001.

... la informática

Los adelantos derivados de la entrada de la informática en la escena tipobibliológica han venido a trastrocar todos los esquemas de la tipografía y la bibliología. La informática empieza a aplicarse prácticamente al campo tipobibliológico en los primeros años ochenta del siglo pasado, cuando se pone a punto un programa de compaginación, un escáner y una impresora. Surgen entonces los primeros programas de composición de textos (programas de tratamientos de texto los llaman), seguidos inmediatamente de las primeras versiones de los programas compaginadores. Con el tiempo, tanto los programas de tratamientos de texto como los de compaginación fueron perfeccionándose y adaptándose a las necesidades de los usuarios versión tras versión. En la actualidad, después de varias vicisitudes, para la composición de textos el programa por excelencia es el Word de Windows, y para la compaginación existen varios, entre los cuales están el PageMaker (última versión, la 7), a punto de desaparecer, sustituido por uno de la misma casa (Adobe) pero mucho más profesional, el InDesign, cuya versión CS acaba de salir; el QuarkXPress, cuya versión 6 lleva unos meses en el mercado (2004), y el Ventura.

Entre los programas de composición de textos (tratamientos de texto) sobresale, como se dice antes, el Word de Windows (antes, también el WordPerfect y el Ventura, hoy menos usados que en otras épocas), pero los técnicos que lo mantienen al día y tratan de perfeccionarlo lo que hacen es destruirlo... Pretenden ellos alcanzar una forma de programa que tenga en cuenta todas las vicisitudes posibles del escribiente, y lo que se obtiene en la realidad es algo chocante y a veces ridículo. Uno se encuentra, durante la escritura, con soluciones y grafías añadidas automáticamente por el ordenador, soluciones y grafías que ni siquiera se le han pasado por la cabeza, desde cambiar unas letras por otras hasta sustituir unas palabras por otras, como negándole al escribiente la utilización de una determinada grafía o de una determinada palabra. Hasta tal extremo llega esto, que muchas veces uno abandona el trabajo, copia el texto y lo lleva a un programa compaginador, donde se puede tratar el texto mucho más profesionalmente y sin interferencias enojosas.

Por su lado, los programas compaginadores, que también sirven para componer texto, son cada día más completos y por ello también más complejos. Cada casa fabricante de estos programas tiene sus propias preocupaciones a la hora de ponerlos al día. Por ejemplo, unos se especializan más en el tratamiento del color, otros en la compaginación y tratamiento del texto, etcétera. Sin embargo, todos los programas compaginadores que hay actualmente en el mercado español (los mismos del mercado internacional) fallan lamentablemente a la hora de dividir las palabras a final de línea. Así, en un párrafo normal y correcto, en cuanto se hace una leve corrección puede desencadenarse un recorrido que afectará a todo el párrafo. Como resultado de ese recorrido, las palabras que antes estaban bien divididas aparecerán divididas de otra manera, y entonces nos podemos encontrar con problemas como *perí- / odo, po- / esía, ca- / usa,* etcétera. Si el trabajo es urgente, al revisor ni se le ocurrirá tener en cuenta ese aspecto, pues no piensa que el programa vaya a hacer eso. Cuando el impreso (revista, periódico o libro) sale publicado aparecen esos defectos inadmisibles. No es difícil resolver el problema, puesto que hay unas reglas, aunque no sean demasiado abundantes, que se pueden fijar con claridad y después cada una de estas reglas puede tener excepciones, las cuales deben formar parte de un diccionario de excepciones, con lo que se resuelven prácticamente todos los problemas de división de palabras a fin de línea.

Algunos autores tienen el prurito de hacer ellos sus propias compaginaciones. El editor debería huir de tales trabajos, y el autor, si no es tipógrafo y bibliólogo, mejor que se limite a ofrecer un texto claro y sin erratas en un tratamiento de texto (el Word, por ejemplo), puesto que los profesionales de la compaginación conocen, en general, mejor que el autor las posibilidades de los programas y resolverán con más garantías los problemas que el texto presente desde cualquier punto de vista. Por otro lado, si el autor presenta su trabajo compaginado en un programa de compaginación, el taller que deba tratar ese material se verá obligado a utilizar ese mismo programa, mientras que si lo presenta en un tratamiento de texto, en el taller son libres de compaginarlo con uno u otro programa, según sus necesidades y posibilidades.

En lo que a mí respecta, desde finales de los años ochenta del siglo pasado utilizo el ordenador para componer y compagimar mis obras. Y, la verdad, es una auténtica gozada poder escribir y compaginar el propio libro tal como uno quiere, con posibilidad de borrar, sustituir, copiar, trasladar, etcétera, el texto que se está escribiendo. Es maravilloso poder darle forma desde cualquier punto de vista, poder incluso añadir formas mediante los elementos de representación gráfica que el propio programa ofrece. Es utilísima la facultad de buscar una cadena de caracteres para sustituirlos, eliminarlos, cambiar su grafía (de redonda a cursiva, o negrita, o versalita, o ancha, o estrecha...). Las versiones modernas de estos programas permiten incluso la confección de índices alfabéticos, tan complejos en su confección manual.

Sin embargo, la utilización de estos programas con fines personalistas presenta muchos problemas, ya que, a la postre, tales programas están más frecuentemente a disposición de quien quiere usarlos que a la de quien sabe usarlos. Y para obtener un buen resultado gráfico, un impreso bien realizado, no cabe duda de que se necesitan unos conocimientos que no se adquieren en dos días. Las personas que deseen confeccionar boletines, revistas, periódicos, folletos, anuncios, libros, etcétera, mediante su ordenador y con el auxilio de sus programas, harían bien en asistir a algún curso de edición de los que se imparten a lo largo y a lo ancho del país, especialmente en las universidades (como la de Barcelona, la Pompeu Fabra, la Autónoma de Barcelona y Madrid, la de Santiago de Compostela, la de Alcalá, la Universitat Oberta de Catalunya), así como en entidades privadas (como el Máster de Edición de Santillana [con el patrocinio académico de la Universidad de Salamanca]) y otras de menor importancia.

... mis lectores

Pudiera parecer algo redundante decir que mis obras son para mis lectores y que siempre que he escrito he pensado en ellos, en sus necesidades, en la oportunidad o inoportunidad de realizar la obra en la que estaba enfrascado... Mis lectores no forman parte, normalmente, de un público general. Más bien se trata de un destinatario restringido, especializado. Pero es también un público muy exigente, muy crítico. Por eso algunas de mis obras, aunque al final no sean tan completas como uno quisiera, son sumamente difíciles de hacer y requieren mucho trabajo de consulta con otras obras y fuentes y con ramilletes de normas, reglas, instrucciones, etcétera. En cada instante de su confección soy consciente de la responsabilidad que contraigo con el lector, lo cual hace más trabajosa y difícil su confección.

Hay, sin embargo, algunos lectores que han llegado a pensar que yo ni siquiera existo en tanto que persona física. Recuerdo una anécdota que me contó mi hija Blanca, que durante años ejerció de profesora en la Universidad Pompeu Fabra de Barcelona. En una de sus clases dejó sobre la mesa, con la cubierta anterior hacia arriba, una de mis obras que le servía de apoyo en la clase que iba a dar. Al terminar, uno de los alumnos se acercó a la mesa y vio el libro. Lo tomó en sus manos y se quedó mirando la cubierta atentamente. Al cabo de un ratito exclamó:

—Otro producto de la factoría... Porque a mí que no me fastidien: Martínez de Sousa no existe. Es una factoría que se dedica a componer y publicar libros con esa firma, pero Martínez de Sousa no existe.

Debió de advertir algo raro, porque de pronto se paró en seco, levantó la vista y miró a mi hija, que guardaba silencio.

—¡Ojo! —exclamó—. Blanca Martínez..., José Martínez... —meditó un momento—. No me querrá decir que...

—Sí, es mi padre.

—Perdón... —dijo compungido y turbado.

—Pero no pasa nada. No te preocupes: mi padre es realmente la factoría...

El muchacho sonrió nerviosamente y se alejó hasta mezclarse con sus compañeros.

Días después, al contármelo, mi hija me pidió que le regalase al muchacho un libro dedicado. Así lo hice. Al final de la dedicatoria escribí: «El dueño de la factoría», y firmé.

Es probable que más de uno haya pensado algo semejante, aunque sea por breve tiempo. Escribir mucho tiene estos riesgos.

Sin embargo, es gratificante que después de un congreso, tras pronunciar una conferencia o en situaciones semejantes, alguien se te aproxime y te diga:

—Me alegro mucho de conocerlo personalmente, porque eso me permite ponerle cara al autor de mis libros de consulta...

Mis lectores han sido siempre muy amables conmigo. En muchas ocasiones me han dedicado expresiones que compensan en un solo minuto todo el cansancio acumulado a lo largo de los años para realizar una obra bien hecha y útil. Me entero, así, de que el lector conversa conmigo mientras trata de saber en cuál de mis obras estará la respuesta a su duda, y después en cuanto a la solución que la obra le ofrece. En no pocas ocasiones, sin duda, el lector estará en desacuerdo con el autor, pero seguramente la exposición de este le habrá abierto otras posibilidades de enfoque de aquello que le hace dudar o zozobrar.

... la ortografía y la ortotipografía

No se puede ser cajista, y mucho menos corrector tipográfico o de estilo, sin saber ortografía y ortotipografía. Estas materias fueron, pues, de las primeras que suscitaron mi interés cuando me acerqué a la sección de cajas de la imprenta municipal de Sevilla, convertida en taller escuela de artes gráficas en 1950. He de confesar, no obstante, que aun antes de que pasara por mi mente la idea de aprender el oficio de cajista ya me gustaba, entre todas las materias de estudio, la gramática y, por ende, la ortografía. Posteriormente, primero como cajista y después como corrector tipográfico y de estilo, presté a la materia toda la atención que estaba a mi alcance. Y no podía ser de otra manera, por cuanto la ortografía y la ortotipografía son materias que están en la base del oficio de cajista y del de corrector.

Sin embargo, ya desde bien pronto se echaba de menos la existencia de una buena ortografía, una ortografía que nos sirviera de apoyo en las muchas decisiones que en relación con ella se tenían que tomar todos los días. Cuando yo comencé a practicar la tipografía en 1950, pero sobre todo cuando tuve que aplicarla profesionalmente a partir de 1957, la ortografía tenía un escaso tratamiento por parte de la Academia. Es verdad que desde 1952 existían lo que se llamó (y aún se llama a veces) *Nuevas normas de prosodia y ortografía,* editadas por la Academia, normas que venían a resolver muchos de los problemas que la ortografía arrastraba desde hacía muchos decenios, pero también es cierto que creó otros de nuevo cuño. A partir del 1 de enero de 1959, en que fueron declaradas de aplicación preceptiva, las normas ortográficas aplicables por los correctores eran esencialmente las que se llamaban nuevas normas, que se mezclaban con las antiguas, registradas en la *Gramática de la lengua española,* y el conjunto era un batiburrillo impropio de un texto de tanta trascendencia. En el cuarto Congreso de Academias de la Lengua Española, celebrado en Buenos Aires, la Academia Española recibió el encargo de fundir en un solo cuerpo las nuevas normas y las normas tradicionales que se mantenían en el apartado correspondiente de la gramática. Como resultado de ese encargo la Academia publicó en 1969 la primera edición de su *Ortografía,* un folleto de 44 páginas, un texto desafortunado, confuso e incorrecto en varios puntos. De este opúsculo sacó una segunda edición en 1974 con la nota de que se trataba de la «segunda edición[,] corregida y aumentada». La verdad es que estaba poco corregida (se introducían nuevos errores, aunque se corregían algunos de la primera edición) y también poco aumentada, puesto que el folleto tenía ahora 48 páginas, cuatro más que el anterior.

Los correctores de estilo y tipográficos funcionaron con este folleto como Dios les dio a entender, entre dudas y frustraciones. En 1998 Lázaro Carreter, entonces director de la Academia, anunció que para el final de ese año se publicaría la nueva edición de la ortografía académica. Ciertamente, no fue a finales de 1998, sino de 1999, cuando la Academia sacó a luz su nueva ortografía, esta vez con el título de *Ortografía de la lengua española,* ahora un libro de 162 páginas. Esta edición contenía algunos errores tan garrafales, que la institución se vio obligada a corregirlos en una tirada especial en el 2000. Por lo demás, su contenido era tan endeble, tan inexacto, tan discutible y tan poco útil, que mereció críticas muy desaprobadoras. Sin embargo, el libro sigue en venta, sin que la Academia haya prestado oídos a lo que los expertos puedan decir de su texto ortográfico.

En esta edición, y por primera vez en su historia, la Academia hace incursiones en los terrenos de la ortotipografía. Sin embargo, como se trata de un campo especializado del que la Academia no tiene los conocimientos necesarios, las normas ortotipográficas contenidas en su ortografía son generalmente erróneas y muy discutibles. Hubiera sido aconsejable que la Academia se hubiese asesorado con una comisión de expertos en ortotipografía, pero, en vez de eso, tiró por la calle de en medio y puso negro sobre blanco una serie de normas que son absurdas y rechazables. Y no es por falta absoluta de fuentes, puesto que algunas hay, como la de Juan José Morato (*Cartilla del aprendiz de imprenta,* 1929, y *Guía práctica del compositor tipógrafo,* 1933), Pelegrín Melús y Francisco Millá (*El libro del corrector,* 1940), V. Martínez Sicluna (*Teoría y práctica de la tipografía,* 1945), Miguel Lozano Ribas (*Gramática castellana para uso de tipógrafos,* [1928]), R. Ramos Martínez (*Corrección de pruebas tipográficas,* 1963), José Fernández Castillo y otros (*Normas para correctores y compositores tipógrafos,* 1959), etcétera.

En el momento presente, la Academia tiene dividida su doctrina ortográfica entre el *Diccionario de la lengua española,* la *Gramática de la lengua española,* la *Ortografía de la lengua española* y el *Diccionario panhispánico de dudas,* en el que aparecen muchas entradas de temas ortográficos. Es de esperar que algún día la institución madrileña reparta esas materias en los campos que a cada una corresponden y nos ofrezca un tratado completo de ortografía y ortotipografía.

Desde mis primeros escritos traté siempre de ortografía y ortotipografía, puesto que, como queda dicho, son materias que todo buen corrector debe dominar y aplicar con acierto. Después de haber publicado el *Diccionario de ortografía* (Anaya, 1985), el *Diccionario de ortografía de la lengua española* (Paraninfo, 1995) y el *Diccionario de ortografía técnica* (Fundación Germán Sánchez Ruipérez/Pirámide, 1987), me decidí a aunar todas estas materias en un solo libro, el titulado *Ortografía y ortotipografía del español actual,* editado por Trea en el 2004. En esta obra se recogen todos los temas de ortografía y ortotipografía que yo he escrito hasta el presente, a excepción de la obra de que trato a continuación.

Desde 1815 la Academia nunca ha querido ni hablar de una reforma de la ortografía, ni siquiera cuando la propuso quien era su secretario perpetuo, Julio Casares, partidario claro de una reforma y simplificación ortográficas. Aprovechando que entre 1989 y 1990 se habían dado movimientos de reforma en varias lenguas europeas, como el alemán, el francés y el portugués, se planteó también en español la necesidad de una reforma de nuestra ortografía. Una reforma en el sentido tradicional de la postura académica desde su fundación en 1713 hasta 1815, aquella que a lo lago de su primer siglo de existencia había convertido nuestro idioma en el de escritura más fácil entre las lenguas de cultura.

Animado por el ambiente reformista que recorría todo el continente, me animé a adelantar una obra que hacía tiempo tenía en el pensamiento. Me puse, pues, a la tarea y en el año 1991 aparecía en el mercado mi *Reforma de la ortografía española: estudios y pautas,* editado por Visor Libros, de Madrid. La obra tuvo muy buena acogida de crítica, pero solo sirvió de ensayo, ya que la Academia no estaba por la labor.

... el plagio

Internet ha contribuido notablemente al establecimiento de una mentalidad proclive a la permisividad en relación con los derechos de autor. En el ancho mundo hispánico, tirios y troyanos piensan sin ruborizarse que toda obra creada por un autor es tan suya como del propio autor (y del editor), por lo que actúan en consecuencia. Así, no son pocos los profesores universitarios que copian de los autores las partes de texto que les son necesarias, sin tomarse siquiera la molestia de citar al autor y el editor. El problema puede llegar más lejos: existe en algunos círculos hispanohablantes cierta predisposición a fotocopiar cualquier libro si este procedimiento les resulta más barato que la adquisición legal de la obra. Cobra cada vez mayor cuerpo la idea de que todo lo existente en el campo de la propiedad intelectual pertenece a todos y que la misma propiedad intelectual es una injusticia hacia sectores con menos poder adquisitivo.

Para muchos, la ley de propiedad intelectual de los respectivos países es una injusticia, ya que, en su opinión, todos los libros deberían poderse copiar por cualquier procedimiento sin delinquir ni tener que abonar nada al poseedor de los derechos de autor. Pero no piensan en el tiempo que el autor ha empleado en pensar, calcular, estudiar e investigar para escribir y en el mismo acto de escribir; tampoco piensan que todos merecemos una compensación por nuestro trabajo, sea de la índole que sea, y que debe compensarse con más generosidad a la persona que ha dedicado más tiempo y atención a confeccionar una obra útil para el adelanto de las ciencias y las técnicas; y finalmente no piensan en el esfuerzo realizado por el editor para conseguir poner la obra a disposición del público, con objeto de contribuir a los mismos fines, y que durante ese tiempo autor y editor pagan impuestos, comen, visten, viajan, compran libros, etcétera.

Hay trabajos en Internet que son plagios descarados de alguno de mis escritos, reproducciones literales que no cuentan con permiso del autor ni del editor. En algunos casos se trata de párrafos sueltos, pero en otros son partes muy importantes y extensas de mis trabajos. Si a esto se le suma la copia ilegal por medio de la fotocopia, resulta que los textos se difunden, es cierto, pero de forma fraudulenta: ni el autor ni el editor perciben un céntimo para compensar su esfuerzo. Sin duda que esto aprovecha al defraudador, pero ni es honrado ni personalmente elegante apropiarse de lo que uno no ha producido y darlo como propio. A veces la copia es descarada y cínica, como aquel autor de una obra de tipografía que copia de mis libros, literalmente, la tercera parte del suyo. Con la excusa de decir que lo toma de una obra concreta mía, de las 440 páginas de su libro casi ciento cincuenta son materiales míos tomados al pie de la letra. En otra ocasión, un trabajo sobre tipografía casi enteramente copiado de uno de mis libros fue premiado en un concurso público y oficial con un millón de pesetas. Aquí se comprueba fehacientemente que es mucho más productivo plagiar que trabajar para obtener producto nuevo y original.

Hay personas que no entienden el hecho de que existan leyes represoras de la fotocopia ilegal y del plagio. Aducen que la «comunicación del conocimiento» justifica su acción ilegal. Esto no es más que una falacia: la comunicación de los conocimientos se produce exactamente igual legal que ilegalmente. Se trata, entonces, de saber en qué lado nos encontramos. Algunas personas llegan incluso a negar la legitimidad de que autor y editor puedan recibir una compensación dineraria por la obra realizada, producida y difundida. Piden que los derechos de autor no existan y que las obras sean libres. Bien: si las cosas fueran así, lo mejor sería dejar que sean ellos quienes creen y difundan esos conocimientos en libros u otros soportes. Así se sentirían plenamente realizados. Ya veríamos después...

La más reciente figura de plagio ha sido dada a conocer por los periódicos el 16 de octubre del 2004: «El nuevo García Márquez, pirateado en Colombia antes de su presentación» (*El País*, p. 40). La noticia informaba de que la última obra de García Márquez, *Memorias de mis putas tristes*, de la que Random House Mondadori ha impreso un millón de ejemplares, se vende en las principales ciudades de Colombia por 10 000 pesos (unos tres euros), la tercera parte de lo que costará la edición legal. En realidad, se trata de una versión refinada de algo que en Hispanoamérica (especialmente en algunos de sus países) se ha realizado desde hace mucho tiempo con libros impresos en España: reimprimirlos y venderlos incluso con la página de derechos original (es decir, sin cambiar absolutamente nada de la edición original). Según la International Intellectual Property Alliance (IIPA), «[Colombia] ocupa el cuarto lugar en América latina por volumen de pérdidas derivadas de la piratería, detrás de Brasil, Paraguay y Argentina» (*El País*, 16/10/2004, 40). Editoriales como Labor sabían a su costa algo de esta costumbre...

10 Cronología de conferencias, cursos, cursillos, críticas, escritos...

1972

José Martínez de Sousa: «¿Desaparecerá el punto tipográfico?», *Novographos* (Barcelona), 11/12 (1972), 67-72.

1974

«Diccionario de tipografía y del libro», *Abc* (Madrid), 20 de junio de 1974.

«Diccionario de tipografía y del libro», *Boletín de la Unesco para las Bibliotecas* (París), vol. XXVIII, núm. 6 (1974), 365.

«Diccionario de tipografía y del libro», *Gráficas* (Madrid), 359 (1974), 360.

«Diccionario de tipografía y del libro», *Impremprés* (Madrid), 4 (1974), 40.

«Diccionario de tipografía y del libro», *Novographos* (Barcelona), 5 (1974), 98-99.

«Diccionario de tipografía y del libro», *La Voz de Galicia* (La Coruña), 23 de junio de 1974.

«Diccionario de tipografía y del libro», *La Vanguardia* (Barcelona), 4 de julio de 1974, 50.

Lincoln Silva: «Útil aporte: Diccionario de tipografía y del libro», *Mayoría* (Buenos Aires), 22 de diciembre de 1974.

M. R.: «Diccionario de tipografía y del libro», *Boletín del Gremio Sindical de Maestros Impresores de Barcelona y Provincia,* 110 (1974), 35.

Manuel Carrión [Gútiez]: «Diccionario de tipografía y del libro», *Boletín de la Dirección General de Archivos y Bibliotecas* (Madrid), 135-136 (1974), 92.

1975

«Diccionario de tipografía y del libro», *El Libro Español* (Madrid), 209 (1975), 214.

«Diccionario de tipografía y del libro», *La Nación* (Buenos Aires), 24 de agosto de 1975.

Domingo Buonocore: «Diccionario de tipografía y del libro», *Fichero Bibliográfico Bowker* (Buenos Aires), diciembre de 1975.

Xavier Lavagne: «Diccionario de tipografía y del libro», *Bulletin des Bibliothèques de France* (París), vol. 20, núm. 5 (1975), 377-378.

1976

José Martínez de Sousa: «Pasado, presente y futuro del libro», conferencia en Escuelas Unesco (Barcelona), 1 de diciembre de 1976.

José Mejía: «¿Tenemos ya código tipográfico nacional?», *Gráficas* (Madrid), 385-386 (1976), 533 (sobre el *Diccionario de tipografía y del libro*).

1977

Domingo Buonocore: «Diccionario internacional de siglas», *Universidad* (Santa Fe [Argentina]), 88 (1977), 300-302.

1978

Josefina Carabias: «Guía para un laberinto», *Ya* (Madrid), 3 de abril de 1978, 8 (sobre el *Diccionario internacional de siglas*).

Antonio López de Zuazo Algar: «Un diccionario de siglas», *Pueblo* (Madrid), 2 de mayo de 1978.

M. S. G.: «Diccionario internacional de siglas», *El Economista* (Madrid), 22 de julio de 1978.

Mário L. Erbolato: «Abreviacões», *Jornal da Cidade* (Bauru [Brasil]), 6 de setiembre de 1978, 5.

Domingo Buonocore: «Diccionario internacional de siglas», *La Vanguardia* (Barcelona), 19 de octubre de 1978, 49.

Alberto Lázaro Tinaut: «Diccionario internacional de siglas», *Autores Lectores* (Barcelona), 47 (1978), 33.

1979

José Martínez de Sousa: Redacción (anónima) de las *Normas de trabajo* de Editorial Labor, que se editan en 1979, sin autor explícito, en forma de libro.

J. Mejía: «Abreviaturas y siglas. Una definición: a propósito de un libro valioso», *Gráficas* (Madrid), 426 (1979), 563-565.

1980

José Martínez de Sousa: «Persistencia en el error de los sellos postales», carta al director de *La Vanguardia* (Barcelona), 8 de julio de 1980, 6.

José Martínez de Sousa: «El libro: su pasado, presente y futuro», conferencia en la Sociedad Recreativa y Cultural de San Miguel de Tabagón, El Rosal (Pontevedra), 16 de agosto de 1980.

Ricardo Rodríguez: «Conferencia de José Martínez de Sousa», *Faro de Vigo,* 18 de agosto de 1980.

1981

Pascual Maisterra: «Diccionario para periodistas», *El Correo Catalán* (Barcelona), 25 de noviembre de 1981.

Iglesias Viqueira: «Martínez de Sousa: El periodismo, dato a dato», *Hoja del Lunes de Vigo,* 7 de diciembre de 1981.

José Martínez de Sousa: «La comunicación de masas, un reto para los editores», *El País,* 13 de diciembre de 1981, Libros, 4.

Xoan Martínez do Tamuxe: «Nueva publicación de un escritor miñoto en Cataluña», *La Voz de Galicia* (La Coruña), 27 de diciembre de 1981.

José Martínez de Sousa: «Escritura de siglas (1)», *Gráficas* (Madrid), 443 (1981), 213-214.

José Martínez de Sousa: «Escritura de siglas (2)», *Gráficas* (Madrid), 444 (1981), 261-262.

1982

Mary Carmen de Celis: «José Martínez de Sousa: La dinámica del lenguaje», *Profesión Médica,* 1486 (11-17 enero 1982), p. 35.

1983

«Estructuración de la redacción periodística», *Gráficas* (Madrid), 466 (1983), 159 (sobre el *Curso general de redacción periodística,* de José Luis Martínez Albertos publicado por Mitre, de Barcelona, 1983).

1984

José Martínez de Sousa: «Os meios de comunicação social na transição política espanhola» (Los medios de comunicación social en la transición política española), *Comunicarte* (Brasil), vol. 2, 3 (1984), 83-87.

José Martínez de Sousa: «¿Limpia, fija y da esplendor?», *El País,* 4 de noviembre de 1984, Libros, 8 (sobre el *Diccionario de la lengua española* de la Academia Española, edición de 1984).

José Martínez de Sousa: «Una muerte anunciada y desmentida: el largo viaje del libro», *La Gaceta del Libro* (Madrid), 15 de noviembre de 1984, 25 (sobre la *Historia del libro* de Hipólito Escolar, publicada por la Fundación Germán Sánchez Ruipérez, de Madrid, 1984).

José Martínez de Sousa: «Sobre la reforma de la ortografía española», *El País,* 29 de diciembre de 1984, 23.

A. de Mier: «Dudas y errores de lenguaje», *Religión y Cultura* (Madrid), vol. xxx (1984), 562.

José Martínez de Sousa: Corrección, ampliación y actualización del *Diccionario de incorrecciones, particularidades y curiosidades del lenguaje,* de Andrés Santamaría, Augusto Cuartas y Joaquín Mangada (Madrid, Paraninfo, 1984). Desde entonces, el editor añadió mi nombre a los tres anteriores, aunque ese no era el trato verbal.

1985

«Editado un diccionario de ortografía», *Córdoba,* 15 de noviembre de 1985.

Manuel Seco: «Diccionario internacional de siglas y acrónimos», *Abc* (Madrid), 27 de abril de 1985.

Iglesias Viqueira: «Martínez de Sousa insiste», *Faro de Vigo,* 14 de diciembre de 1985, 322 (sobre el *Diccionario de ortografía*).

Ulf Hermann: «Diccionario internacional de siglas y acrónimos», *Verba, Anuario Galego de Filoloxía,* vol. 12 (1985), 419-421.

«Diccionario internacional de siglas y acrónimos», *Gráficas* (Madrid), 487-488 (en.-febr. 1985), 61.

«Diccionario de tipografía y del libro», *Alabrent* (Barcelona), 5 (1985), 53.

José Martínez de Sousa: «Diccionario de las lenguas de España», *Gráficas* (Madrid), 496 (1985), 379.

1986

Antonio López de Zuazo: «Una aportación para la reforma de la ortografía», *Ya* (Madrid), 4 de enero de

1986, 31 (sobre el *Diccionario de ortografía*).

M.ª Jesús Corcostegui Aranguren: «Diccionario de ortografía», *Mundaiz. Revista Crítica del Libro Universitario* (San Sebastián), 32 (jul.-dic. 1986), 237-239.

Iglesias Viqueira: «Martínez de Sousa, lexicógrafo "por libre"», *Faro de Vigo,* 12 de agosto de 1986, 40.

«Diccionario de ortografía», *Gráficas* (Madrid), 499 (en. 1986), 41.

José Martínez de Sousa: «¿Qué ortografía enseñar?», *Apuntes de Educación* (Madrid, Anaya), 23 (1986), 6-9.

José Martínez de Sousa: «Actualidad de la Real Academia Española», *Gráficas* (Madrid), 500 (1986), 48 y 65.

Santiago Alcoba: «Aguja de marear "péndolas"», *Las Nuevas Letras,* 5 (verano 1986), 115-116 (sobre el *Diccionario de ortografía*).

1987

«Pequeña historia del libro», *Alabrent* (Barcelona), 28 de junio de 1987, 66.

Iglesias Viqueira: «Martínez de Sousa, loco por los libros», *Faro de Vigo,* 5 de abril de 1987, 56.

Antonio López de Zuazo: «Pequeña historia del libro», *Ya* (Madrid), 30 de mayo de 1987, 28.

Jordi Casanovas: «Història d'un vell company», *Diari de Barcelona,* 22 de agosto de 1987, 21 (sobre la *Pequeña historia del libro*).

X. M. Tamuxe: «Novo libro do escritor Martínez de Sousa», *A Peneira* (Puenteareas, Pontevedra), diciembre de 1987, p. 24 (sobre el *Diccionario de ortografía técnica*).

«Pequeña historia del libro», *Gráficas* (Madrid), 515 (1987), 209.

José Martínez de Sousa: «Los libros sobre libros de la Fundación Germán Sánchez Ruipérez», *Gráficas* (Madrid), 513 (1987), 98-99.

1988

A. B.: «Pequeña historia del libro», *Selecciones de libros. Actualidad bibliográfica de filosofía y teología,* XXV, 49 (en.-jun. 1988), 136-137.

Luis Marín de San Martín: «Pequeña historia del libro», *Religión y Cultura* (Madrid), mayo-jun. 1988.

José Martínez de Sousa: «Problemas de la ortografía del castellano en la enseñanza», *VI Jornades sobre expressió escrita en els diferents nivells escolars: Les formalitats gràfiques i ortogràfiques de l'escrit,* 12 de noviembre de 1988.

Marcos E. Manzanedo, O. P.: «Pequeña historia del libro», *Studium,* volumen XXVIII (1988).

1989

Iglesias Viqueira: «Otro libro de M. de Sousa: 800 páginas para empezar», *Faro de Vigo,* 17 de agosto de 1989, 40.

José Martínez de Sousa: «La ortografía que nos merecemos», *El País,* 17 de octubre de 1989, 2/Educación.

Lola Galán: «'Cerida', odiada ortografía», *El País,* 26 de noviembre de 1989, 31.

27 de diciembre de 1989. Programa «Las doce en punta» de la segunda cadena de Televisión Española, dirigido por Joaquín Arozamena. Tema: la reforma de la ortografía española. Asistentes: Valentín

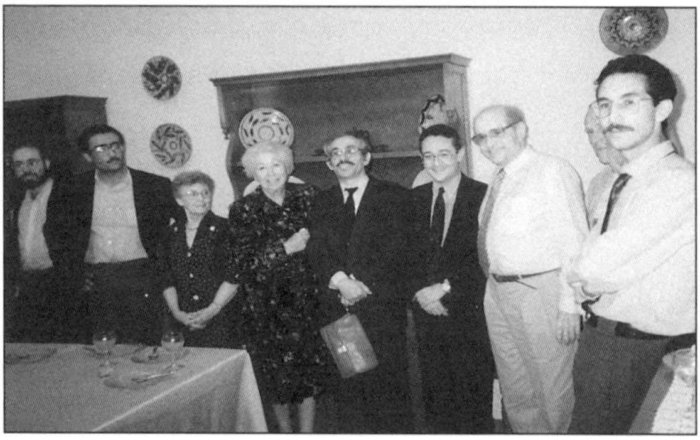

Algunos de los asistentes al *X Coloquio internacional de bibliología,* celebrado en Cáceres entre el 5 y el 9 de octubre de 1991. El tercero por la derecha es François Richaudeau

García Yebra, de la Real Academia Española; José Polo, profesor en la Universidad Autónoma de Madrid, y José Martínez de Sousa.

1990

Iglesias Viqueira: «Martínez de Sousa, corregido y aumentado por él mismo», *Faro de Vigo,* 8 de marzo de 1990, 56.

Elena Bilbao: «El español escrito, entre la fonética y la tradición: ahí hay un hombre que dice ay», *El Sol* (Madrid), 16 de setiembre de 1990, 48-49.

«Diccionario de bibliología y ciencias afines», *Gráficas* (Madrid), 549-550 (1990), 205.

José Martínez de Sousa: Colaboración con trabajos y artículos en el *Diccionario de la edición y de las artes gráficas,* de John Dreyfus y François Richaudeau (Madrid, Fundación Germán Sánchez Ruipérez/Pirámide, 1990), cuya traducción española adapté y corregí.

Manuela Vázquez Álvarez: «¿Es necesario reformar la ortografía española?», *Periodistas,* 30 (1990), 76-79.

José Martínez de Sousa: *Máster editorial,* Universidad de Barcelona, 1990-1991.

1991

Iglesias Viqueira: «Martínez de Sousa: La ortografía es perfectible», *Faro de Vigo,* 14 de agosto de 1991, 56.

Melquíades Prieto, en el *Boletín de la Asociación de Profesores de Español* (APE), diciembre de 1991, p. 4.

José Martínez de Sousa: «La comunicación escrita y la informatización del escrito», ponencia en el *X Coloquio internacional de bibliología,* Cáceres, 5-9 de octubre de 1991.

José Martínez de Sousa: «Problemas de redacción y edición de un diccionario de bibliología», ponencia en el *X Coloquio internacional de bibliología,* Cáceres, 5-9 de octubre de 1991.

José Martínez de Sousa: «La bibliología, una nueva ciencia», *Asterisco Cultural* (Madrid), 4 (1991), 45.

1992

José Martínez de Sousa: «Presentación» al *Manual práctico de estilo* de Ramón Sol, publicado por Urano, de Barcelona, en 1992, 11-16.

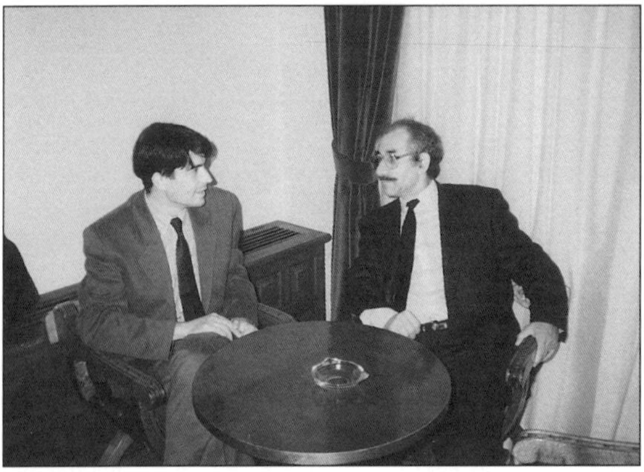

Con el profesor José Antonio Cordón García, de la Universidad de Salamanca, durante el *X Coloquio internacional de bibliología,* celebrado en Cáceres del 5 al 9 de octubre de 1991

José Martínez de Sousa: «La communication écrite et l'informatisation de l'écrit», *Revue de Bibliologie, Schéma et Schématisation* (París), 36 (1992), 13-17.

José Martínez de Sousa: «Les problèmes de rédaction et d'édition d'un dictionnaire de bibliologie», *Revue de Bibliologie, Schéma et Schématisation* (París), 36 (1992), 18-22.

Emilio Lorenzo: «La ortografía, de moda», *Saber Leer* (Madrid), 55 (1992), 3 (sobre la *Reforma de la ortografía española*).

José Martínez de Sousa: *Curso de posgrado de lexicografía y obras enciclopédicas,* Universidad de Barcelona; dirección académica: Carlos Martín Vide; diseño y dirección técnica: José Martínez de Sousa, 1992-1993.

José Martínez de Sousa: *Curso de posgrado de técnicas editoriales,* Universidad de Barcelona, 1991-1992.

1993

«El Diccionario de la Academia de la Lengua no responde a la realidad del lenguaje», *El Adelanto* (Salamanca), 22 de mayo de 1993, 13.

«Los diccionarios españoles tienen

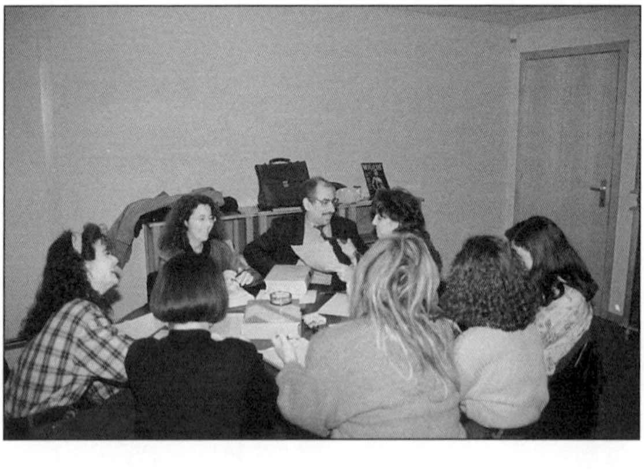

Alumnos de uno de los dos grupos en que se dividieron para las prácticas en el *Curso de posgrado de lexicografía y obras enciclopédicas,* celebrado entre 1992 y 1993 en la Universidad de Barcelona

Conferencia sobre «Los mundos del libro» en el Auditorio Municipal de El Rosal el 21 de julio de 1994. En la mesa: Jesús María Fernández Portela (entonces concejal de Cultura, hoy alcalde), José Luis Rodríguez (entonces alcalde), el autor, su esposa (Pilar Nieto González) y Xoán Martínez do Tamuxe

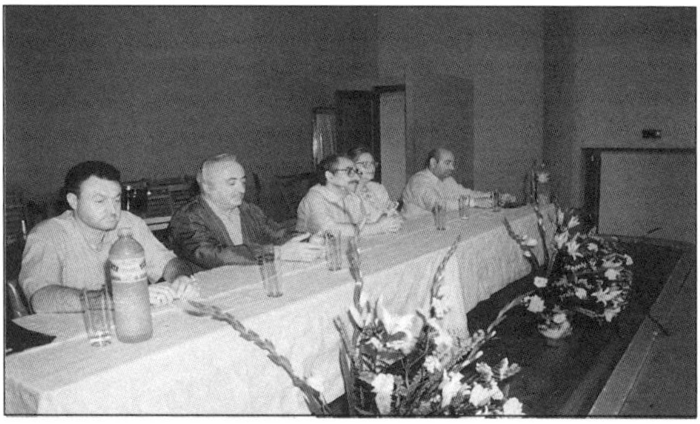

una calidad muy por debajo del nivel europeo», *La Gaceta* (Salamanca), 22 de mayo de 1993, 10.

Iglesias Viqueira: «Martínez de Sousa, lingüista libre y profesor de "master" en la Universidad», *Faro de Vigo*, 23 de agosto de 1993, 6.

Iglesias Viqueira: «Diccionario de redacción y estilo, para que sepamos», *Faro de Vigo*, 26 de noviembre de 1993, 64.

«María Moliner a la luz de la lexicología y lexicografía modernas», mesa redonda en el *X Congreso de lenguajes naturales y lenguajes formales*, Reus (Tarragona), 20-22 de diciembre de 1993.

José Martínez de Sousa: Colaboración con varios artículos en *Les sciences de l'écrit. Encyclopédie internationale de bibliologie* (Las ciencias del escrito. Enciclopedia internacional de bibliología), obra colectiva internacional publicada por la Asociación Internacional de Bibliología (AIB), París, REZT, 1993.

José Martínez de Sousa: «Problemática de la génesis del libro», conferencia pronunciada en la Escuela Universitaria de Biblioteconomía y Documentación, Universidad de Granada, 1993.

José Martínez de Sousa: «El alfabeto y las "letras" *ch* y *ll*», *Lebende Sprachen* (Alemania), XXXVIII, 2 (1993), 73-74.

Antonio López de Zuazo: recensión del *Diccionario de bibliología y ciencias afines*, en *Trabajos de la Asociación Española de Bibliografía*, I (Madrid: Biblioteca Nacional), 1993, 456-457.

José Martínez de Sousa: *Curso de posgrado de técnicas editoriales*, Universidad de Barcelona, 1993-1994.

1994

«Cada vez se duda más cuando se habla», *El Periódico* (Barcelona), 12 de enero de 1994, Cultura, IV.

Joaquín Amado: «Diccionario de redacción y estilo», *Abc* (Madrid), 28 de enero de 1994.

José Martínez de Sousa: «La puntuación, ayer y hoy», conferencia en *Comentario de textos*, organizado por el Departamento de Filología Española I y Filología Románica, Universidad de Málaga, 18 de marzo de 1994. El texto se publicó en *Comentario lingüístico de textos*, Málaga: Analecta Malacitana, 1997, 163-178.

José Martínez de Sousa: «Los mundos del libro», conferencia en el Auditorio Municipal de El Rosal (Pontevedra), 21 de julio de 1994.

Carmen Jané: «La lengua regulada», *El Periódico de la Semana* (Barcelona), 12-18 de setiembre de 1994, 10.

José Martínez de Sousa: «La edición y el mercado del libro en España», conferencia en el *VIII Encuentro de bibliotecas públicas municipales,* Jarandilla de la Vera (Cáceres), 26 de octubre de 1994.

José Martínez de Sousa: «Las obras de referencia: diccionarios y enciclopedias», conferencia en el *VIII Encuentro de bibliotecas públicas municipales,* Jarandina de la Vera (Cáceres), 27 de octubre de 1994.

Iglesias Viqueira: «Autor-editor uno mismo y con todas las consecuencias», *Faro de Vigo,* 6 de diciembre de 1994, 56.

Juan Carlos Álvarez: «Manual de edición y autoedición», *Faro de Vigo,* 9 de diciembre de 1994, 7.

Emma Martinell Gifre (Universidad de Barcelona): «Diccionario de redacción y estilo», *Revista Española de Lingüística,* 24, I (1994), 231-233.

Nuria Altarriba: «Manual de edición y autoedición», *Item* (Barcelona), 15 (1994), 204-205.

José Martínez de Sousa: «Los mundos del libro», conferencia en la Escuela Universitaria de Biblioteconomía y Documentación, Universidad de León, 1994.

José Martínez de Sousa: «Los mundos del libro», conferencia en la Escuela Universitaria de Biblioteconomía y Documentación, Universidad de Salamanca, 1994.

1995

José Martínez de Sousa: «La forma gráfica de los diccionarios», conferencia en el Institut Universitari de Lingüística Aplicada (IULA), Universidad Pompeu Fabra (Barcelona), 15 de febrero de 1995. Texto reproducido en *Lèxic, corpus i diccionaris: cicle de conferències,* IULA, Universidad Pompeu Fabra (Barcelona), 1996, 47-77.

Iglesias Viqueira: «La lexicografía práctica le echa una mano a la teoría», *Faro de Vigo,* 12 de abril de 1995, 56.

Patricia Álvarez: «Diccionario de lexicografía práctica», *Faro de Vigo,* 28 de abril de 1995.

José Martínez de Sousa: «Uso y utilidad de los diccionarios», conferencia en el Instituto Nacional de Bachillerato Salvat Papasseit (Barcelona), 5 de mayo de 1995.

José Martínez de Sousa: «Reforma de la ortografía española», mesa redonda en el *IV Simposio internacional de la Sociedad Española de Didáctica de la Lengua y la Literatura,* Benalmádena (Málaga), 29 y 30 de noviembre y 1 de diciembre de 1995; resumen en «Dos momentos ortográficos en nuestro simposio...», en *La gramática y su didáctica,* Málaga, Universidad de Málaga/Sociedad Española de Didáctica de la Lengua y la Literatura, 1996, 135-150.

«Manual de edición y autoedición», *Power Gallery Magazine* (Barcelona), dic. 1994-en. 1995, 27.

José Martínez de Sousa: «Las palabras malsonantes y las otras», *Analecta Malacitana,* XVIII, 2 (1995), 421-423.

Evelio Montes López (Servicio de Documentación de la ONCE): «Manual de edición y autoedición», *Revista Española de Documentación Científica,* 18, 3 (1995), 365-366.

Karen Shashok: «El festín del bibliólatra», *Boletín de la Asociación Andaluza de Bibliotecarios,* año 11, 38 (1995), 71-72 (sobre el *Manual de edición y autoedición*).

José Martínez de Sousa: *Máster de lexicografía,* Institut Universitari de Lingüística Aplicada (IULA), Universidad Pompeu Fabra (Barcelona), 1995-1996.

José Luis Aliaga Jiménez (Universidad de Zaragoza): «Diccionario de lexicografía práctica», *Revista de la Facultad de Humanidades de Jaén,* IV-V, 1 (1995-1996), 147-150.

1996

José Martínez de Sousa: «El contenido de los diccionarios», conferencia en el Instituto Nacional de Bachillerato Salvat Papasseit (Barcelona), 16 de febrero de 1996.

Iglesias Viqueira: «El idioma español resuelve sus dudas», *Faro de Vigo,* 27 de marzo de 1996, p. 64.

Iglesias Viqueira: «A bote pronto. "El gallego tiene mala salud porque se entiende"», *Faro de Vigo,* 16 de junio de 1996, 16.

Indicación bibliográfica sobre el *Diccionario de lexicografía práctica,* en *Analecta Malacitana,* XVIII, 2 (1996), 570-571.

Indicación bibliográfica sobre el *Diccionario de usos y dudas del español actual,* en *Analecta Malacitana,* XIX, 2 (1996), 583.

M.ª A. Castillo Carballo: «Diccionario de lexicografía práctica», *Analecta Malacitana,* XIX, 1 (1996), 270-271.

Inmaculada Mas Álvarez (Universidad de Santiago de Compostela): «Diccionario de lexicografía práctica», *Revista de Lexicografía* (Universidad de La Coruña), III (1996-1997), 143-153.

José Martínez de Sousa: *Cursillo de ortografía y ortotipografía en la Asociación Colegial de Escritores de Cataluña* (ACEC) (Barcelona), 1996.

«Diccionario de usos y dudas del español actual», *Gráficas* (Madrid), 621 (1996), 217.

José Martínez de Sousa: «La forma gráfica de los diccionarios», *Lèxic, corpus i diccionaris. Cicle de conferències,* Barcelona, IULA/Universidad Pompeu Fabra, 1996, 47-77.

José Martínez de Sousa: *Diploma de posgrado en edición,* Universidad Pompeu Fabra, 1996-1997.

1997

José Martínez de Sousa: «Cuestiones de ortografía», en el *Curso de perfeccionamiento del uso de la lengua,* cursillo en ESADE (Barcelona), 17 de mayo de 1997.

José Martínez de Sousa: «El lenguaje científico», en *Escribir y publicar en revistas científicas,* cursillo coordinado por Emilio Delgado López-Cózar, Universidad de Granada, marzo-abril de 1997.

Laura Freixas: «El estado de la lengua», *La Vanguardia* (Barcelona), 10 de junio de 1997, p. 48.

«Martínez de Sousa prepara un nuevo manual de estilo sobre la lengua española», *Faro de Vigo,* 27 de agosto de 1997, p. 13.

«Martínez de Sousa exige a la Real

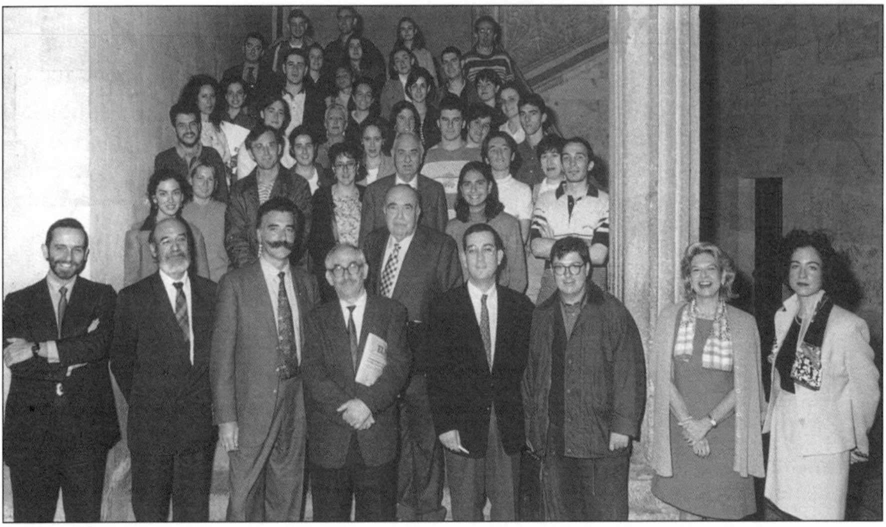

Asistentes al curso *Corrección de textos en la prensa escrita,* dirigido por Fernando Lázaro Carreter, celebrado en la Universidad de Salamanca entre el 22 y el 24 de octubre de 1997

Academia que reforme las normas ortográficas del castellano», *Tribuna de Salamanca,* 25 de octubre de 1997, p. 13.

«La Academia nos haría un gran favor si acabase con tanto batiburrillo ortográfico», *La Gaceta* (Salamanca), 25 de octubre de 1997, p. 13.

José Martínez de Sousa: «La ortografía en la prensa», en *Corrección de textos en la prensa escrita,* curso dirigido por Fernando Lázaro Carreter, a la sazón director de la Real Academia Española, Universidad de Salamanca (con el patrocinio de la Fundación Duques de Soria), 22-24 de octubre de 1997.

José Martínez de Sousa: «La palabra en la escritura», conferencia en la Facultad de Comunicación, Universidad Autónoma de Barcelona, 1997.

José Martínez de Sousa: «Las fuentes lexicográficas», en el curso de verano *Fuentes de información y técnicas documentales aplicadas a la traducción,* Facultad de Traducción e Interpretación de Soria (Universidad de Valladolid), 1997.

José Martínez de Sousa: «Las nuevas tecnologías en las sociedades surmediterráneas», ponencia presentada al *XIV Coloquio internacional de bibliología,* Rabat (Marruecos), 1997.

José Martínez de Sousa: «Abreviacions», *Llengua i ús* (Barcelona), 10 (1997), 27-30.

José Martínez de Sousa: «La numeración», *Manual Formativo* (Madrid, ACTA), 5 (1997), 79-91.

José Martínez de Sousa: «La puntuación», *Manual Formativo* (Madrid, ACTA), 7 (1997), 63-74.

José Martínez de Sousa: «Las abreviaciones», *Manual Formativo* (Madrid, ACTA), 4 (1997), 23-35.

José Martínez de Sousa: «Mayúsculas y minúsculas», *Manual Formativo* (Madrid, ACTA), 6 (1997), 27-44.

Josefa Martín García (Universidad Autónoma de Madrid): «Diccionario de lexicografía práctica», *Revista de la Sociedad Española de Lingüística,* 27, 1 (1997), 287-289.

C. Cuadrado: Sobre el *Diccionario de usos y dudas del español actual,* en *Analecta Malacitana,* XX, 1 (1997), 387-389.

José Martínez de Sousa: *Cursillo de ortografía y ortotipografía* en la Asociación Colegial de Escritores de Cataluña (ACEC) (Barcelona), 1997.

José Martínez de Sousa: *Gestió de textos per a professionals: traducció i tractament informàtic,* Universidad Pompeu Fabra (Barcelona), 1997.

José Martínez de Sousa: *Diploma de posgrado en edición,* Universidad Pompeu Fabra (Barcelona), 1997-1998.

1998

José Martínez de Sousa: «La edición de 1992 del Diccionario de la Academia», 23 de abril de 1998 (encuentro con los traductores de la Asociación Colegial de Escritores), Barcelona.

«Surt una nova edició del diccionari de José Martínez de Sousa», *Avui* (Barcelona), 27 de mayo de 1998, 42.

José Martínez de Sousa: *Solución a los problemas de redacción habituales en la lengua castellana,* cursillo para miembros de TRIAC (Barcelona), 21 de noviembre de 1998.

José Martínez de Sousa: *Cuestiones de ortotipografía,* cursillo en la Universidad Alfonso X el Sabio (Madrid), 14-15 de diciembre de 1998.

José Martínez de Sousa: *Gestió de textos per a professionals: traducció i tractament informàtic,* Universidad Pompeu Fabra (Barcelona), 1998.

José Martínez de Sousa: *Diploma de posgrado en edición,* Universidad Pompeu Fabra (Barcelona), 1998-1999.

José Martínez de Sousa: *Cursillo de ortografía y ortotipografía,* en la Asociación Colegial de Escritores de Cataluña (ACEC) (Barcelona), 1998.

José Martínez de Sousa: «Presentación» al *Diccionario de ciencias de laboratorio clínico,* Aravaca (Madrid), MacGraw-Hill Interamericana, 1998, V-VII.

M.ª Auxiliadora Castillo Carballo: «Diccionario de lexicografía práctica», *E. L. U. A.,* 12 (1998), 335-337.

1999

José Martínez de Sousa: «La traducción y sus trampas», conferencia en la Universidad de Vic, 25 de febrero de 1999.

«Orígenes y desarrollo de la letra impresa», *V Jornadas [sobre] historia, usos y aprendizaje del lenguaje escrito,* Vitoria, 15 de mayo de 1999.

José Martínez de Sousa: «La Academia y su ortografía», conferencia en los *Cursos internacionales,* Universidad de Salamanca, 14 de julio de 1999.

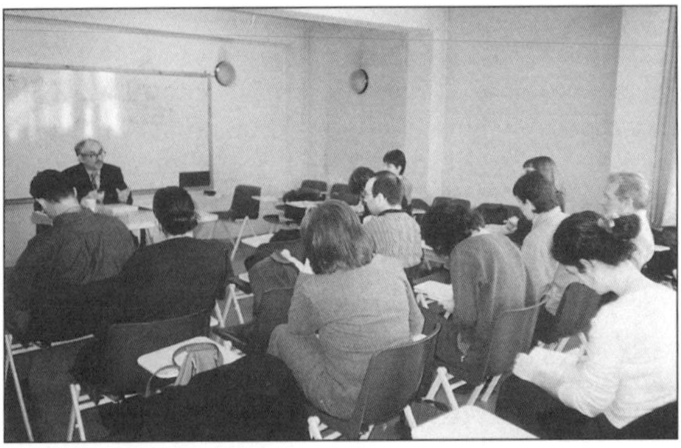

Un momento del cursillo *Normativa editorial para traductores,* impartido a los miembros de la ATIC (Associació de Traductors i d'Intèrprets de Catalunya 'Asociación de Traductores y de Intérpretes de Cataluña') el 19 de febrero del 2000

José Martínez de Sousa: «Algunos enfoques en la enseñanza de la ortografía», *V Jornadas sobre la enseñanza de la lengua española,* Facultad de Filosofía y Letras, Universidad de Granada, 26 de noviembre de 1999.

José Martínez de Sousa: «Problemas de ortotipografía», *Primer foro hispánico de ortotipografía y entorno de la escritura,* cursillo sobre ortotipografía celebrado en la Universidad de Málaga, 13-16 de diciembre de 1999.

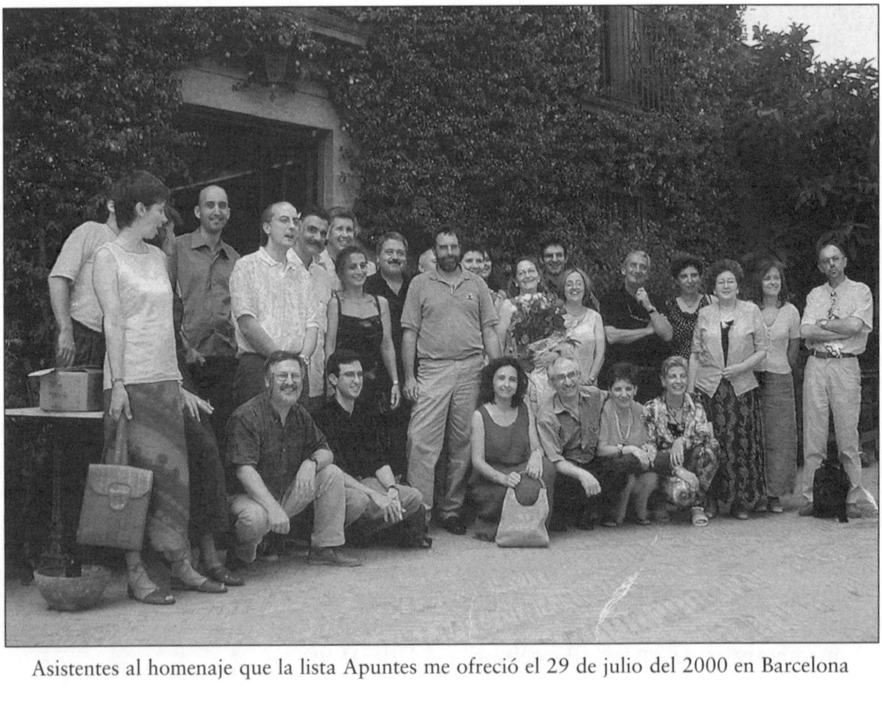

Asistentes al homenaje que la lista Apuntes me ofreció el 29 de julio del 2000 en Barcelona

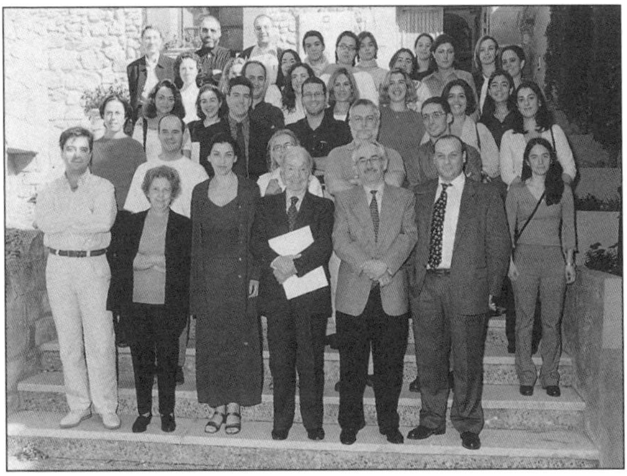

Asistentes al seminario «La lexicografía especializada del español actual», en *Técnicas documentales aplicadas a la traducción especializada,* dirigido por Valentín García Yebra y celebrado en Soria del 25 al 29 de setiembre del 2000

José Martínez de Sousa: Redacción del *Libro de estilo de* RBA *Realizaciones Editoriales,* Barcelona, 1999 (no venal).

José Martínez de Sousa: *Diploma de posgrado en edición,* Universidad Pompeu Fabra (Barcelona), 1999-2000.

2000

José Martínez de Sousa: *Normativa editorial para traductores,* cursillo impartido a los miembros de la ATIC (Associació de Traductors i d'Intèrprets de Catalunya 'Asociación de Traductores y de Intèrpretes de Cataluña'), 19 de febrero del 2000.

José Martínez de Sousa: «La contravención de la norma en el lenguaje», conferencia en la Universidad de Jaén, 29 de marzo del 2000.

Comentario del *Manual de estilo de la lengua española,* en *El Parnaso,* suplemento de libros del *Diario de Teruel,* 43 (23 de abril del 2000), p. 2.

José Martínez de Sousa: «La informática y la comunicación escrita» y «Los problemas de la edición científico-técnica» en *Las nuevas formas de la comunicación científica, XV Coloquio internacional de bibliología,* Asociación Internacional de Bibliología y Asociación Española de Bibliología (Salamanca), 9-11 de mayo del 2000.

José Antonio Millán: «El estilo y los hombres», *El País,* 15 de julio del 2000, Babelia, 8.

Homenaje ofrecido por los miembros de la lista de distribución Apuntes, de la Agencia Efe, en Barcelona, el 29 de julio del 2000. Se congregaron en esta ciudad una treintena larga de «apunteros» de Barcelona, Canadá, Estados Unidos, La Coruña, Vitoria y Madrid. Al propio tiempo se celebraban reuniones semejantes, con el mismo propósito, en Rio de Janeiro y Madrid, entre otros lugares.

Miriam Martín: «Una obra de consulta muy necesaria y fácil de utilizar» (sobre el *Manual de estilo de la lengua española*), *Noticias Bibliográficas* (Madrid), 76 (jul.-ag. 2000), 27.

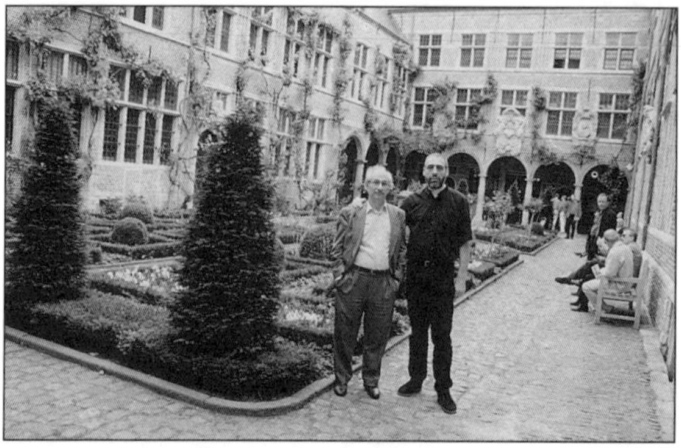

El autor con Pollux Hernúñez en el patio del Museo Plantin-Moretus de Amberes el 16 de junio del año 2001

Asunción Escribano: «Aprendiendo a escribir» (sobre el *Manual de estilo de la lengua española*), en *La Gaceta* (Salamanca), 6 de agosto del 2000.

Imma Lizondo: Entrevista publicada en *Torsimany* (boletín de la Asociación de Traductores e Intérpretes de Cataluña), ag.-oct. del 2000, 4-7.

José Martínez de Sousa: «La lexicografía especializada del español actual», en *Técnicas documentales aplicadas a la traducción especializada,* seminario de documentación, terminología y traducción dirigido por Valentín García Yebra y celebrado en Soria del 25 al 29 de setiembre del 2000 (Fundación Duques de Soria).

José Luis González: «Marcando estilo», en *Nuestro Tiempo,* 556 (octubre 2000), pp. 46-53.

Marieta Gargatagli: «Manual de estilo de la lengua española», *Vasos Comunicantes* (revista de ACE Traductores), 17 (otoño del 2000), páginas 80-83.

2001

José Martínez de Sousa: «La nueva ortografía académica y sus problemas», conferencia-clase en el IES El Majuelo, de Gines (Sevilla), el 7 de febrero del 2001.

«Diccionario de edición, tipografía y artes gráficas», *Experimenta,* 34 (marzo 2001), 38.

«Parece que se hubiera despertado una conciencia lingüística», en *El Nuevo Lunes,* Ciencia y Técnica, 70 (marzo 2001), p. III (coordinado por Manuel Calvo Hernando).

José Martínez de Sousa: «Ortotipografía y extranjerismos tipográficos», conferencia el 13 de marzo del 2001 en las *IV Jornadas de grabado y edición* celebradas entre el 12 y el 16 de marzo del 2001 en la Escuela de Arte de Oviedo.

José Martínez de Sousa: «Los manuales de estilo», conferencia en la Escuela de Medios de Comunicación de *La Voz de Galicia* (La Coruña), 2 de abril del 2001.

José Martínez de Sousa: «La ortotipografía en la prensa», conferencia en la Escuela de Medios de Comunicación de *La Voz de Galicia* (La Coruña), 3 de abril del 2001.

José Martínez de Sousa: «Novedades en el Diccionario de la Academia (edición del 2001)», conferencia

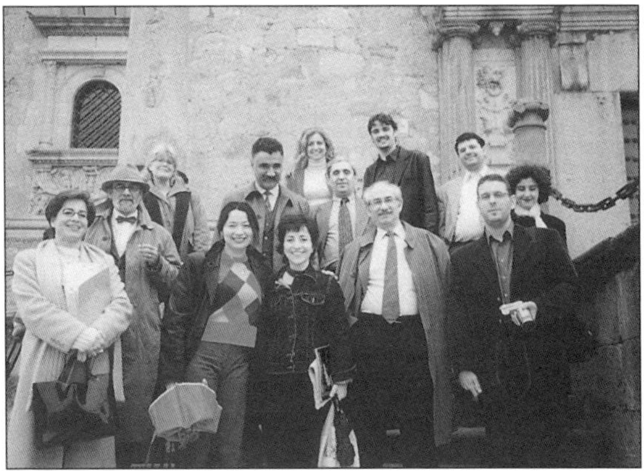

Asistentes al *Encuentro sobre el idioma español en los medios de comunicación,* celebrado en la Universidad de Salamanca entre el 6 y el 10 de mayo del 2002 bajo la dirección de Leonardo Gómez Torrego y Alberto Gómez Font

en la Facultad de Filología de la Universidad de Santiago de Compostela, 4 de abril del 2001.

José Martínez de Sousa: «Los problemas de la ortografía actual», conferencia dada el 24 de mayo del 2001 en el Centro Cultural Gaya Nuño de Soria y organizada por la Universidad de Valladolid.

«La Academia de la Lengua ha fracasado», *Heraldo de Soria,* 29 de mayo del 2001, p. 7.

«José Martínez de Sousa, lexicógrafo y conferenciante», *Faro de Vigo,* 5 de setiembre del 2001, p. 8.

José Martínez de Sousa: «Los manuales de estilo», conferencia el 5 de octubre del 2001 en *Los medios de comunicación y el uso del español,* Universidad de Otoño, Andújar (Jaén) (4-6 octubre).

José Martínez de Sousa: «Problemas de ortografía, léxico y toponimia», conferencia pronunciada en el Servicio de Traducciones de la Comunidad Europea el 14 de junio del 2001 en Luxemburgo y el 15 en Bruselas.

Jorge de Buen Unna y Pablo Cosgaya: «Repensar el oficio», *tipoGráfica (tpG)* (Buenos Aires [Argentina]) (jun., jul., ag. 2001), pp. 24-29.

Hermógenes Ramos: «Un gran diccionario de consulta» (sobre el *Diccionario de edición, tipografía y artes gráficas*), *Noticias Bibliográficas* (Madrid), 82 (jul.-ag. 2001), 25.

José Francisco Ruiz Casanova: «Topografía esencial del español», *El País,* 13 de octubre del 2001, Babelia, pp. 6-7.

José Martínez de Sousa: «Diccionario y artículo lexicográfico», conferencia en la Facultad de Biblioteconomía y Documentación, Universidad de Barcelona, noviembre del 2001.

Karen Shashok: «Manual de estilo de la lengua española» (crítica en inglés), *Copy Right* (nov.-dic. 2001), 9-10.

José Martínez de Sousa: Redacción del *Libro de estilo* del Grupo Correo (España), 2001.

José Martínez de Sousa: *Diploma de formación continua en edición,* Universidad Autónoma de Madrid, 2001-2002.

José Martínez de Sousa: *Diploma de*

posgrado en edición, Universidad Pompeu Fabra (Barcelona), 2001-2002.

2002

José Martínez de Sousa: *La corrección de pruebas,* cursillo de tres horas en la Editorial Spes de Barcelona, 11 de enero del 2002.

José Martínez de Sousa: «La ruta del libro: técnicas de confección de un impreso» (ocho horas), *Curso superior en edición* de la Universidad Autónoma de Madrid, 14 y 15 de enero del 2002.

Karen Shashok; «Manual de estilo de la lengua española» (crítica en inglés), *Copy Right* [en línea] (en.-febr. 2002), 9-10. [Consulta: 20/01/02]

José Martínez de Sousa: «Técnicas de corrección tipográfica en diccionarios», *Talleres de lexicografía 2001-2002,* Universidad Pompeu Fabra (Barcelona), 8 de febrero del 2002.

José Martínez de Sousa: «Novedades en el Diccionario de la Academia (edición del 2001)», conferencia en la Escuela de Medios de *La Voz de Galicia* (La Coruña), 25 de febrero del 2002.

José Martínez de Sousa: «Libros y manuales de estilo», conferencia en la Escuela de Medios de *La Voz de Galicia* (La Coruña), 26 de febrero del 2002.

José Martínez de Sousa: «Novedades en el Diccionario de la Academia (edición del 2001)», conferencia en la Facultad de Filología de la Universidad de Santiago de Compostela, 27 de febrero del 2002.

José Martínez de Sousa: *Taller de técnicas de edición,* cursillo de treinta horas en la Universidad de Oviedo, Extensión Universitaria, del 4 al 15 de marzo del 2002.

José Martínez de Sousa: «Problemas del lenguaje escrito», *Máster en lingüística aplicada,* cursillo de siete horas en la Universidad de Gerona, 22 y 23 de marzo del 2002.

José Martínez de Sousa: «Fenómeno de los libros de estilo: El libro de estilo del Grupo Correo», conferencia en *El periodismo español de hoy: Los libros de estilo,* Universidad Cardenal Herrera-CEU, Alfara del Patriarca (Valencia), 16 de abril del 2002.

José Martínez de Sousa: «Cuestiones de ortografía y ortotipografía en la prensa», conferencia en el *Encuentro sobre el idioma español en los medios de comunicación,* organizado por la Fundación Duques de Soria y celebrado en la Universidad de Salamanca entre el 6 y el 10 de mayo del 2002 bajo la dirección de Leonardo Gómez Torrego y Alberto Gómez Font.

José Martínez de Sousa: «Neologismos en el Diccionario de la Academia (edición del 2001)», conferencia en el *Primer congreso internacional, El español, lengua de traducción,* celebrado en Almagro (Ciudad Real), el 13 y 14 de mayo del 2002.

M. Puertas: «Al último 'Diccionario' le falta un hervor», *El Norte de Castilla* (Valladolid) (8/5/2002), 53.

José Martínez de Sousa: «Influencia del inglés en el lenguaje bibliológico y tipográfico moderno», en *BiD (Biblioteconomia i Documentació* [en línea], núm. 8, junio del 2002. <http://www.ub/es/biblio/

El día 30 de agosto del 2003, durante la conferencia dada en la Liga de Amigos, de El Rosal, con Rafael Vicente Fernández, presidente de la Fundación O Rosal

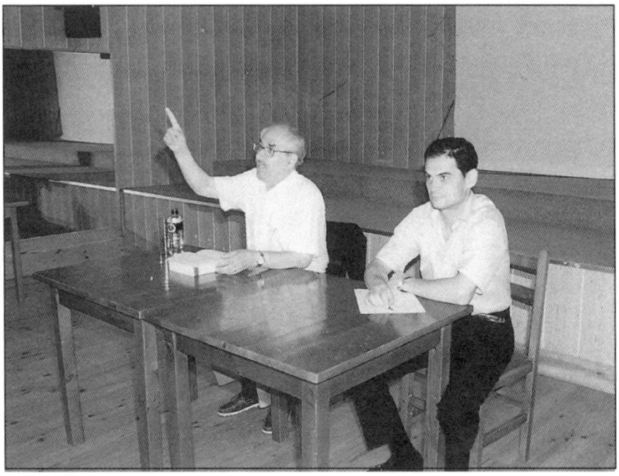

bid/08sousa.htm>. [Consulta: 18/12/2004.]

José Martínez de Sousa: «Medidas, tipómetros y corrección de textos», conferencia en el Institut d'Estudis Catalans (Barcelona), 10 de julio del 2002.

Antoni Merigó: «'Anduriña' es mi palabra favorita», *La Vanguardia* (Barcelona), 18 de julio del 2002, Vivir en verano, 7.

José Martínez de Sousa: «Diccionario y artículo lexicográfico», conferencia en la Facultad de Biblioteconomía y Documentación, Universidad de Barcelona, noviembre del 2002.

José Martínez de Sousa: *Diploma de formación continua en edición,* Universidad Autónoma de Madrid, 2002-2003.

José Martínez de Sousa: «Corrección ortotipográfica y de estilo», en el *Curso de edición Santillana,* Madrid, 2002-2003.

José Martínez de Sousa: *Diploma de posgrado en edición,* Universidad Pompeu Fabra (Barcelona), 2002-2003.

2003

José Martínez de Sousa: «La ruta del libro: técnicas de confección de un impreso» (ocho horas), *Curso superior en edición* de la Universidad Autónoma de Madrid, 20 y 21 de enero del 2003.

«El papel deja de ser el soporte exclusivo de los libros» (recensión de la *Pequeña historia del libro*), *El Nuevo Lunes,* 26 de enero del 2003, III.

José Martínez de Sousa: *Problemas de escritura en la traducción,* cursillo de cuatro horas en la Universidad Jaime I (Castellón), 13 de marzo del 2003.

José Martínez de Sousa: «Libros y manuales de estilo», conferencia en la Escuela de Medios de *La Voz de Galicia* (La Coruña), 7 de abril del 2003.

José Martínez de Sousa: «Martínez de Sousa habló sobre los manuales de estilo en la Escuela de Medios de *La Voz*», *La Voz de Galicia,* 8 de abril del 2003, L4.

José Martínez de Sousa: «Novedades

en el Diccionario de la Academia (edición del 2001)», conferencia en la Facultad de Filología de la Universidad de La Coruña (La Coruña), 8 de abril del 2003.

José Martínez de Sousa: «Novedades en el Diccionario de la Academia (edición del 2001)», conferencia en la Facultad de Filología de la Universidad de Santiago de Compostela (La Coruña), 9 de abril del 2003.

Álvaro Porto Dapena: «Martínez de Sousa e a ortografía de Irak», *Diario de Ferrol* (ed. digital), *Opinión,* 1 de mayo del 2003.

José Martínez de Sousa: «Eu e a miña obra», charla-coloquio organizada por la Fundación O Rosal en la Liga de Amigos de El Rosal (Pontevedra), 30 de agosto del 2003.

«El lenguaje es como el agua derramada, fluye y va a todas partes», *El Norte de Castilla,* 5 de octubre del 2003, Cultura, Lengua, 77; *El Comercio* (Gijón), 27 de setiembre del 2003, 75.

Francisco A. Marcos Marín: «Ética y gramática» (sobre el *Libro de estilo Vocento*), *Abc,* Blanco y Negro Cultural, 4 de octubre del 2003, 21.

Eva González: «Soy un eterno emigrante muy bien acogido por mi pueblo», *Faro de Vigo,* 10 de octubre del 2003.

F. R.: «Libro de estilo Vocento», *La Voz de Galicia,* 11 de octubre del 2003, Culturas, 6.

R. B.: «Buenas maneras: Libro de estilo Vocento», *El País,* 18 de octubre del 2003, Babelia, 15.

J. S.: «Las palabras justas», *La Rioja,* 22 de octubre del 2003, 59.

«Vocento publica su libro de estilo, obra de Sousa», *La Vanguardia* (Barcelona), 31 de octubre del 2003, Vivir, 11.

José Martínez de Sousa: «Los libros de estilo», conferencia en el acto de apertura del *Máster de periodismo Vocento,* Bilbao, 16 de noviembre del 2003.

José Martínez de Sousa: «Así escriben los periódicos. Los libros de estilo en España», conferencia en el Centro Cultural Ibercaja La Rioja, Logroño, 21 de noviembre del 2003.

José Martínez de Sousa: «Diccionario y artículo lexicográfico», conferencia en la Facultad de Biblioteconomía y Documentación, Universidad de Barcelona, noviembre del 2003.

José Martínez de Sousa: «Algunos problemas de ortotipografía», *TEXemplares,* año 4, núm. 4, 2.º trim. 2003, 7-14.

José Martínez de Sousa: «Presentación» a *Nuestra eñe,* de Ovidio Cordero Rodríguez, Las Palmas de Gran Canaria: Lancelot, 2003.

Setiembre del 2003. El número 5 de la revista internética *La Linterna del Traductor* incluye una entrevista realizada por María Barbero, traductora tecnicocientífica española que coordina la sección «El cuaderno de bitácora» de la revista.

Octubre del 2003. Pedro García Domínguez, filológo de reconocida trayectoria en los medios de prensa españoles, me realizó una entrevista con motivo de la presentación del *Libro de estilo Vocento.*

José Martínez de Sousa: «Introducción al mundo del libro», *Diploma de formación continua en edición,* Universidad Autónoma de Madrid, 2003-2004.

José Martínez de Sousa: *Máster de traducción científico-técnica,* Universidad Pompeu Fabra (Barcelona), 2003-2004.

2004

1 de febrero del 2004. La periodista Pepa Fernández me entrevistó en su programa *No es un día cualquiera,* que se emite los sábados y domingos por Radio Nacional de España. Varias han sido las entrevistas por radio realizadas con anterioridad; por ejemplo, en programas de Luis del Olmo, Andrés Aberasturi, Julia Otero y otros.

José Martínez de Sousa: «Introducción al mundo del libro», *Diploma de formación continua en edición,* Madrid, Universidad Autónoma de Madrid, 19 y 20 de enero del 2004.

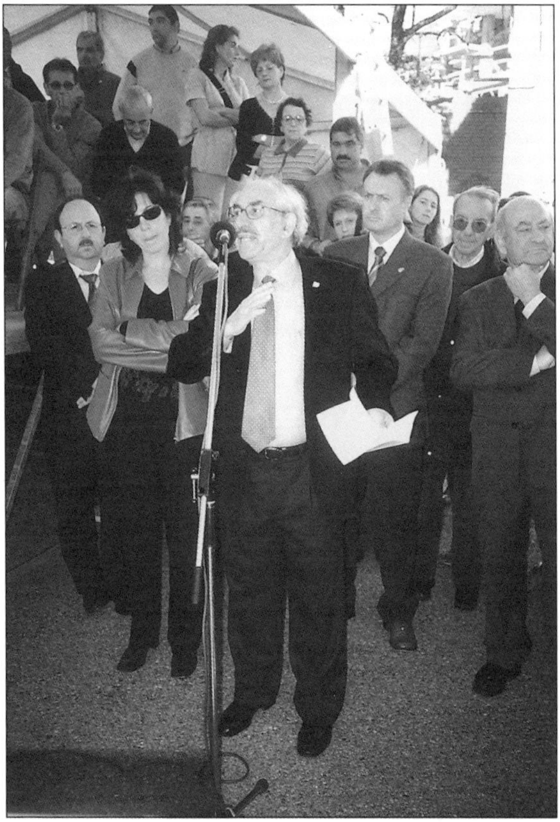

El autor durante el pregón de la fiesta del cabaqueiro, en El Rosal, el 12 de octubre del 2004. A mi derecha, la concejala de Cultura, Rosario Tabales Perozo, y a mi izquierda, Jesús María Fernández Portela, alcalde, y Xoan Martínez do Tamuxe

José Martínez de Sousa: «Léxico y tipografía en la accesibilidad a las páginas web», conferencia en la Diputación de Barcelona, 4 de febrero del 2004.

José Martínez de Sousa: «El último dardo de don Fernando», *La Voz de Galicia,* 5 de marzo del 2004, Cultura, 53.

José Martínez de Sousa: «Redacción de textos. Aplicación de los distintos tipos», *Máster en traducción científico-técnica,* Instituto de Educación Continua, Universidad Pompeu Fabra, Barcelona, 29 y 31 de marzo del 2004.

José Martínez de Sousa: «Ortografía y prácticas de corrección editorial en español», *Seminario de ortotipografía para traductores y correctores,* Universidad Jaime I, Castellón, 5 de abril del 2004.

José Martínez de Sousa: «Los libros

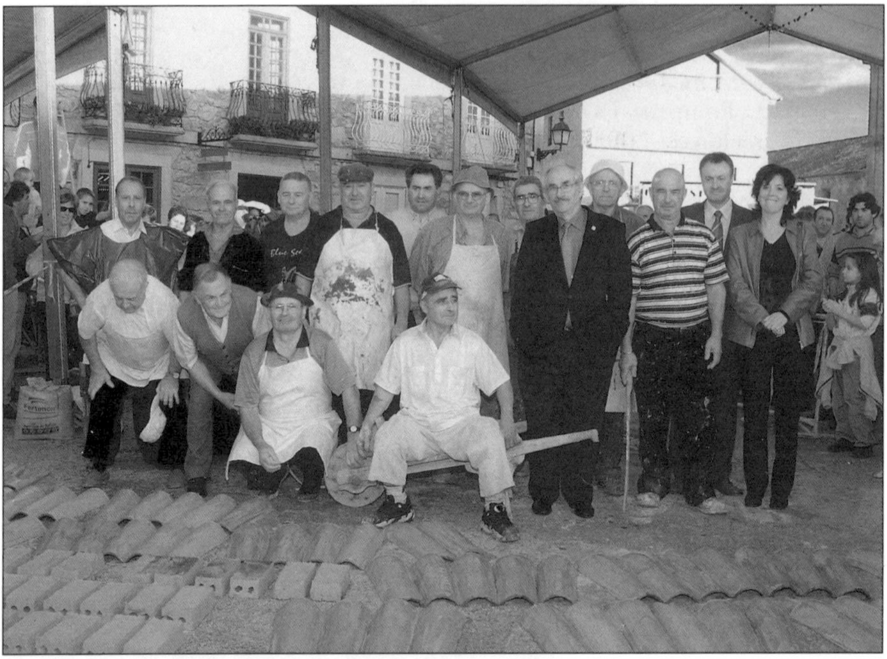

El autor con los *cabaqueiros* (tejeros) que hicieron su demostración en la fiesta a ellos dedicada el 12 de octubre del 2004. A la derecha, el alcalde, Jesús María Fernández Portela, y la concejala de Cultura, Rosario Tabales Perozo

de estilo», conferencia en la Escuela de Medios de *La Voz*, La Coruña, 19 de abril del 2004.

José Martínez de Sousa: «La norma y la escritura: el Diccionario de la Academia y el uso de la lengua», conferencia en la Universidad de La Coruña, 20 de abril del 2004.

José Martínez de Sousa: «Normas de lenguaje escrito para traductores», conferencia en la Universidad Pompeu Fabra (organizada por Asetrad), 5 de mayo del 2004.

José Martínez de Sousa: Presentación de *Ortografía y ortotipografía del español actual*, Facultad de Traducción e Interpretación, Universidad Autónoma de Barcelona, 20 de mayo del 2004.

José Martínez de Sousa: «La corrección ortotipográfica», *IV Máster en edición*, Santillana Formación, Madrid, 28 y 29 de mayo, 4, 18, 19 y 25 de junio del 2004.

José Martínez de Sousa: «Corrección de estilo y tipográfica», *Curso de corrección editorial*, organizado por AEUE (Asociación de Editoriales Universitarias Españolas), Zaragoza, 10-11 de junio del 2004.

José Martínez de Sousa: «Errores en el uso de topónimos», *No es un día cualquiera*, espacio radiofónico (Radio 1) dirigido por Pepa

Fernández; 25 de setiembre del 2004.

Francisco Ríos: «Las ciencias de la comunicación» (acerca del *Diccionario de bibliología y ciencias afines*), *La Voz de Galicia,* 2 de octubre del 2004, Culturas, 7.

Real Academia Española: Reunión de la Comisión interacadémica con los representantes de los medios de comunicación (yo representaba un libro de estilo personal: el de los medios regionales de Vocento), Madrid, 8-9 de octubre del 2004.

José Martínez de Sousa: *Los* cabaqueiros *y la emigración interior,* pregón en la fiesta de los Cabaqueiros de El Rosal (Pontevedra), 12 de octubre del 2004.

Eva González: «Los predicadores del barro», *Faro de Vigo,* 13 de octubre del 2004, Baixo Miño, 12.

José Martínez de Sousa: «Palabras mal acentuadas», *No es un día cualquiera,* espacio radiofónico (Radio 1) dirigido por Pepa Fernández; 13 de noviembre del 2004.

Benito García Noriega: presentación de *Ortografía y ortotipografía del español actual* y *Diccionario de bibliología y ciencias afines* en el Aula Abierta de la Librería Cervantes, de Oviedo, 14 de octubre del 2004.

José Martínez de Sousa: «Los libros de estilo del periodismo», conferencia en el Centro de Cultura del Antiguo Instituto Jovellanos de Gijón, 15 de octubre del 2004.

Alberto Piquero: «La palabra es un medio frío que puedes recrear en la mente», entrevista en *El Comercio* (Gijón), 15 de octubre del 2004, 63, Cultura.

José Martínez de Sousa: «Norma y uso en el lenguaje actual: los extranjerismos», taller en las *XII Jornadas en torno a la traducción literaria,* Tarazona (Zaragoza), 23 de octubre del 2004.

José Martínez de Sousa: «Diccionario y artículo lexicográfico», conferencia en la Facultad de Biblioteconomía y Documentación, Universidad de Barcelona, 22 de noviembre del 2004.

José Martínez de Sousa: «Los diccionarios más útiles», *No es un día cualquiera,* espacio radiofónico (Radio 1) dirigido por Pepa Fernández; 11 de diciembre del 2004.

José Martínez de Sousa: «El editor, entre el oficio y la técnica», *La edición contemporánea en España: estudios y tendencias,* seminario del Instituto de Historia del Libro y de la Lectura, Salamanca, 16 y 17 de diciembre del 2004.

11 Reflexión final

HAN pasado cincuenta y cinco años desde aquel 1 de octubre de 1950 en que ingresé en el taller escuela de artes gráficas del Ayuntamiento de Sevilla donde hice mis primeros estudios de tipografía. A lo largo de tan dilatado período he tenido oportunidad de seguir de cerca la evolución de las artes gráficas, de la imprenta, del libro y de todo lo que con ello se relaciona. Yo aprendí a componer con un componedor y letra suelta, movible, pero al mismo tiempo, en otros talleres y otras latitudes, muchos profesionales y responsables de talleres de imprenta habían optado por la linotipia, una máquina maravillosa que utilizaba matrices de latón y proporcionaba una línea bloque (de plomo, antimonio y estaño); es decir, una línea en la que las letras habían perdido su independencia y aparecían una a continuación de la otra formando una sola línea. Otros optaron por la monotipia, sistema de composición mecánica que proporcionaba letra suelta siempre nueva, salvo que se destinase a llenar los cajetines de las cajas de composición, caso en el cual la letra monotípica envejecía tanto más aprisa cuanto mayor fuera su uso y peor la aleación tipográfica con que se obtenía.

En determinado momento, especialmente a principios del siglo XX, en las imprentas de todo el mundo (sobre todo en los grandes talleres y en los de los diarios) podían utilizarse al mismo tiempo los tres sistemas de composición (el manual, el linotípico y el monotípico), con la salvedad de que los sistemas de composición mecánicos, aun teniendo en cuenta sus grandes ventajas, no consiguieron dejar obsoleto el sistema de composición manual, que siguió practicándose hasta finales del siglo XX por lo menos.

Desde el establecimiento de la imprenta, en torno al año 1450, hasta el surgimiento viable de la primera máquina de componer texto, la linotipia (1886), pasan nada menos que cuatrocientos treinta y seis años, durante los cuales la composición de los libros y, en general, todos los impresos se hizo manualmente, letra a letra, juntándolas por líneas en un componedor y trasladándolas de este a la galera o galerín. El procedimiendo era penoso por su lentitud, pero las investigaciones en el mundo de la composición fueron muy lentas al principio.

A finales del siglo XIX, cuando todavía la composición linotípica no había tenido tiempo de mostrar cuán útil era como sistema de composición, ya se investigaba seriamente en busca de otro sistema que sustituyera a la linotipia, aun reconociendo el gran avance que esta máquina había supuesto en el mundo tipográfico. Sin embargo, pese a ese reconocimiento general, la linotipia, que duró prácticamente hasta bien entrada la composición digitalizada (autoedición) en los primeros años noventa del siglo pasado, era un sistema incómodo por varias causas: primera: la impresión con letra linotípica carecía, en general, de la calidad que los editores deseaban para sus libros e impresos en general; segunda: el uso excesivo de las matrices hacía que estas se desgastaran, ajustaran imperfectamente unas con las aledañas y produjeran, como consecuencia, unos hilillos de plomo entre las letras, y tercera: finalmente, y no menos importante, las emanaciones del plomo del crisol afectaban seriamente a la salud de los linotipistas. Sin embargo, la muerte de la linotipia (como, por su lado, la de la monotipia, que producía letra suelta) no estuvo muy alejada en el tiempo de la que a su vez sufrió la composición manual, más o menos a mediados de los años noventa del siglo XX.

La monotipia surge prácticamente al tiempo que la linotipia. En efecto, el estadounidense Tolbert Lanston pone a punto la monotipia en 1887, si bien no la comercializó hasta 1899. Funcionaba con dos aparatos separados: el tecledo, en el que se producía una cinta perforada, y la fundidora, a la cual ponía en marcha esta cinta perforada. Tenía la gran ventaja de que producía siempre letra nueva, pero la gran desventaja de que, lo mismo que pasaba con la letra manual, se empastelaba o desordenaba con cierta facilidad.

A partir de los años cincuenta del siglo pasado se puede decir que entra en liza la fotocomposición, para la consecución de la cual se había estado investigando intensamente y en diversos frentes desde principios del siglo XX. Las investigaciones tendían a la búsqueda de procedimientos de composición que se basasen en la utilización de la luz. Después de muchas tentativas fracasadas, en los años cincuenta del siglo XX se pusieron en práctica los primeros aparatos de fotocomposición, al principio muy problemáticos (era difícil realizar las correcciones). Cuando, treinta y cinco años después, la fotocomposición empezaba a hallar su camino como sistema de composición, en 1985 se consigue poner a punto un programa compaginador, el PageMaker; una impresora de láser, la LaserWriter, y el programa PostScript, de Adobe. Todo ello aplicado al ordenador hace que en pantalla aparezca el programa compaginador y el texto obtenido con un tratamiento de texto (WordStar, Microsoft Word, WordPerfect). El programa compaginador (PageMaker, QuarkXPress, Ventura, InDesign) permite dar forma a las páginas, dotarlas de tipos, líneas, párrafos, filetes, ilustraciones (obtenidas por otro programa, por ejemplo el Photoshop de Adobe), etcétera. Nacía así el más moderno de los sistemas de composición y compaginación de textos, sistema que vendría a revolucionar la tipografía y a poner a dispoción de cualquier persona la facultad de elegir un tipo de letra, definir la caja de composición que quisiera emplear (dependiente del formato del libro) y dedicarse a producir páginas o impresos de cualquier índole.

ANTE una situación como esta, el impresor es una víctima de la realidad, y el editor, un testigo pasivo y mudo, tal vez cada día más sorprendido por la riqueza proteica que los acontecimientos le muestran (aún no se ha asimilado una determinada versión de un programa de tratamiento de texto, compaginación o ilustración cuando surge otra mejor, más perfecta y también más compleja). No es para menos. Hemos visto cómo la composición manual, el más lento de los sistemas de composición, dura, como sistema único, cuatrocientos treinta y seis años, y después se mantiene como forma de composición importante, aunque cada vez menos, hasta diluirse en el tiempo en los primeros años noventa del siglo pasado. Por su lado, la linotipia está viva desde 1886 hasta 1990, aproximadamente: unos ciento cuatro años. La monotipia, poco empleada en cualquier caso, muere tal vez algo antes que la linotipia. La fotocomposición, que se puede considerar activa desde 1950, apenas dura cuarenta años... Si el proceso continuase, a la autoedición habría que augurarle poco tiempo de vida. Sin embargo, no es probable que la autoedición muera, al menos a corto plazo, por cuanto es un procedimiento paralelo a la técnica y a la ciencia informáticas. Evolucionará con ellas, se dotará de cada vez mejores y más sofisticados programas de composición, ilustración y compaginación, pero no es probable que sea sustituida por un sistema mejor en lo que podemos vaticinar.

En cuanto a la impresión, se dice que Gutenberg adaptó una prensa de uvas renana para efectuarla. A lo largo del tiempo, hasta finales del siglo XVIII, esta prensa experimentaría cambios muy leves que no afectaban de forma notable a la funcionalidad ni a la estructura de la máquina. El entintado se hacía por medio de balas, almohadillas de piel rellenas de lana con las que el operario tomaba la tinta, la homogeneizaba y la aplicaba a la superficie del molde, para que todos los elementos impresores tomaran de ella la cantidad suficiente para su impresión en el soporte. En 1493, Carrad Shaspach la dotó de una ligera variación, y en 1777 esta fue perfeccionada por François-Ambroise Didot al hacer que la platina tuviera la misma dimensión que el tímpano. Sin embargo, la mecanización se inició en 1795, cuando lord Stanhope comenzó a trabajar en una prensa de hierro, prensa que construyó en 1804 y perfeccionó en 1808. Entre la primera prensa gutenberguiana y la primera de hierro trascurren nada menos que trescientos cincuenta y ocho años... Comienza la carrera por el perfeccionamiento de la prensa mecánica. Así, a la *Columbian,* prensa totalmente de hierro construida por el mecánico estadounidense George Clyde (1805), le sigue la prensa de platina, con sistema de entintado mediante rodillos, construida por Friedrich König y Andreas Bauer (el primero de Sajonia y el segundo de Stuttgart, en Alemania), alentados por Richard Taylor, editor del *Ti-*

mes de Londres. En 1811 ponen a punto la prensa de dos cilindros. Los adelantos no estarán regidos ni controlados por los editores de libros, sino por los de periódicos, mucho más interesados en alcanzar grandes velocidades de impresión. En 1840 Bauer introduce el movimiento rotativo de las máquinas de imprimir. Cada adelanto supone un salto notable en el número de ejemplares por hora. Se pasa, por ejemplo, de los 300 ejemplares de las primeras máquinas de König y Bauer en 1810 a los 1100 de 1814, a los 4000 de 1820, a los 8000 de 1848, a los 20 000 de 1867...

En la actualidad, la impresión ófset, surgida a principios del siglo XX y desarrollada a partir de los años veinte de ese siglo, es el sistema más empleado, tanto en periodismo como en bibliología. Los nuevos procedimientos de obtención de la base de impresión (plana o cilíndrica) conectan directamente con los elementos que sirven para imprimir. Así, mediante el sistema C-t-P (*computer to plate* 'directo a plancha') las páginas se insolan directamente desde el ordenador (mediante el disquete que porta la información digitalizada) en la plancha que ha de trasladar la imagen al cilindro impresor, sin intervención de las películas a que llamábamos *fotolitos,* ya innecesarios. En consecuencia, han desaparecido también las *pruebas ozálidas,* a veces llamadas *ferros,* y solamente se obtiene una última prueba, similarmente a la antigua *prueba de prensa,* que era la última antes de proceder a la impresión.

Nos encontramos, pues, en un momento evolutivo de la historia de las artes gráficas que no deja de sorprender a una persona que, como yo, comenzó a componer textos hace cincuenta y cinco años. Han desaparecido las grandes salas dedicadas a la composición linotípica, monotípica o manual, así como las instalaciones para componer y compaginar los impresos. Han desaparecido los chibaletes, los comodines, las cajas con sus tipos de plomo, antimonio y estaño. Ya no son necesarias las imposiciones, ni las ramas, ni los filetes de metal. Quinientos años de imprenta de plomo han sido sustituidos casi de la noche a la mañana por sistemas limpios, en los que la luz es el principal protagonista. Han desaparecido asimismo las viejas y pesadas máquinas tipográficas, sustituidas por elegantes rotativas de ófset.

El vuelco ha sido total, y todo ello influye necesariamente en las mentalidades. La tipografía se muestra actualmente sobre el soporte como si nada hubiera sucedido a lo largo de estos más de quinientos años, porque el efecto impreso es el mismo que obtenían Gutenberg, Fust y Schöffer con sus primitivos procedimientos de composición e impresión. La informatización del impreso ha supuesto la generalización del uso de la tipografía. Para obtener un impreso basta con disponer de un ordenador, unos tipos y unos programas de composición y compaginación, y esto está, hoy día, al alcance de cualquiera. ¿Supone ello una democratización del universo tipográfico? De alguna manera, sí. De hecho, un oficio que requería en torno a cinco años de aprendizaje puede dominarse hoy, al menos aparentemente, en mucho menos tiempo. Sin embargo, es una sensación que puede resultar engañosa. El oficio sigue siendo complejo, aunque no requiera tanto tiempo para su dominio. Muchas personas piensan que para ser un buen tipógrafo basta con conocer bien la tipografía, pero no es así. Se requieren también conocimientos de bibliología (el libro y todas y cada una de sus partes, el uso en general del documento), ortografía, ortotipografía, elementos de producción, etcétera. Aunque las operaciones se efectúen de otra manera, los libros deben componerse, corregirse y compaginarse como antiguamente, y los originales deben corregirse de concepto (si es necesario) y de estilo, prepararse para la imprenta (señalización tipográfica, cálculo de extensión). A su vez, las galeradas y las compaginadas deben someterse a una o más correcciones. Los libros deben estructurarse según la parte de ellos que se considere: principios, cuerpo y finales. Deben establecerse hojas de cortesía, cortesía (arranque) de capítulo, disposición de las ilustraciones, índices (de contenido y de materias), bibliografía, etcétera.

Sin embargo, asistimos en estos primeros años del siglo XXI a la desaparición de los profesionales en cada una de las especialidades, sin que sean sustituidos por otros. Por ejemplo, desaparecieron los cajistas, linotipistas y monotipistas, pero también están desapareciendo los teclistas de fotocomposición y los que los sustituyeron en la autoedición. El productor editorial ya no da el texto a componer, sino que solicita que el autor o traductor le proporcionen una copia del texto informatizado. Están en vías de extinción los buenos correctores tipográficos, aquellos trabajadores obsesionados por el buen empleo de la lengua, por la utilización de las palabras con todas sus letras, por la estética tipográfica y bibliológica de la página...

En consonancia con todo ello, ha bajado sensiblemente la calidad del impreso, especialmente del libro. Pero no solo en el soporte papel, sino también en el ciberespacio. Todo el mundo tiene acceso al ciberespacio a través de Internet, todo el mundo puede formar su página web, pero no todo el mundo puede mantenerse dos minutos seguidos ante un texto desequilibrado, chillón, mareante, sin cualidades de legibilidad...

No parece que a corto plazo la edición electrónica nos traiga la belleza, el equilibrio, la estética del impreso. Más bien habría que predecir lo contrario, a la vista de lo obtenido hasta el presente. Tal vez debamos pensar que cuando se dominen mejor las nuevas herramientas tecnológicas y se adquieran y actualicen los viejos conocimientos y su aplicación caminaremos hacia la perfección, que es lo que ha perseguido ilusoriamente un viejo tipógrafo y bibliólogo como yo a lo largo de toda su vida.

Índice alfabético